U0936064

珍藏本·增订本

纪念版

汉译世界学术名著丛书

个 体

——论描述的形而上学

〔英〕P. F. 斯特劳森 著

王文方 译

Peter Frederick Strawson

INDIVIDUALS

An Essay in Descriptive Metaphysics

First Edition

本书根据英国卢德里奇出版社 1959 年版译出

汉译世界学术名著丛书
（120 年纪念版·珍藏本）
增订本出版说明

2017 年 10 月，为纪念商务印书馆创立 120 周年，本馆推出“汉译世界学术名著丛书”（120 年纪念版·珍藏本），计七百种。近五六年来，仰赖学界同人倾力支持，订正旧译，增补新译，拓展新著，积累日多。为满足读者需要，本馆在七百种的基础上，继续推出“汉译世界学术名著丛书”（120 年纪念版·珍藏本·增订本）三百种。至此，“汉译世界学术名著丛书”累计出版已达千种。

今后，本馆将继续推进丛书的翻译出版工作，在积累单本名著的基础上陆续分辑刊行，汇印出版。为促进中外文明互鉴、推动我国学术发展，使“汉译世界学术名著丛书”这项对我国学术文化有基本建设意义的重大工程发挥更大作用，诚望海内外学术界、翻译界继续给予支持，帮助我们把这套丛书出得更好。

商务印书馆编辑部

2024 年 2 月

汉译世界学术名著丛书
（120 年纪念版 · 珍藏本）
出 版 说 明

2017 年 2 月 11 日，商务印书馆迎来 120 岁的生日。120 年前，商务印书馆前贤怀揣文化救国的理想，抱持“昌明教育，开启民智”的使命，立足本土，放眼寰宇，以出版为津梁，沟通中西，为中国、为世界提供最富智慧的思想文化成果。无论世事白云苍狗，潮流左右激荡，甚至战火硝烟弥漫，始终践行学术报国之志，无改初心。

迻译世界各国学术名著，即其一端。早在 20 世纪初年便出版《原富》《天演论》等影响至今的代表性著作，1950 年代后更致力于外国哲学和社会科学经典的译介，及至 1980 年代，辑为“汉译世界学术名著丛书”，汇涓为流，蔚为大观。丛书自 1981 年开始出版，历时三十余年，迄今已推出七百种，是我国现代出版史上规模最大、最为重要的学术翻译工程。

丛书所选之书，立场观点不囿于一派，学科领域不限于一门，皆为文明开启以来，各时代、各国家、各民族的思想与文化精粹，代表着人类已经到达过的精神境界。丛书系统译介世界学术经典，引领时代思想，为本土原创学术的发展提供丰富的文化滋养，为推动中国现代学术和现代化进程做出了突出的贡献。

为纪念商务印书馆成立120周年，我们整体推出“汉译世界学术名著丛书”120年纪念版的珍藏本，寄望既利于文化积累，又便于研读查考，同时向长期支持丛书出版的译者、编者和读者致以敬意。

两甲子后的今天，商务印书馆又站在了一个新的历史时间节点上。我们不仅要铭记先辈的身影和足迹，更须让我们的步伐充满新的时代精神。这是商务人代代相传的事业，更是与国家和民族的命运始终紧密相连的事业。我们责无旁贷，必须做好我们这代人的传承与创造，让我们的努力和成果不仅凝聚成民族文化的记忆，还能成为后来人可以接续的事业。唯此，才能不负前贤，无愧来者。

商务印书馆编辑部

2017年10月

译者序

英国哲学家彼得·弗雷德里克·斯特劳森爵士（Sir Peter Fredrick Strawson）1919年11月23日生于英国伦敦西边之伊林（Ealing），2006年2月13日殁于伦敦的一所医院内，享年86岁。他从1948年起在牛津大学任教，直至1987年退休。此期间，他于1950年在《心灵》期刊发表了“论指称”（On referring）一文，批评罗素的摹状词理论，从此声名大噪，并在1968年获得牛津大学马格达伦学院形而上学之韦恩弗利特教授（Waynflete Professor）的殊荣。斯特劳森爵士一生一共出版了9部著作，发表了74篇论文。本书是他在1959年出版的一部著作，主要根据他1954—1956年在英美上课的讲稿写成，是他对当代哲学最有影响力的一本书。

从哲学史的意义上看，本书出版于逻辑实证主义普遍摒弃传统形而上学的1930年代至1950年代之后，有非常大的历史意义。在逻辑实证主义流行的1930年代至1950年代，以及日常语言学派风靡欧美的第二次世界大战后，英美分析哲学界对于形而上学可说是极不友善；许多分析哲学家甚至认为形而上学的主张是完全没有意义的；在这一个时期中，讨论形而上学的问题会令许多哲学家感觉难堪，是形而上学研究的一个黯淡时期。这种情形直到1960年代前后，才开始有了一些转变，而斯特劳森的这本书

就在历史的这个阶段中起了关键性的作用。在本书的影响下，从1980年代中期到现在，新一代的哲学家们已经完全摆脱了逻辑实证主义和日常语言学派的影响，并敢于提出系统性的形而上学主张。我们可以说，斯特劳森的《个体》在相当大的程度上重启了哲学形而上学研究的热潮，而这股热潮至今方兴未艾。

从内容上看，《个体》一书讨论了不少形而上学的问题，也涉及了不少哲学家。前者包括：描述性的形而上学与修正性的形而上学之间的差异及其各自的辩护、允许殊相存在的概念框架的先决或必要条件、指示性语词的重要性、时空概念的重要性、对跨时间同一性的怀疑论、物质性物体与个人殊相的基本地位、个人概念的初基性、非唯我论的意识存在的条件、灵魂实体概念的合理性、自我概念的正确理解、对其他自我存在的怀疑论、共相与殊相的区分、主词与谓词的区分、主词与谓词各种区分的关联，以及承认共相存在的必要性等。后者则包括亚里士多德、笛卡尔、洛克、莱布尼茨、休谟、康德、弗雷格、维特根斯坦、拉姆齐、蒯因，以及吉奇等。不仅涵盖面广泛，论证的方式也极为细腻，我相信读者在阅读的过程中一定会觉得如同俯观哲学大千世界，既眼花缭乱又收获满满。

从影响力上看，1959年之后，国际上专门讨论这本书的专著、论文集、专刊和期刊论文都相当多。专著和论文集方面，就译者所知至少有六本：《哲学主题：献给斯特劳森的论文集》（Van Straaten, Z., ed., *Philosophical Subjects: Essays Presented to P. F. Strawson*, Oxford: Clarendon Press, 1980）、《莱布尼茨与斯特劳森：一本描述性形而上学的新论文》（Clifford Brown, *Leibniz and Strawson: A New Essay*

in Descriptive Metaphysics, Munich: Philosophia Verlag, 1990）、《P. F. 斯特劳森的哲学》（Sen, P. K., & Verma R. R., eds., *The Philosophy of P. F. Strawson*, New Dehli: Indian Council of Philosophical Research, 1995）、《P. F. 斯特劳森的哲学》（Lewis Edwin Hahn, ed., *The Philosophy of P. F. Strawson*, Carbondale, Illinois: Open Court, 1998）、《斯特劳森与康德》（Hans-Johann Glock, ed., *Strawson and Kant*, Oxford: Oxford University Press, 2003）、《彼得·斯特劳森》（Clifford Brown, *Peter Strawson*, Ithaca: McGill-Queen's University Press, 2006）。其他讨论本书的专刊和论文为数就更庞大了，可见本书在国际上的重要影响力。

在这个网络讯息便利的时代，有兴趣的读者也可以通过网络获得有关于本书的一些有用信息。就译者所知，网络上与斯特劳森《个体》有关的网页主要是由斯坦福大学CSLI中心所架设的网站斯坦福哲学百科全书（*Stanford Encyclopedia of Philosophy*）中的"彼得·弗雷德里克·斯特劳森"词条。该词条于2019年9月16日由斯诺登（Paul Snowdon）写成，词条第五部分说明的就是这本书。

本译本的完成，尤其是在专门术语的翻译上，特别感谢山东大学梁飞教授、河南师范大学王充教授和北京师范大学顾欣欣同学的协助，也要感谢商务印书馆赵星宇编辑的耐心等待与细心审校。如译文中仍有错误，由译者负责，敬请海涵。

最后，希望读者们能在阅读的过程中享受到哲学思考的乐趣。

王文方
山东大学哲学与社会发展学院概念与推理研究所特聘教授
2021年10月25日

目　　录

第二部分 逻辑主词

序

这本书依据1954—1955年我在牛津大学的讲稿写成。当我 3
1955—1956年在北卡罗来纳州杜克大学讲学时，我也用这些讲稿作为某个研讨课的教材。我很感谢杜克大学同事们在讨论时提供的协助，也想对鲁比·米格（Ruby Meager）小姐、哈特（H. L. A. Hart）教授和吉尔伯特·赖尔（Gilbert Ryle）教授致上由衷的谢意，他们各读了本书手稿的一部分或全部，并给了我许多有用而友善的忠告。我大致一直试着去遵循这些忠告。

第三章中的许多地方是修改并扩充了一篇论文而来，该论文刊载在《明尼苏达科学哲学研究》(*Minnesota Studies in the Philosophy of Science*）第二卷，由赫伯特·菲格尔（Herbert Feigl）、迈克尔·斯克里文（Michael Scriven）和格罗弗·麦克斯韦（Grover Maxwell）编辑，于1958年由明尼苏达大学出版社发行。第五、六章部分取材于刊登在1953—1954年及1957年《亚里士多德学会会议论文集》(*Proceedings of the Aristotelian Society*）上的数篇论文，但我做了一些实质修正。对于这些书卷的编者和发行人允许我再度使用这些材料，我必须表示感谢。

P. F. 斯特劳森

导　论

过去的形而上学较多是修正性的（revisionary），较少是描述性的（descriptive）。描述性的形而上学满足于描述我们对这个世 9
界的想法的实际结构，修正性的形而上学则力图制造出更好的结构。修正性形而上学的作品总是让人兴味盎然，并不只是思想史上一段重要插曲而已。由于内容清晰而部分洞见又具有力度，它们当中最好的作品既在本质上让人钦羡，也具有持久的哲学用途。但它们之所以具有持久的哲学用途，乃是因为有另外这样的一种形而上学使然：除了一般研究上的证成（justification）之外，这另一种的形而上学本身并不需要额外的证成。修正性形而上学可以用来协助描述性形而上学。无论从意图或效用上来看，或许没有任何现实中的形而上学家一直是全然修正性的，或全然描述性的。但我们可以大致这样区分：笛卡尔、莱布尼茨和贝克莱是修正性的形而上学家，亚里士多德和康德则是描述性的形而上学家。哲学的讽刺者休谟较难加以定位。他时而是修正性的，时而是描述性的。

描述性形而上学的想法容易碰到怀疑论。它与所谓哲学的、逻辑的，或概念上的分析应该如何区别？它与这些分析在意图的种类上并无不同，它与它们的区别只在于范围及概括性上。由于

其目标在于揭露我们概念结构里最概括性的特征，因而，描述性形而上学不能像研究范围上较局限的、部分为概念性的研究一样，将太多的事情视为理所当然。因而，它们在方法上也有一些分别。在一定程度上，依靠对字词实际使用的细密检视，这是哲学中最好，也是实际上唯一可靠的方法。但以这种方法能够作出的区分，以及能够建立起来的关联，都不够概括性，其成果也不足以达到形而上学对理解所作的完整要求。因为当我们问，我们是如何使用这个或那个表达式时，不管我们的回答在某个层次上多么有启发性，它还是会很容易就假定（而非揭露）形而上学家想要揭露的结构之概括性成分。形而上学家所要追寻的结构不会轻易展现在语言的表层，它潜藏在表层之下。当语言的引导并不能带领他走到他想要到达的地方时，他必须放弃他唯一可靠的向导。

描述性形而上学的想法，可能受到另一方向的攻击。因为有人可能会主张，形而上学本质上是概念改变的工具，一个用来推动或标志新思想方向或风格的手段。当然，我们的概念会改变，这种改变虽然主要发生在专家领域，但并不限于此；而即便是专家领域的改变，也会影响日常思维。同样地，形而上学当然一直关心这里所暗示的改变。但是只以这种历史的方式去思考形而上学会有大错误。因为，人类思想中有一大块核心是没有历史的——或者说，是没有记录在思想史上的；有一些范畴和概念，它们的基本特性一点都没改变过。显然，这些并不是最精致思维里的专业概念。它们是最不精致思维中的常见概念，但也是最复杂的人类概念配备中不可或缺的核心部分。描述性形而上学主要关切的就是这些概念、它们之间的关联，以及它们所形成的结构。

形而上学有着悠久而显著的历史，以至于不太可能在描述性形而上学中发现任何新真理。但这并不意味，描述性形而上学的工作曾经，或可能一举完成。过去，该工作一直被重复执行。如果没有任何新真理可供发现，至少我们还可以重新发现旧真理。因为，虽然描述性形而上学的中心主题并未改变，但哲学中批判和分析的用语却经常改变。恒久的关系被不恒久的用语所描 11
述，而后者反映了一个时代的思想氛围以及哲学家个人的思想风格。在一个哲学家使用他自己时代的用语去重新思考其前辈的思想之前，他不会理解其前辈的想法；而这也正是大哲学家们如康德和亚里士多德的特性：他们比其他人花了更多的工夫去重新思考。

本书部分是，而且适度地是一本描述性形而上学的论文。本书之所以仅仅适度地是描述性的，那是因为，虽然书中一些讨论的主题是充分概括性的，但我的讨论却只从一些局限的观点来进行，绝不具有全面性；本书之所以只有部分是描述性的，那是因为，在第二部分里所讨论的一些逻辑和语言的分类，可能只有相对的、局部性的和暂时的重要性。我现在可以对我处理这些分类的方法作出一点概括性的评论。哲学家普遍认为，在分析地处理某个相当特定的概念以理解该概念时，与其寻找单一一个严格指出该概念在应用上的充分与必要条件，不如将它的应用看作——用维特根斯坦的譬喻来说——构成一个家族，其家族成员或许是

因为围绕着某个范型的缘故而被组织起来，而它们与该范型之间则是靠各种直接或间接的逻辑与类推关系而加以连结。我认为，在试图理解普遍性的逻辑与语法结构时，就像在知觉哲学或心灵哲学中分析特定概念，引用这个在理解上的宽容原则都相当有用。

对我来说，将本书分为两个部分似乎很自然。第一部分的目标在于建立起物质性物体（material bodies）和个人（persons）在所有殊相（Particulars）中所占据的核心位置。该部分显示，在我们实际的概念框架里，这两种范畴的殊相是最基本的或最根本的殊相；相对于这两类事物的概念来说，其他类的殊相概念则得被看成是次要的。本书第二部分的目标则在于建立并解释以下两观
12 念间的关联：一般性的殊相观念与作为指称（reference）对象或逻辑主词（logical subject）的观念。这两种观念间的连结，以及随之而来的关于殊相作为典范逻辑主词的地位之解释，都可以在该部分第二章前半部中所阐述的某个“完备性”（completeness）观念里找到。这半章是本书第二部分里的重要部分。不过，本书的两个部分并非互相独立的。第二部分中的许多地方预设了第一部分中的主张，该部分一些地方的论证则延伸并进一步解释了这些主张。我怀疑我们是否有可能在不考虑其中一些主要论题的情况下完全理解另一些。

第 一 部 分

殊　　相

第一章 物体

一 殊相的辨识

[1]我们认为这世界包含了一些独立于我们的分殊事物；我们认为这世界的历史是由一些分殊事件所构成，我们或许是，或许不是其中的一部分；我们认为这些分殊的事物和事件，包含在我们日常互相聊天时言谈的话题中。上述是关于我们思考这世界的方式，以及关于我们概念框架的说法。虽然不会因此更清楚，但显然较为哲学性的表达方式是：我们的本体论里包含了客观的殊相。除此以外，该本体论还可能包含其他事物。 15

我的目标一部分在于展示我们用以思考分殊事物的概念框架中的概括性和结构性特征。我将从殊相的辨识（identification of particulars）开始说起。但现在，我先不概括性地说明我对“辨识”（identify）和其相关字词的用法，也先不说明我对“殊相”一词的用法。“殊相”一词在哲学里当然已有一种大家都熟悉的核心用法，尽管在应用的边界上仍有些模糊。所以，我现在只需要说：我对该词的用法并没有任何稀奇古怪之处就行了。举例来说，在我的用法中，历史上发生的事件、物质性物体、个人和他们的身影都是殊相，但特质（qualities）、属性（properties）、

数（numbers）和物种（species）则不是。至于“辨识”“识别”等，我则有几个不同但有密切关联的用法；我将在介绍它们时一并解释。

我首先关切的是“殊相的辨识”这一个词的用法。通常，当
16 两个人交谈时，其中的一个，即说话者，会指称（refers）或提及这个或那个殊相。而通常，另一个，即听话者，知道说话者所谈论的事物是哪一个；但有时他不知道。我将表达这两种可能为：听话者或许能，或许不能**辨识**出说话者指称的殊相。作为说话者，我们用来指称殊相的语言表达式包括这类词：其标准功能在于让听话者能在使用它们的场合中辨识出被指称的殊相。这一类的表达式包括一些专名（proper names）、一些代名词、一些以定冠词开始的摹状词，以及前述这些词的复合词。当说话者使用一个这样的表达式去指称一个殊相时，我将说他对某殊相作了一个**辨识性指称**（identifying reference）。当然，当说话者在某一场合对某殊相作了一个辨识性指称，我们不能因此就推论：他的听话者事实上辨识出该殊相。我可能借某个名字向你提及某人，而你却可能不知道他是谁。不过，当说话者对某殊相作了一个辨识性指称，而听话者的确因为这个辨识性指称的力量而辨识出该殊相时，我将说：说话者不仅对该殊相作了一个辨识性指称，还**辨识**了该殊相。所以，我们有听话者意义下和说话者意义下的“辨识”。

作为说话者和听话者，我们经常能辨识我们言谈所及的殊相；这件事并非只是一个可喜的巧合。某类殊相应该可以被我们辨识出这一点，似乎是我们本体论里包含该类殊相的一个必要条

件。因为，如果我们宣称我们承认某类殊相的存在，并互相谈论这类殊相中的成员，却限定说，原则上我们没人能让其他人在任何时刻懂得我们所谈论的到底是这类中的哪个或哪些成员，那么，我们这样的宣称能有什么意义呢？这样的限定似乎会使得该宣称变得完全无用。这个反省或许会导致另一个反省。经常，我们对某类事物中某个殊相的辨识，依赖于我们对另一类事物中另一个殊相的辨识。因而当说话者在指称某一特定殊相时，或许得 17
说它是某类事物中唯一**那个**与另一殊相有特定关系的事物。他可能，比方说，指称某间别墅为“杰克所盖的那间别墅”，或指称某人为“刺杀亚伯拉罕·林肯的那个刺客”。在这些情况中，听话者对第一个殊相的辨识依赖于他对第二个殊相的辨识。他之所以知道整个辨识性词组所指称的殊相是什么，那是因为他知道该词组的部分所指称的殊相为何。对某殊相的辨识经常依赖于对另一殊相的辨识这件事本身并无格外重要之处。但它暗示了这样的一个可能性：对某类殊相的辨识或许是以**一般性**的方式依赖于对另一类殊相的辨识。如果事实的确如此，那么，该事实对于研究我们思考殊相的概念框架之一般结构的学问来说，就会有一定的重要性。比方说，如果研究的结果显示：我们对 β 类殊相的辨识，必须借助于对 α 类殊相的辨识。但对 α 类殊相的辨识，却可以不借助对 β 类殊相的辨识。那么，我们的概念框架就会有如此的一般性特征：谈论 β 类殊相的能力依赖于谈论 α 类殊相的能力，但反之不然。此事实也可以如此合理表达：在我们的概念框架中，α 类殊相比 β 类殊相在本体论上更优先（ontologically prior to），或更根本或更基本。某类殊相在其成员的可辨识性上依赖

于另一类殊相这件事情上，或许不太可能像我们在这里所暗示的那么直接和简单；换言之，以下这件事似乎不太可能：一般而言，为了要对某个相对依赖类的殊相作出辨识性指称，我们必须提到另一个相对独立类的殊相。但就算如此，我们对于某类殊相的辨识，仍然有可能是以其他较为间接的方式依赖于对另一类殊相的辨识。

［2］测试听话者意义下的辨识的方法为何？什么时候我们可
18 以说：听话者知道说话者所指称的殊相呢？首先考虑以下情况。说话者说了一个故事，并宣称它是事实。故事的开始说：“一个男人和一个男孩站在喷泉旁”，它接着说：“那个男人喝了点水”。我们是否可以说：听话者知道第二句话中的主词指称了什么或哪个殊相呢？我们或许会说：“是的”。因为，对一个由两个殊相组成的特定范围（range）来说，“那个男人”一词中的描述语仅仅适用于其中之一，因而起了区别出指称对象的作用。但由于这只是较弱意义下的辨识，因此我将称之为仅仅是**相对于故事**（story-relative）的辨识，或更简洁些，**相对的**（relative）辨识。因为，它只是相对于某个殊相范围（包含两个成员的范围）所作的辨识，而该范围本身则被辨识为说话者所谈论的殊相范围。换言之，当听话者听到第二句话时，他知道**说话者谈论的那两个作为殊相的生物中的**哪一个是被指称的殊相；没有这个限定，他就不知道被指称的殊相是什么了。该辨识只是在特定说话者所说的特定故事中的辨识。它只是在他故事中的辨识，而非在历史中的辨识。

我们需要一个够严格的要求来排除相对的辨识。在该例子中，听话者能在说话者所描绘的图像里定位出（place）被指称的

殊相。这意味着：在某意义下，他也能在他自己对这个世界的一般性图像里定位出该殊相。因为，他能在他自己的一般性图像中定位出说话者，并因而定位出说话者的图像。但少了那个框架，听话者就不能够将说话者图像中的人物定位在他自己对这个世界的一般性图像里。基于此，听话者辨识的完整要求并未被满足。

上述这个完整要求被满足的一个充分但非必要条件是——先说得松散些——听话者能够用视觉、听觉、触觉或其他感官分辨的方式去挑出那个被指称的殊相，知道它就是那个殊相。我将把这个条件设得宽松点，以便涵盖这样的情况：由于该殊相停止存在或不见了，听话者无法在它被指称时用感官分辨出被指称的殊相，但能在稍早前用感官分辨出来。这样的情况是使用指示 19
词（demonstrative）“那个”（that）比使用指示词“这个”（this）来得更恰当的情况；比如，当一个人说“那辆车飞快地跑掉了”或“那个稍早的声音震耳欲聋”时。因而，一般而言，该充分条件只有在殊相能够在现在或稍早被知觉才会满足。显然，许多辨识的情况是符合该条件的。在环境的配置下，如果我们使用的词可以恰当地或至少自然地被看作：只适用于该环境中某个听话者在当时或至少稍早能够以感官分辨出来的成员，并且不适用那范围之外的事物时，我们就会用那个词。这类的情况是使用指示词的绝佳情况，不论我们是否还会使用其他描述字眼来辅助；但当然，指示词的使用并不限于这些情况，而其他类的表达式也可能在这些情况中被使用。当这个有关辨识的第一个条件被满足时，我将说，此时听话者能够**直接定位出**（directly locate）被指称的殊

相。我们也可以说，这些情况是殊相的**指示性辨识**（demonstrative identification）的情况。

显然，就我刚才所给的意思来看，并非所有殊相辨识的情况都是指示性的辨识。这个事实使得过去哲学家曾有一个在实际或理论上都没道理的忧虑。该忧虑之所以在实际或理论上都没道理，理由终究是一样的。我们现在必须说清楚这个忧虑的本质，和它之所以没道理的理由。

殊相的指示性辨识并非总是容易的事。场景（scene）可能是含混的，其成员也可能很杂乱。该场景的几个不同部分可能非常相像，而我们要辨别的事物间也是如此；而且，在应用像“那个由上数下来第十五排、左起第十二个的男人”这样的摹状词时，也容易发生错误。但无论如何，在指示性辨识中至少有件事是清楚的：亦即，那些殊相的范围为何，或那个我们将在其中作出辨识的宇宙区域为何。它就是那整个场景，整个感官呈现的殊相范围。（有人或许会说，该范围的界线对说话者和听话者可能是不
20 同的。我让读者去解决这个事实所引起的任何问题。）**哪个场景**是我们所讨论的？这丝毫不是问题，尽管其中的哪个部分、哪个部分中的哪个成员才是我们所讨论的等，仍然可能是问题。然而这些是我们有语言方法去解决的问题。

但现在，让我们考虑这种情况：由于被辨识的殊相不在可被感官知觉的范围内，因而，我所给的意义下的指示性辨识是不可能的。在这种情况下，有什么语言的辨识工具可让我们运用呢？我们可以使用摹状词、专名，或两者。但除非一个人知道谁或什么是被该使用中的专名所指称，否则，对某一殊相使用专名并无

用处。一个专名若没有一些支持它的描述能在需要时被说出来以解释其应用，那么，那样的专名是毫无价值的。所以，情况似乎是，在对殊相作非指示性辨识（non-demonstrative identification）时，我们最终还是得依赖对一般性摹状词的使用。现在，一个人可能对宇宙中某个特殊区域有很好的了解。他可能无疑知道，那个区域中只有一个特殊的事物或人符合某个一般性的摹状词。但人们还是可以争论说，这一点并不能保证该摹状词在应用上是唯一的。因为，或许在宇宙的另一个区域里也有一个殊相符合同样的摹状词。即便一个人扩充该摹状词，使它容纳了一个描述了我们所关心的宇宙区域的某些明显特征，他仍然缺乏保证说，该摹状词能够将该殊相个体化（individuate）出来。因为，另外那个区域可能也复制了这些特征。不管一个人在那个摹状词中添加了多少他对该区域的知识——它的内部细节，它的外在关系等——大规模复制（massive reduplication）的可能性依然是开放的。扩张一个人对这个世界的知识并不能排除这个可能性。所以，不论说话者和听话者的知识有多广博，他们当中没人能知道说话者的辨识性描述（identifying description）在实际的应用上是唯一的。

针对这个论证，或许有人会这样回答：知道辨识性描述在应用上是唯一的这件事并无必要。为了要确保辨识，唯一必要的事
是：听话者应该能借着说话者语词的力道而知道说话者实际指 21
称的东西为何。现在，为了要让说话者使用一个指称某事物的摹状词，而且为了要让听话者了解这个词是在作一定的指称——不管说话者意图指称的对象和听话者理解的指称对象是否实际上相同——下面这个要求是起码的：他们每个人都应该知道该摹状

词适用于某个殊相。（或者：从说话者的字词，听话者能够当下学得这样的一个殊相。）但或许每个人都只知道一个这样的殊相；而且或许每个人都有结论性的理由去假设：另一个人也只知道一个这样的殊相，而且另一个人所知道的那个殊相和他自己所知道的这个殊相是同一个。或者，即便这个条件没有完全满足，每个人仍然可能有结论性的理由去认为：他所指称的那个殊相和另一个人认为他所指称的那个殊相是同一个。

这个答复恰当地显示了：对非指示性辨识可能性的怀疑实际上是没有根据的，尽管该怀疑有前述的论证作为基础。但该答复退让得太多，而解释得太少。它并没解释：我们如何可能拥有结论性的理由。它也没给出任何一点线索，让我们去理解我们借以思考辨识的一般性结构。如果可能的话，我们最好使用该论证本身所设定的理论条件[①]去回应该论证；因为，借着这样做，我们或许能学到一些关于该一般性结构的事情。

为了要以它所设定的条件去回应该论证，我们只需要显示非指示性辨识的情况如何可能与指示性辨识的情况关联在一块就行了。该论证假设：当被辨识的殊相不能直接被定位时，它的辨识最终一定得奠基在使用纯粹一般性的摹状词之上。但这个假设是错误的。因为，即便问题中的殊相本身无法被指示性地辨识出，它仍然有可能借着一个这样的摹状词来辨识：该摹状词将该殊相唯一地与另一个能够被指示性辨识的殊相关联在一

① 该条件指的是：能够给出一个只有该殊相才独一无二地满足的摹状词。——译者

块。“它占据宇宙中的哪个区域？”这个问题，可以借着将那区域以唯一的方式与说话者和听话者当下占据的区域关联在一块而作出回答。不论宇宙中大规模复制的可能性如何，从辨识的角度 22
来看，这些可能性并没有创造出任何理论上无法以此方式克服的困难。

现在，我们可以看出何以前述的答复退让得太多。在面对复制的可能性论证时，它退让说，当问题是非指示性辨识时，我们永远无法确定一个辨识性摹状词实际上只适用于一个殊相；然后，它宣称说，这件事无关紧要，因为我们可以确定一些其他事情。该答复并未精确说明这些其他事情可能为何。但现在知道它们可能为何之后，我们同时也就知道：复制可能性的论证完全无力显示我们不能确定一个辨识性摹状词实际上只适用于一个殊相。因为，非指示性辨识可以稳妥地奠基在指示性辨识之上。所以，对殊相的辨识性描述可以在最终包含一个指示性的成分在内。

这个解答引起了另一个问题。下面的假设是否合理——除非我们真要退回到相对性的辨识之上——对每个可以指称的殊相来说，我们都有某个摹状词将它与指称对话中的参与者或场景唯一地关联在一块？我们指称的殊相是五花八门的。我们能够可信地宣称：存在一个单一的关系系统，在其中每个殊相都有一个位置，而且，它包含每个能够被直接定位的殊相吗？以下是对这个问题的可能答复，尽管初步上很笼统。对于每个在时空中的殊相来说，我们不仅可以可信地宣称，而且必须认为就是有这样的一个系统：也就是时空关系的系统；在其中，每个殊相都和其他每

个殊相有着唯一的关联。这宇宙或许是以各种方式在重复着。但原则上，该事实并不会对提供所需的那类摹状词形成障碍。因为，借着指示性辨识，我们可以决定出一个共同的参考点和空间方向的轴线；一旦我们有了这些参考点和轴线，我们也就有这样一个理论上的可能性：给每个在时空中的殊相一个摹状词，使它与我们的参考点唯一地关联在一块。或许不是所有的殊相都**既在**
23 时间**又在**空间中。但我们至少能够可信地假设说，每个并非既在时间又在空间中的殊相，都以另一种方式与在时空中的殊相唯一地关联着。

［3］这是对理论性问题的理论性解答。我们实际上并不认为自己面临事物和事件类大规模复制的可能性。然而，有理论性解答这件事对于我们的概念框架来说是一个极为重要的事实。它显现出该框架在结构上的一些事；而且和我们对于辨识的实际要求也有关联。

这一关联或许并不明显。如果听话者知道那个被指称的殊相等同于某个殊相，而且他还知道一些有关后者的个体化事实（individuating fact）——除了“它就是那个被指称的殊相”这个事实之外——那么，听话者辨识的一般性要求似乎也就满足了。知道一件有关于某个殊相的个体化事实，也就是知道如此这般的一件事对于该殊相来说为真，但对于其他殊相来说则都不为真。对一个能够清楚表述他所有知识的人来说，只有当他能够给出某个摹状词，而该摹状词唯一适用于问题中的殊相，而且当他能够以非重言句（non-tautologically）去补充说，该摹状词适用的殊相与当下被指称的殊相是同一个时，他才算是满足了这条件；[①]但我们不需要坚持说，清楚表达一个人的知识这一能力是他真正知道说话者在指称谁或什么东西的一个条件，而这也就是在非指示性情况下听话者辨识的一般性条件；而且，如果真有指称被作出，那么，说话者显然也一样得满足类似的条件。为了要排除只是“相对于故事”的辨识，我们还得增加一个进一步的要求；亦即，被知道的个体化事实不能是这样的：对它的陈述在本质上涉及了借着某人对该殊相的言谈而去辨识该殊相，[②]或借某人对可以用来辨识该殊相的其他殊相的言谈而去辨识该殊相。[③]

这些条件实际上是如何被满足的呢？首先，让我们注意，这些条件会被任何这样的人充分满足：他能给出一些摹状词，并用
它们来减轻第［2］小节中所讨论的理论性焦虑。我刚设下的这 24
个条件，形式上比那些焦虑来得不精确些：凡在特定情况下能减

① 如果我们使用像“说话者所指称的那个殊相”（the particular that is being referred to by the speaker）这样的摹状词，那么，虽然该摹状词会唯一适用于问题中的殊相，但我们却不能以非重言的方式去补充说：说话者所指称的那个殊相与当下被指称的那个殊相是同一个；换言之，“说话者所指称的那个殊相与当下被指称的那个殊相是同一个”是一个重言式。但如果我们使用像“前天跟说话者在白金汉宫见面的那个男人”这样的摹状词，那么，“前天跟说话者在白金汉宫见面的那个男人，与当下被指称的那个殊相是同一个”就不再是重言式了。——译者

② 比方说，他是**杰克昨天说的故事中那两个主角里比较年长的那一个**这个事实，就是“对它的陈述在本质上涉及了借着某人对该殊相的言谈而去辨识该殊相”。——译者

③ 比方说，他是**杰克昨天说的故事中在前天去过英伦书局，并且花了一百万元买了一支笔的那一个人**这个事实，就是“对它的陈述在本质上涉及了借某人对可以用来辨识该殊相的其他殊相的言谈而去辨识该殊相”。——译者

轻那些焦虑的都会满足这些条件。但我们不能从这一点作出任何结论；因为我们已经承认过，那些焦虑其实是不真实的。所以，我们的理论性解答与实际要求的满足之间的关联为何，仍不是件很明显的事。

的确，该关联可能看起来很遥远。对于每个我们指称的殊相，或对每个我们所了解的其他人所指称的殊相而言，我们当然不知道，或无需知道这样的一个个体化事实：该事实将该殊相唯一地与眼下的情境——包括在那个情境中的人或物——关联在一块，不是吗？但我们必须想想，这个建议是不是像它乍听之下一样荒谬。实际上，当然我们并非经常将我们提到的殊相明白地（explicitly）与我们自己或当时情境中的其他事物关联在一块。但这个事实或许只指出了下面这个证成的想法罢了：我们没有作出这种明白指示的必要；因为，一般而言，对话的环境以及参与者对彼此背景的了解，都会使得许多事被视为理所当然。而且，有时我们或许会满足于"相对于故事"的辨识，并因而不希望——至少在当时不希望——将提到的殊相直接放在我们对这个世界以及其历史的知识框架中。

但不能否认，我们每个人在任何时刻都有这样的一个框架——一个统一的对殊相的知识框架，在其中，我们自己和周遭事物都有其位置，而每个事物都以唯一的方式与其他每个事物（包括我们自己和我们的周遭事物）关联在一块。不能否认，这个知识框架提供了一个唯一有效的手段，让我们将被辨识的殊相加到我们的知识库。我们并非只是偶发或偶然为此目的而使用该框架，而是总是如此而且必然如此。每个新认知的殊相在辨识性

上都与该框架有关联这件事，乃是一个必然真理，尽管我们是在获知殊相的时候才知道这件事。即使对该殊相的辨识只是“相对于故事”的辨识，该关联依然透过对说故事者的辨识而存在。当 25
事情变得复杂以后，我们用日历、地图、坐标轴系统等方式将该框架系统化地组织起来；但对这些系统的运用，基本上仍是奠基在我们对自己在其中位置的知识之上，尽管一个人可能会迷失其位置，并需要被告知位置。这样的系统，不论是已发展完的，还是仍在胚胎期的，都能帮助我们逃离相对于故事的辨识，而达到充分的辨识。当然，在我说的事情里，没有一件事蕴涵下述的结果：除非一个人能对某殊相给出一个精确的时空位置，否则他就不能辨识出该殊相。此事绝非必要。任何将该殊相与其他在该框架中已经被辨识的成员唯一地关联在一块的事实，都可被用来作为个体化的事实。一个本身绝非定位性的摹状词，或许也能够在一个非常广泛的时空殊相范围内去个体化事物；此时，我们要求的不过是：该范围本身应该整个被定位在该框架中。

但你或许会问：为什么要给具有共同参考点的时空关系这么特殊的地位呢？我们难道不是还有其他种类的关系可以达到同样的目的吗？从形式上说，殊相辨识所要求的不过是这样的一种关系：在给定某个已经被辨识的事物O之后，我们能够知道实际上只有一个与O有该关系的事物满足一定的摹状词。任意两个事物间可能具有的任何关系，难道不都几乎满足这个并非太严格的要件吗？有些关系甚至会保证只有一个这样的事物。因此，虽然我们或许需要被告知才会知道实际上只有一座桥跨越河流的某区段，但就算没人告诉我们，我们也知道某人的祖父不可能会多于

一个人。

该问题或许可以如此回答：时空关系系统有其独特的广含性（comprehensiveness）与弥漫性（pervasiveness），这些特性使得它唯一有资格成为可以在其中组织我们对殊相个体化思想的框架。每个殊相在这个系统中都或者有其位置，或者属于这样的一类：一般来说，除非借着指称在该系统中已有其位置的其他殊相，否则这类的成员就无法被辨识；而且，每个在该系统中有其位置的
26 殊相在其中都有一个唯一的位置。没有其他殊相间的关系系统会具有上述特性。其实，这个关系系统与任何其他关系系统间的对立（antithesis）都是一个假的对立。虽然，在设计辨识性的摹状词时，我们可以自由地依赖各种关系，但时空关系仍然是这些增加的摹状词的根基；大部分殊相间的其他关系都包含了时空的成分，或涉及时空的交流（物体的相对运动）。

但以下这个一般性的疑虑仍可能持续着。如果我们知道我们关切的殊相的某件个体化事实，那么，辨识的形式要件就被满足了。但为什么这个个体化事实要将该殊相以某方式与我们的殊相知识框架（我们每个人都是其一分子）中的其他事物都关联在一块呢？摹状词可以用“那个唯一的……”或“第一个……”这样的语词来开始，并因而表明它们适用上的唯一性。让我们称此为“逻辑的个体化摹状词”（logically individuating descriptions）。无疑，一般来说，逻辑的个体化摹状词包含了个人或地方的专名或日期，因而将它们所适用的殊相与我们的殊相知识框架中的其他殊相关联在一块；或者，如果逻辑的个体化摹状词不包含任何这样的词，那么，一般而言，它们也会包含指示性的指示词，或者

会以某种方式依赖于它们使用时的情境，以协助我们决定它们的指称。但我们也可以这样设计逻辑的个体化摹状词，使得它们完全没有这种特性。让我们称此为“纯粹个体化摹状词”。“该班级中的第一个男孩”不是一个纯粹个体化摹状词，因为它依赖于使用时的语境去决定其适用对象。“第一只在十九世纪英格兰诞生的狗”也不是一个纯粹个体化摹状词，因为它包含一个日期和一个地方的专名。但“第一只在海上诞生的狗”是一个纯粹个体化摹状词；同样地，“那只唯一诞生在海上，并在后来救了某个君王的狗”也是一个纯粹个体化摹状词。除了纯粹个体化摹状词之外，我们还可以区分出一个由“准纯粹”（quasi-pure）个体化摹状词所形成的集合，这些摹状词仅仅在下述意义下才依赖于说话
时的环境配置以决定其适用对象：它们的适用对象限于说话之前 27
或同时存在的事物。它们就像纯粹个体化摹状词一样，但增加了“到目前为止”这样的词。一个准纯粹个体化摹状词的例子会是“到目前为止最高的人”。现在，有人或许会说，我们当然有时能够知道一个纯粹的或准纯粹的个体化摹状词有其适用对象；而一旦我们同意这样的一个词有其适用对象，它被听话者和说话者双方都接受这件事就足以保证彼此借之了解同一个殊相。因此，我们对于殊相的个体化思考，并不需要将它们容纳在一个统一的殊相知识的单一框架中。

不过，会提出这种反对意见的人其实是不食人间烟火、不切实际的理论家。我们有多种方式可以答复他。假设某个说话者和某个听话者宣称：他们借着对某个纯粹的或准纯粹的个体化摹状词的一致意见而辨识了某个殊相；而且假设他们附带地评论说，

除此之外，他们对问题中的殊相就一无所知了。换言之，在该共同框架的任何特定时空区域内，不管该区域有多广泛，他们都完全无法将之定位出来，也无法以任何特定的方式将之与他们能够定位的任何事物关联在一块；他们甚至无法将它与任何的讨论时刻关联在一块，而后者是他们能够将之与该共同时空框架内的一些项目关联在一块的。举例来说，他们不能说某权威人士曾经对他们当中的某人说过该殊相。一般而言，他们否认任何以下的能力：将他们所宣称谈论的殊相与他们一般性的统一殊相知识框架关联在一块；而且，就算有人暗示他们说，他们似乎曾经知道，但现在却忘了这个关联，他们还是会否认有任何认识这种关联的能力。在任何附带了这种评论的类似宣称中，似乎都有一些很轻率的成分在内。首先，从该附带的否认，我们应该会倾向于去推论说，除了很一般性的概率以外，该说话者与听话者其实没有任何根据去认为该纯粹个体化的摹状词有任何应用可言。一个纯粹
28 个体化摹状词与其他逻辑上个体化的摹状词一样，不但可能在没有任何竞争该头衔的候选人时失去其应用，还可能在以下这样的条件下失去其应用：有两个或多个候选人，他们有着同样好但却因而彼此破坏的主张，而且没有一个候选人有更好的主张。① 因此，“第一只在海上诞生的狗”这个摹状词，不但会在没有狗在海上诞生时失去其应用，还会在海上同时诞生头两只狗时失去其应用。的确，借着增加该摹状词的细节，我们可能降低第二种应

① 斯特劳森在此是利用竞选活动作一个隐喻。他的意思是，任何一个摹状词都有可能在以下情况失去其应用：(1) 没有任何事物满足该摹状词；(2) 有两个或多个事物一样好地满足该摹状词。——译者

用失败的概率；但我们也会因而增加第一种应用失败的概率。一般而言，详尽阐述摹状词使之足以排除其中一项危机却不会增加另一项危机的唯一安全方法，就是利用我们对这个世界各阶段和其历史的知识；但一旦我们这么做，我们就再也不能真心地说，我们无法将摹状词与属于该统一殊相知识框架中的任何项目关联在一块。因而，这第一个答复等于是在争论说，除非我们已经知道一个殊相与在时空框架中某个被辨识的事物间的一些关系，否则的话，我们就不可能知道任何一件关于该殊相的个体化事实。也许，一个人如果够聪明，他或许能造出一些能够堵住这个反对的例子。但其他的反对却会因而被提出。就算我们能够以使得该殊相与该统一的殊相知识框架完全脱离和切除的方式去满足殊相辨识的形式条件，这样的结果也将会是一个特别没用的结果。**只要我们对它的知识仍然保持这个完全脱离的特性**，该殊相在我们一般性的知识框架里终将没有任何角色可言；比方说，除了透过新学会的概括性真理外，我们将无法学到任何与之有关的新事实。我不认为我们还需要进一步探索这个问题；因为，这已经是够明显的了：我们正在设想的这个可能性，如果它真可能，在我们一般性的殊相知识框架中也不扮演任何重要的角色。

因而，我们或许会同意：我们建构了关于这世界中的特殊事物和事件的单一图像，我们对大量复制的可能性并不觉得困扰，有时满足于对所谈论的情境和事物只给出最概略的位置，而且我 29
们允许用彼此同意的专名去承担大量的个体化工作，而无需多作解释。我们十分理性地这样做，并且对一些经验社群和指导来源深具信心。但这是我们建构的单一图像、一个统一的结构：在其

中，我们各自有个位置，而每个成员也都被认为直接或间接联系着每个其他成员；而且，该结构的框架——那个共同的统一关系系统——乃是一个时空的关系系统。借着辨识性的指称，我们将其他人和我们自己的报告及故事适当地配置到经验到的实在界中；而这个整体性的配置或这个关联，最终还是奠基在殊相之间的关联上，而这些殊相被包括在我们自己占据在其中的单一时空系统当中。

我们现在或许会问，以下这事是否必然或无可避免呢：对于可以在一个共同语言中作为讨论话题的殊相来说，任何提供给它们的框架——或至少任何这种我们可以设想的框架——都应该是我刚才所描述的那种框架吗？当然，该框架形成了单一的时空系统这件事，对于经验到的实在界来说并不像是一件偶然的事。假设某人提到某类事物中的一个，并且说了些发生在它身上的事；但当他被问到该东西在哪里，而他所叙述的事又发生在何时的时候，他不说他不知道，而说它们一点也不属于我们的时空系统，说它们并不发生在任何离此多远之处，也不发生在任何离现在多遥远的时间。那么，我们就应该说，而且应该认为他所说的是：问题中的那些事并没有*真正*发生过，而问题中的那个事物也不是*真正*存在。这样说时，我们应该展现了我们是如何操作实在界这个概念。但这并不是说，如果我们经验的本质有了根本的改变，我们的概念还可能是它原来的样子。稍后我将探讨该概念能变得不一样的一些方式；但我不会去探讨它的其他一些方式。我们在此所处理的是那个决定了我们整个说话和思考方式的东西，而且，由于这个缘故，我们觉得它不是偶然的。不过，这个事实

不必然阻碍我们对殊相的概念进行更深一层的分析，也不必然阻 30
碍我们去考虑各种相当不同的可能性，尽管这样做会冒下不小的荒谬风险。

我将先把这些可能性摆在一边，而提出一些与我们概念框架有关的问题。我可以提出的问题很多，不过，再次强调某些看似困难的假象会有点价值。比方说，我们一开始的某个信念是：不论我们对有时空关联的、由事物和事件所形成的网络所做的摹状词是如何地详尽，我们永远也不能确定我们对某个特殊个体做出了一个个体化的摹状词，因为我们永远无法排除有另一个完全相似的关系网络的可能性。正如我们已经看过的，这个理论性的焦虑起自于忽略了以下的事实：作为说话者以及日期和地点系统的使用者来说，我们在那个系统里有个自己的位置，并且知道该位置何在；因而，我们和我们周遭的环境提供了一个能将该网络予以个体化的参考点，并进一步协助我们去将该网络中的其他殊相予以个体化。另外，以下这样的人也作出了一个不同但相关的错误：他们非常了解此时－此地（here-and-now）提供了一个参考点，但他们却假设“此地”“此时”“这个”，以及所有这类以说话者为中心的字词，对每个使用它们的人来说都指称某个私有的事物。他们看到，每个人在任何时刻是如何能在此基础上有着一个单一的时空网络；但他们也同时认为，在此基础上，有多少个人就会有多少个网络和多少个世界。借着将参考点变成私有的事物，这类哲学家对自己剥夺了一个公共的参考点。他们不能够承认说我们是在这个系统中，因为他们认为该系统乃是在我们之内；或者说，每个人在他自己内部都有其自己的系统。这并不是

说，他们所建构的这些框架不能帮助我们去理解我们自己的概念框架。不过，我们关心的只是我们自己的概念框架。所以，我将不会放弃这个平凡的老生常谈："此地""此时""这个""我"和"你"等字词是我们共同语言中的字词，每个人都可以使用它们去指出或协助另一个人去指出：谁和他在一块，而他现在所谈论的东西又为何。

二　再辨识

31 [4] 我们操作着一个单一的、统一的时空系统框架。说该系统是统一的（unified）意味着：对于有理由去探索其空间位置的事物来说，我们不仅认为探索其中任何两个在同一时间上的空间关联总是重要的，还认为探索不同时间中任何两个事物间的空间关联也总是重要的。因此，我们说：A现在正在一千年前B所在的位置上。我们因而有了成员系统的观念，其中的每个成员都能与每个其他成员在时空上有关联。

首先，让我们思考拥有和使用该框架的一些条件，然后，让我们思考拥有和使用该框架的一些结果。使用该框架的条件之一是：我们应该能够辨识出殊相；而此处"辨识"二字与我们到目前为止的用法有不同的意义或应用。如果某人在我面前指称一本他拿在手上的书，用我们到此为止对该字的用法来说，我可能会辨识出他所指称的殊相：那就是他拿在手上的书。但以该字的另一个用法来说，我可能没能辨识出该殊相。我可能认为我之前从来没见过它，但它事实上却是我自己的书。我没能将它辨识为，

比方说，我昨天买的那本书。

如果我们要去运用该单一的统一时空系统框架或殊相框架，那么，以下这件事会很重要：有时我们应该能以我刚才例子中的方式去辨识出殊相。更一般性地说，要将某一场合中所碰到的某殊相或相对于某场合所描述的某殊相，与另一场合所碰到某殊相或相对于另一场合所描述的某殊相辨识为*同一个个体*，我们就必须有一些标准或方法。为了术语上清楚起见，我们在必要时或许可以这样区分：一边是指称性辨识（referential identification），或说话者-听话者的辨识，另一边则是再辨识（reidentification）。在这两种情况中都使用同一词“辨识”是件很自然而无需让人惊讶的事。在这两种情况中，辨识都涉及了思考某个东西是*同一个*：我看到的在说话者手中的那本书与他所指称的殊相是同一个；在 32
他手上的那本书与我昨天买的那本书是同一个殊相。

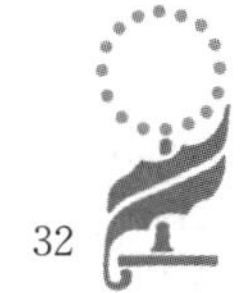

为何再辨识的标准对我们运作该单一的、统一时空的指称性辨识框架来说是必要的呢？该必要性或许能以下述方式——但并非唯一方式——来说明。显然，借着给出或被给出一个殊相相对于其他殊相的位置，我们有时能够指称性地辨识出在该时空框架中的某个成员。但同样明显的事情是，我们对该系统中每个成员的辨识，不能都是以这种相对于其他成员的方式去辨识。一个当下的回答是：我们不需要这样做，因为我们可以用直接定位的方式去辨识某些成员。但就其本身来说，这个答复并不够充分。因为我们并非在不同场合使用不同的框架。事情的本质乃是：我们在不同场合都使用相同的框架。我们不但得以非相对性的方式去辨识某些成员，我们还得将它们辨识成某个单一持续可用的成员

系统中的成员。因为，不同指称的场合本身在该单一指称系统中有着不同的位置。因此，除非从这个场合到那个场合间，我们能再次辨识出在不同场合里的共同部分，否则的话，我们就无法将某场合与另一场合关联在一块。

我们再辨识的方法或标准必须允许这些事实：我们观察的领域是有限的；我们会睡觉；我们会移动。换言之，它们必须允许这些事实：在任何时候，我们都无法观察到所使用的空间框架的全部，其任何部分都非我们能持续观察的，而且我们自己并非在其中占据固定的位置。这些事实有许多结果，其一是：我们根本不可能持续而广泛地注意着空间界线或空间关系的保存与变化——后者发生在那些大致没发生质变，或只逐渐发生质变的事物身上。也许那些具有类似休谟的心灵倾向的哲学家会觉得，唯有借着这种不可能的方法，我们才能确定物理事物的持续同一
33 性；缺乏这种方法时，同一性就只是假象或最多只是可疑的事。就像所有哲学的怀疑论的结论一样，这个结论一定可以避免。但我们似乎可以从之推论出该结论来的事实却相当重要。不论我们的解释会是什么，它都必须允许不持续和有限的观察。所以，它必须十分依赖于我们或许可以暂时称为“特质重现”（qualitative recurrences）的事情——换言之，必须十分依赖于我们在观察时重复碰到相同的类型、排列或事物这一事实——此处，我们暂时允许“相同类型、排列或事物”这个词拥有其令人混淆但也有帮助的歧义性，如特质同一性（qualitative identity）与数目（或殊相）同一性（numerical [or particular] identity）的歧义。但现在事情可能看起来像是：如果我们实际上非常依赖于这样的重

现，那么，**或者**我们会被迫去接受有关于殊相同一性的怀疑论，**或者**整个有关于特质与数目同一性间的区别就变得有问题了，除非该区别是被应用在处于一个没间断的观察领域当中的一些事物。我所谓“整个区别变得有问题”的意思是：当我们说处在一个没间断的观察的事物是“同一个”时，我们可以明显区别这两种情况：我们想要谈论特质同一性的情况，以及我们想谈论数目同一性的两种情况。

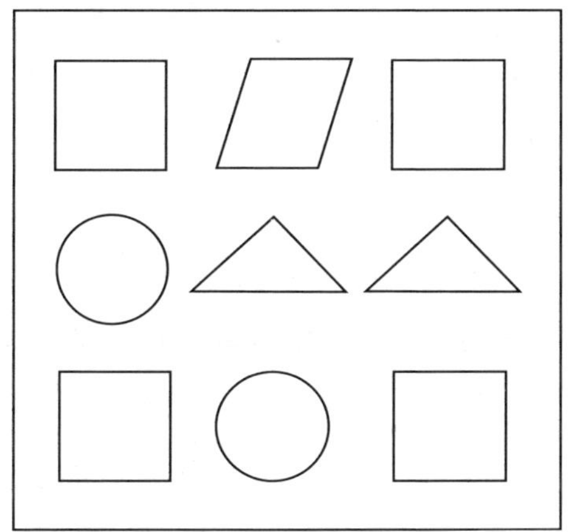

举例来说，如果我们说

> 这个图表左上角的图形和那个右方有个平行四边形而下方有个圆形的图形是同一个 34

那么，我们是在用“同一个”来谈论数目同一性；而如果我们说：

> 这个图表左上角的图形和右下角的图形是同一个

那么，我们这时是在使用“同一个”去谈论特质同一性。当我们对非持续地被观察的事物说它们是“同一个”时，我们认为我们也可以同样清楚地作出该区分。但我们可以吗？由于在假设上，无论我们是倾向于谈论特质同一性还是数目同一性，我们都没有观察到时空的连续性，因而，我们有什么权力去假设这两种情况间有个根本的差异，或去假设它们之间就是有问题中的那个差异呢？当然，它们之间是有差异；但这些差异不过就是观察情境或场景间相似或不相似的差异而已，或观察情境或场景的某些特征间相似或不相似的差异而已。或许我们可以采取一个类似于休谟的立场说：这些差异暗示我们，其中一组情况有未被观察到的连续性，而另一组则否，而这个差异也导致我们去想象该未被观察到的连续性；因而我们被引导去将这些差异，与数目和特质的同一性间的差异混淆在一块。但事实上，在非持续性观察的情况中，我们有的只是不同种类的特质同一性。如果我们在非持续性观察的情况中谈论同一性，而且想要表示的意思超过于此，那么，我们就不能确定同一性；而如果我们能够确定同一性，那么，我们的意思就不能超过于此。

但现在我们看出，我们正是处于一个典型的哲学怀疑论情境：该情境让我们表达出与我们实际表达之意不同的意思，或让我们永远不能确定；①因为，确定我们的意思实际上为何的标准被设定到了自我矛盾的高度，即要求我们在非持续的观察中有着持续的观察。所以，“你无法确定”这个抱怨被还原成这样

① 斯特劳森在此之意是：我们想表达的是数目的同一性，但该怀疑论认为我们或者无法确知这一点，或者只能表达特质的同一性。——译者

的重言式：你没有持续观察到你没有持续观察到的事物。 35

这论点有个更好的表示法。我们无疑有个单一的、物质事物的时空系统的想法；我们有如下的想法：在任何时间中物质事物之间彼此有着空间上的关联，而在不同的时间里它们则有不同的空间关联。毫无疑问，这**是**我们的概念框架。现在，我说，我们拥有该概念框架的**条件**之一是：我们至少会在某些非持续观察的情况下毫不质疑地接受殊相的同一性。让我们暂时假设[①]，在这些情况下我们**从来就不**愿去断说殊相间的同一性。那么，我们就应该而且实际上会有这样的想法：每个新的连续观察时段都伴随着一个新的不同空间系统。（在此假设下，我们对物质事物所拥有的大部分共同想法将不复存在；因为那些实际发生的连续观察时段都不够长，或不够广泛，以至于这些想法再也没有用处。）每个新系统都将会完全与其他系统独立开来。我们将再也不会**怀疑**：一个系统中的某事物是否与另一系统中的某事物等同。因为这样的怀疑只有在以下的情况中才有意义：当两系统并非彼此独立，当它们是某个包含它们的单一系统的一部分，并且有着某种关联。但有这样一个系统的条件也正是以下这个条件：至少对某个子系统中的一些事物与另一个子系统中的其他事物间的同一性，应该有一些可满足的和共同满足的条件。这让我们对怀疑论者的立场有更深刻的刻画：他假装接受某个概念框架，但同时却暗中反对使用该框架的条件之一。因此，他的怀疑并不是真诚

① 以下的假设可说是斯特劳森的归谬假设，该假设的目的在于推导出该假设的不合理结果，并因而显现出该假设为假。——译者

的，而这不只是因为它们是逻辑上无法解决的怀疑，还因为这些怀疑等于是拒绝了唯一让这些怀疑有意义的整个概念框架。所以，很自然地，他提供给我们的其他选项，是去建议说，我们并非真正，或不应该真正拥有我们实际所有的概念框架；我们并非真正，或不应该真正意味我们认为我们所意味的或我们实际上意味的事情。但这个选项是荒谬的。因为，这整个推论的过程之所以能够展开，正是因为该框架是它实际上的样子；而即便我们想要改变它也不可能。最后，如果我们选择的话，我们可以将该怀
36 疑论者看作在提供一个替代框架的草图，以供我们沉思；而这也就是将他看作一个我们既不希望跟他争论，又无需追随其想法的修正性形而上学家。

持续观察的时段这一观念，以及怎样才算是一个这样的时段，有上百个复杂的地方。要想完整讨论它们，我们得去考虑许多事实和问题：包括我们自己身体的特殊地位、视觉和触觉的关系，以及我们不能一次注视所有方向这样的简单事实。但我现在并不关心这些复杂的问题；在稍后的时候，我将回头讨论其中的一些问题——比方说，我们自己身体的特殊地位的问题。

［5］不过，我现在必须提一个相当不同的复杂处。我对于拥有我们实际有的框架——那一个有关物理事物的单一时空系统框架——的条件之描述，从某方面来说是不完整的。光能说“同一个事物”是不够的；我们还得能说“同一个位置”（the same place）。因为，假设我在 t 时遇到 x，并且在稍后的时间 t' 时再辨识出 x。那么，看起来我知道某物体 y 在 t 时和 x 的空间关系，而且我也知道某物体 z 在 t' 时和 x 的空间关系，但这些事实并不表

示我知道任何关于y和z间的空间关系。但如果我们想要运作这个单一的时空框架，那么，我们就一定会有一个具有下面这个形式而又可回答的问题：t时的y和t'时的z间的空间关系为何？或者，更明显点，相对于z在t'时的空间位置来说，y在t时的空间位置为何？如果在知道t时的y和t'时的z对同一个东西x的空间关系的基础上，我还是不能回答这问题，那我又如何可能回答这个问题呢？要能够回答这样的问题，我不但要能再辨识事物，还要能再辨识位置。

但用这样的方式去点出我所要说的不完备性其实会误导人。因为，对位置的再辨识并非十分不同于或独立于对事物的再辨
识。相反地，两者间存在着复杂而细微的互动。因为，一方面来 37
说，位置是借事物间的关系来定义的；另一方面，物质事物同一性的要求之一是：其存在以及其在时间中的持续性，都应该在空间上是连续的。换言之，对许多类的事物来说，以下这种状况是我们不能说“某时某地的x和另一时间地点的y是同一个事物”的状况，亦即，如果我们认为，这两个位置间没有这样的一个连续位置的集合：x在这两个时间之间连续占据这个集合中的每个成员，而y也在同一时间占据了该集合的同一个成员。

所以，位置的辨识和区别有赖于对事物的辨识和区别，而事物的辨识和区别也部分依赖于对位置的辨识和区别。此相互间的依赖性并无神秘之处。说明该依赖性的细节，不过是去描述那个我们用以批评、修正和延伸我们归给事物同一性及位置同一性的标准而已。我将不试着去说明这整个细节。我将只描述该依赖性的某个方面。如果我们碰到一集事物，并准备说这是和之前碰到

的某集事物是同一个集合，而且，如果这些事物间的相对空间位置并无改变，那么，**只要我们限制我们的说法在那集事物上**，我们就会说该集的每个成员仍在其之前所在的同一个位置上。如果该集当中有些——但非全部——成员已经改变了其相对位置，那么，我们或许会说它们当中的一些成员在不同位置上，但一些成员则仍在相同位置上；至于我们会对**哪些**成员说**哪种**情况，依赖于我们认为该集的哪些成员构成了该集整体的支配性框架。这个选择完全不必然——虽然可能——依赖于我们私下如何思考该集合之外的事物。整体而言，如果我们选择任何成员，我们会选择该集当中这样的成员：它们被认为是包含或支持了其他成员，或被认为是该集合的核心成员。当我们考虑该集本身或其中事物的位置与其他事物或事物集之间的关系时，我们不会改变这些标
38 准，而是扩大了它们的应用。其结果是，我们很容易看出，如果我们选择改变参考框架的话——这些参考框架是我们在其中问说“它在同一个位置吗？”的框架——我们如何能借着这样的改变而建构出矛盾。我的帽子现在在它过去所在的同一个位置；因为它仍然在车子的后座。但它也在一个不同的位置上，因为那辆车已经从伦敦开到曼彻斯特。但这些矛盾不该让任何人感到困惑。它们当然不算违反以下的原则：对我们所讨论的事物来说，我们使用单一的统一时空系统框架。它们只显示出，在不同的讨论语境中，我们如何可以缩小或扩充我们讨论的范围。我们从来就没有放弃对该原则的掌握；但该原则并非僵硬到禁止我们转移我们谈话的空间参考框架。

三　基本殊相

[6]我们之所以可以让彼此清楚知道我们讨论的殊相为何，那是因为我们可以将彼此的报告和故事密切地放在一块，并放入对这世界的单一图像中，而该图像的框架是个统一的时空框架，有一个时间向度和三个空间向度。因此，实际上，一般的殊相辨识最终奠基在以下可能性上：将我们所讨论的殊相定位在一个统一的时空系统内。“最终”这一词包括了许多限定。比方说，我们或许是在争论关于同一个人的事，但对他的年代有不同意见。我们或许是在谈论同一个事物，但对它在不同时间下的空间位置有不同意见。但这样的不同意见只有在一个这样的语境下才可能：彼此大致——或许有点松散——同意这些事物与其他我们在意见上一致的事物之间的关系。

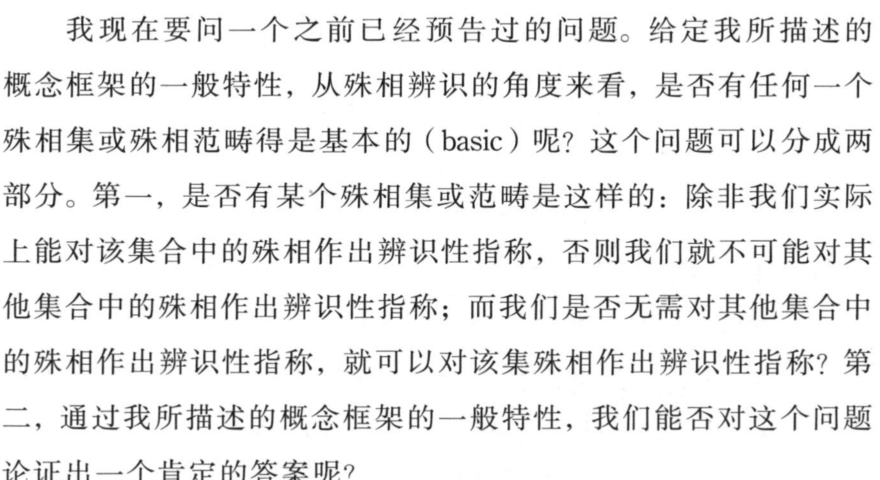

我现在要问一个之前已经预告过的问题。给定我所描述的概念框架的一般特性，从殊相辨识的角度来看，是否有任何一个殊相集或殊相范畴得是基本的（basic）呢？这个问题可以分成两部分。第一，是否有某个殊相集或范畴是这样的：除非我们实际上能对该集合中的殊相作出辨识性指称，否则我们就不可能对其他集合中的殊相作出辨识性指称；而我们是否无需对其他集合中 39
的殊相作出辨识性指称，就可以对该集殊相作出辨识性指称？第二，通过我所描述的概念框架的一般特性，我们能否对这个问题论证出一个肯定的答案呢？

从“辨识最终奠基在一个统一的四向度时空系统中的位置”

这个前提，我们似乎能建构一个论证去结论说，某个殊相集在我所解释的意义下是基本的。因为，该框架并非外在于我们所谈论的实在界中的事物。如果我们问何物构成了该概念框架，我们便必须检视其中的事物本身或其中的一部分事物。但并非每个我们所知道的殊相范畴都能构成这样一个框架。能构成它的事物必须是那些能赋予该框架基本特征的事物。换言之，它们必须是三向度的事物，并且在时间中持续一段时间。它们也必须是我们的观察手段能够观察到的事物；而且，由于这些手段在能力上非常有限，它们必须在集体上够多样性、够丰富、够稳定，而且有持久性，以至于能够自然地造成那个我们所拥有的统一框架。在我们所知道的事物范畴中，满足这些条件的只有物质性物体，或拥有物质性物体的事物——此处“物质性物体”一词有个相当广泛的含义。物质性物体构成了该概念框架。因此，给定我们所拥有的概念框架的一般特征，而且给定我们可资运用的主要范畴的特性，物质性物体或拥有物质物体的事物一定是基本殊相。

我将说更多有关于“给定我们可资运用的主要范畴的特性”这个限定词的事，但现在我要提一个要点。我们或许会认为以下这个特性是某事物成为物质性物体的必要条件之一：它应该具有展现某种触觉上抵抗力的倾向；或更一般性地说：它应该有某些触觉范围内的属性。如果我们真如此认为，那么，这个要求会比笛卡尔对“广延”（extension），或洛克对“坚实性”（solidity）的
40 要求都来得严格；而这也就是说，这是比占据三度空间的条件还严格的要求。因为，三度空间的要求似乎可以在经验上被纯视觉的空间占据者（purely visual occupiers-of-space）所满足。（事实上，

对盲人来说，该条件被纯触觉的空间占据者［purely tactual occupiers-of-space］所满足。）实际上，我们很难找到纯视觉的空间占据者：有些被建议是纯视觉的空间占据者，诸如鬼魂，完全是有问题的；其他诸如光束或有色的气体等，当然不满足丰富性、持久和稳定的要求。如果我们真发现有这样的例子，我们还是会犹豫去称它们为物质性物体。所以，看起来，以下这事在理论上是可能的：该论证的要求可能会被某个我们认为不应该称为物质性物体的事物所满足，尽管实际上它们只被我们准备称之为物质性物体的事物所满足。这一理论上的可能性——如果真的可能——似乎不是太有趣，所以我不会去探讨它。无论如何，借着引入一个弱的意义给“物质性物体”一词，使得该假设中纯视觉的三向度物体成为合格的物质性物体，我们就能够在形式上让自己觉得满意；因此，我们可以更简单地重述我们论证的结论如下：给定我们所拥有的殊相辨识概念框架的一般性特征，我们可以推论出，物质性物体一定是基本殊相。

这个论证的形式可能会误导人。事实并非：一方面，我们的概念框架呈现出某个有关于殊相辨识的问题，另一方面，我们有够丰富和够有力的物质性物体去解决这个问题。事实是：该问题之所以存在，正是因为其解决是可能的。所有的先验论证（transcendental arguments）都类似于此。

［7］将任何哲学立场奠基在一个一般而又模糊的论证之上，这是件大家都不想做的事。但我们无需如此。我们可以更直接而详细地去探讨：我们是否真有理由去假设，对某些范畴殊相的辨识实际上依赖于对其他范畴殊相的辨识，以及是否真有任何殊相 41

范畴会在这方面来说是基本的。

我之前评论说，说话者和听话者经常会借另一个殊相去辨识某殊相；换言之，当我们有必要在语境中作出补充时，对于某一殊相的辨识性指称经常包含提及了另一殊相的词；因而听话者对第一个事物的成功辨识，或许会依赖于他对第二个事物的成功辨识。有关某类殊相在可辨识性上是一般性地依赖于另一类殊相的最清楚可能案例，会是那些我们无法不透过对第二类殊相的辨识而去辨识出第一类殊相的例子。但或许我们没有那么直接的可辨识性依赖的纯粹例子。不过，至少有种很重要的例子是十分接近于此的。换言之，有两类重要的殊相类或范畴是这样的：对其中一类成员的辨识几乎总是以这种方式依赖于对另一类成员的辨识之上。那一个依赖（于另一类）的类是我们或许可以称为“私有殊相”（private particulars）的类——包括感官知觉、心理事件，以及（以该词通常有的意义之一的）感觉与料（sense-data）等这些可能互相重叠的类。而被它依赖的类则是由个人所形成的类。（我们或许还应该补加上“或动物”；因为，有时我们或许也会辨识性地指称动物的特殊经验。但我将忽略这一复杂的问题。）从另一些不同于目前的标准来看，私有经验通常是竞争“基本”殊相地位的最佳候选人；但在目前的标准下，它们显然不该被算作基本殊相。这些经验的个体化原则在本质上依赖于对它们所属的个人的辨识上。一般而言，牙疼的痛苦或私有的红色印象，除了将它们辨识为如此这般的某人所承受的痛苦或正在承受的痛苦，或被如此这般的某人所拥有的印象或正在拥有的印象之外，是无法在我们的共同语言中被辨识的。对“私有殊相”的辨识性

指称，完全依赖于对另一类殊相——亦即个人——的辨识性指称之上。 42

这观点有一个似乎很明显的反对意见。如果有人在地上写下而且说出："这真疼得厉害"，难道他不是在对某个私有殊相——亦即，他的疼痛知觉——作出一个辨识性指称，却没有提到或指称那个承受该疼痛的个人，也就是他自己吗？听话者当然无需对之补充以一个指称了另一个殊相的语境，就可辨识出该语句所谈论的殊相。他直接将之辨识为说话者正在承受的疼痛。类似的，一个医生或许会压了压病人后问说："这有多疼？"而该病人能成功地将医生所指称的疼痛辨识为他——也就是听话者——刚才或现在正在承受的疼痛。不过，在这些情况中，我们或许可以公平地说，"这"这个指示性词真正具有的功能是那些有时会被错误地说成它总是有的功能。换言之，它的确包含了一个未明说的对某人的指称；在第一个例子中，它其实是像"这个我正在承受的疼痛"这样的缩写，而在第二个例子中，它则是像"那个你刚刚承受的疼痛"这样的缩写。如果我们被问到，为何对指称一个公共事物的任何指示词来说，类似的事情并非为真呢？比方说，为什么"这棵树"并非"那棵你（我）都能看到在那儿的树"的缩写时，那么，我们的答复将如下。当"这棵树"这个指示性的辨识词被用来说某棵特别的树时，在适当的环境下，它能被任何的人用来对任何人说，却不会改变它的辨识力。它的辨识力本质上无需暗中指称任何人；它的辨识力在本质上需要的只是：环境和语境让该词明显指称到一棵特殊的树。然而，暗中指称到某个人这件事，对指称私人经验的指示词的辨识力来说却是本质上

必要的。这构成了一个充分的理由去区分我所建议的那两类例子，因而构成充分的理由去维持说，那个表面上的例外其实并非真正的例外。

另一种既表达该论点又可能在以后有几个好处的说法如下。如果我们喜欢，我们可以承认说，任何面对被指称事物所作出的指示性辨识指称，都涉及了某个未明说的、对说话者和听话者的
43 指称；然后我们可以说，这个涉及个人但未明说的指称虽然是一般性的，但如果它只是“所涉及的个人分别是说话者和听话者”这个事实的一个结果，那么，在当前讨论的语境中就是可忽略的。现在，我们所关心的情况——也就是私有经验的情况——中那种对某人未明说的指称，并非只是这个事实的一个结果，它也是“他是我们所指称的私有经验的拥有者”的一个结果。我们可以清楚地从下情况看出事情的确是如此：当面对明显在痛苦中的C时，A对B恰当地说出：“那一定疼得很厉害”。此处，对C未明说的指称是独立于C作为说话者或听话者的角色的；因为C两者都不是。

为什么我要将当初所说有关于可辨识性依赖关系的陈述限定在“私有的”殊相与个人之间呢？我之所以如此限定是为了以下的理由。将一个经验辨识作在某个被辨识的时间与位置上所发生的某个经验是可能的；一个人可能被告知说，这样的一个描述有其适用对象，因而他能在该私有经验被指称时辨识出它来，并无需任何有关于该私有经验拥有者的知识。因而，这会是经验与个人之间辨识性依赖不成立的最直接情况。然而，这样的一种可能性所产生的限制并非十分重要。因为，我们只有在一些特定的

条件下才能够知道这种辨识性摹状词有其应用的对象。为了要让该经验性摹状词能够应用，以下的事是必需的：某个应用它的人应该能够独立地辨识出该私有经验的拥有者。所以，即便在某些特殊的指称场合中，对某个私有经验的辨识并不需直接依赖于对拥有该经验的个人的辨识，但它仍然必须以间接的方式如此依赖着。

有了这个实际上不太重要的限定后，我们就可以说：私有殊
相展现出一种对另一类殊相最直接的辨识依赖性。与私有经验集 44
极端相对的是另一个在定义上不够明确，但同样明显具有辨识依赖性征状的殊相集。我们或许可以称之为“理论建构物”（theoretical constructs）。物理学的某些粒子或许提供了一组这样的例子。这些殊相在任何的意义上都不是私有事物；但它们是不可被观察的事物。我们必须认为这样的殊相是原则上我们可以对之个别或集体地作出辨识性指称的殊相，否则，它们就不再会是我们愿意承认的殊相。或许，实际上我们不太常作出这样的指称。这些事物在简化我们的思想方面扮演着一个角色，但该角色并非我想要去描述的。不过，够清楚的一件事是：只要我们的确对这种殊相作出辨识性指称，那么，我们对它们或其群组的辨识终究必须借由我们对那些较大而可被观察的物体的辨识来进行，而后者是我们——像洛克一样——认为是由这些微小而不可被观察的组成要素所组成的。

物理学的粒子是这种殊相集的一个例子。我之所以先提到它们，那是因为它们像私有经验一样，都展现出一种最直接的辨识依赖性。其他许多种类的殊相则只需要展现出一般性

的辨识依赖性。我说该集合在定义上是不良善的，是因为到目前为止，该集合只有一个诉诸“不可观察性”这一极其模糊概念的定义。我们谈论某个特殊的政治情境或特别时期的经济不景气。我们甚至可以说我们**观察到**这样的现象。但如果我们希望在这类事物当中找到基本殊相，这显然会是徒劳无功的。拥有有关于这些类殊相的概念这件事，显然预设了我们拥有完全不同但较不复杂的其他殊相类的概念。比方说，我们无法拥有罢工或停工的概念，除非我们已经拥有像人、工具和工厂这类殊相的概念。从这里我们可以立刻推论出，对较复杂殊相的辨识性指称一般而言依赖于对较不复杂殊相的辨识性指称。因为，除非我们能够谈论并辨识出较不复杂类的殊相，否则我们就无法谈论并辨识出较复杂类的殊相。但
45 这并不意味：在任何指称殊相的场合，我们都必须将对于某个较为复杂类中殊相的辨识性指称联系到对某个较不复杂类殊相的辨识性指称上去。我们可以非常直接地去指称前者为——比方说——“当前的经济不景气”。

因此，如果有任何事物在我所说的意义下是基本殊相的话，那么，说它们必须是可被观察的并不只是在说：我们应该可以正确地说我们观察到它们。该意思似乎更像是说：它们必须是公共的、知觉得到的事物；它们必须是这类的殊相：不同的人能够十分轻易地看到，或借碰触而感觉到，或尝到，或闻到同一个事物。它们必须是这类的事物：它们能够在某些特殊的讨论场合中被听话者和说话者直接加以定位。尽管如此，我仍将非常自由地去推断这个公共的、可被观察的事物集的界线。这个界线被推断

得越宽广，我对于来自概念预设所作出的论证的依赖性就会越小。尽可能地降低对该论证的依赖性是一件好事。它的应用会是一件细节上的事和有争议的事；而它的解释力却很小。稍后，我们将回到这个问题，并进一步考虑该论证一个更精确的形式。

现在，显然任何能被直接加以定位的事物，都因而能不透过对任何其他殊相指称的中介而加以辨识，并因而能不借着任何与它不同范畴内殊相的指称而加以辨识。但我们当然不能因而推论说，这样一个事物所属的范畴会是一个基本殊相的范畴。因为，在任何特殊讨论场合内能被直接定位的殊相的范围是非常有限的；而且有可能说，对某些落于该范围之外的殊相的辨识，乃是依赖于对与之不同范畴的其他事物的可辨识性之上。因此，某个事物属于公共可被知觉的集合之内这个事实，并不排斥说它也属
于一个这样的范畴：该范畴在辨识性上依赖于其他若干范畴，而 46
后者也同样落于公共可被知觉到的集合。

但我们要如何把公共可被知觉到的殊相，或公共可被观察到的殊相再划分成不同的类或范畴呢？显然，针对不同的哲学目的，我们可以有不同的划分方式。我将满足于最粗糙的划分。比方说，我将一方面谈论**事件**（events）和**过程**（processes）、**状态**（states）和**条件**（conditions），另一方面则谈及**物质性物体**，或拥有物质物体的事物。我将宽松地使用这些词：比方说，一片田野或一条河会被我算作物质性物体，或拥有物质物体的事物。一般来说，我将不会说我的划分是十分清楚的，也不会说它们是精确或穷尽的。但它们仍可能适合我的目的。另一个现在值得一提的区分——我将在以后再谈到它——是介于下述（a）和（b）之间

的区分：(a) 根据我们命名和设想它们的方式，它们必然是物质性物体或拥有物质性物体的事物所进行或经历的事件和过程，以及 (b) 并非如此的事件和过程。因此，死亡必然是某个生物的死亡。但发生的一道闪光或一个响声则不蕴涵有任何东西发光或发出响声。“要有光”并不意味“要让某些事物发光”。

我们已经看过，在某些条件下，我们相当有可能去辨识事件和过程，却无需依赖对其他类殊相的辨识。因为，公共事件和过程或许可以被直接加以定位。像“那道光”和“那个可怕的声音”这样的表达式，当它们紧接在一道光出现，或该响声持续存在时被说出，都能让听话者直接定位出问题中的殊相。它们完全不涉及对任何其他殊相的指称，最多除了那个我们已经讨论过、可以忽略的对听话者和说话者未明言的指称；而且，更不用说，它们也不涉及任何对其他类殊相的指称。这当然不是我们能够无需指称其他类殊相而去辨识某殊相的唯一情况。举例来说，假设所有发生的闪光和响声都能被排列成单一的时间序列。那么，原则上，该序列中的每个成员都能被辨识，而无需指称到任何该序列
47 之外的事物：比方来说，它能被辨识为那个在倒数第 n 道闪光之前立即发出的响声。在某些场合下，我们**可以**只使用一个类似的部分序列观念。举例来说，在我将称之为**直接可定位序列** (directly locatable sequence) 的条件中，我们就可以使用它。这个概念要被理解为：它的应用总是相对于一个时间和一对说话者–听话者。因此，在某时间对某说话者–听话者来说，一个由响声组成的直接可定位序列会是这样的一个响声序列：该序列在那时仍持续进行着，或在那时刚停止进行，而该序列所有成员对说话者–听话

者来说都能被听到。只要指称的范围被理解成限制在这个序列的界线内，每个该序列的成员都可以以上述指出的模型加以辨识，而无需指称到任何该殊相类之外的其他类中的任何殊相。

但当然，当人们对闪光和响声进行辨识性指称时，他们并未将它们看作某个直接可定位序列中的成员。也没有任何一种可以由人类建构的闪光-响声序列会具有以下这两个属性：(1）该序列中至少有一个成员总是能被直接辨识出来，亦即，完全无需指称到其他任何殊相；(2）对其他任何殊相的指称，都只能借着该殊相相对于该序列中其他成员的位置来加以辨识。或许这只是人类的偶然性使然。如果如此，它会是一个决定了我们对闪光和响声辨识性指称的本质性限制。实际上，当我们希望辨识地指称这类当中的某个特殊现象，但自己却不能将之定位在一个直接可定位的序列上时，那么，我们就会使用一个通常在语境中未明言的、对某个非常不同类的殊相的指称，来辨识性地指称该殊相；比方说，我们指称到某个能够听到或看到它的位置，或指称到一个与它因果上有关联的物质性物体。换言之，实际上，对一个单一的、可决定的、大致同质的殊相序列来说，对其中殊相的辨识除了简单的时间位置维度之外，还涉及了其他的维度。

这一点还可以借着考虑一两个相当可信的、人类可以建构的 48
特殊状态或过程序列的例子，而变得更清楚；这些例子都是这样的：我们关切的那类殊相都是某个单一序列中的成员，而且该序列的某成员总是可以被直接辨识。日夜的序列，当它简单地被想成是接续的光和暗的时期交替时，是一个例子；而年岁的序列，当它简单地被看作季节的循环时，则是另一个例子。这里必须有

些限制在：比方说，我们必须忽略环绕地球时所带来的混乱结果。有了这些保留在，我们就可以说：由于没有一个日夜或季节的循环不是这样一个单一序列的成员，因而，任何的成员都可以被辨识为在现在之前或之后的第 n 个成员。我们的日期系统使用这样方便的设计，这并非巧合。

如果我们探索那两类现象间这个差异的根本理由，那么，一部分（虽然仅仅是一部分）的答案会是这样的。相对而言，在我们所关心的空间区域中，日夜序列的成员在可被普遍认知的意义下可说是一般性的。（此处，仍然得有一些明显的保留。）但这对于任何我们可以梦想或假设的闪光–响声序列的成员来说，都绝对不为真。苏格兰破晓时，英格兰也破晓。但在伦敦某处爆炸的轮胎响声，在爱丁堡却听不到。

除了像日夜序列这样特别的（虽然可疑的）例子外，我对闪光和响声这种枯燥例子所说的事，对其他公共可观察的事件和过程、状态和条件来说，也同样成立。我想，不论我们如何自由推测“人类可以建构的辨识序列”这个概念，只要其中的成员都只是这些类的殊相，而其中至少一个成员总是可以完全无需借着指称其他任何殊相来加以辨识，那么，这一点都是真的。因此，对两个正在交战中的将领来说，我们或许可以允许一序列的战斗构成这样一个序列；对于参加考试的考生来说，我们或许也可以允许一序列的口试去构成另一个这样的序列。然后，任何在该序列
49 中的特殊战斗或任何特殊的口试，就都能够借着它在该序列中的位置而加以辨识。原则上，我们甚至必须允许这类复杂序列的建构：异质的事件或过程的序列，其中辨识性的指称会采取类似于

“最后一个殊相之前的第二个χ类之前的最后一个ψ类之前的第一个ϕ类的殊相”的形式。但显然，这种辨识事件、过程或状态的方法，虽然避免了指称到它们之外其他类的殊相，但一般来说仍然有我们所碰到的那种严重的实际限制。除了在像直接可定位序列这类特殊的情况外，我们并没有理由去假设说：任何这种任何人可以用来作为辨识目的的序列，都会等同于任何其他人可以用来作为这些目的的任何类似序列。诉诸某类事件——比方说死亡——的完整序列这样的理论性概念，会是没有用的。因为，显然没有任何想要指称某个特殊死亡的人能够知道它在那个序列中的位置。再一次地，这或许只是一个偶然的事情；但会极端地制约辨识性指称的本质。

实情似乎是：当我将注意力集中在那些能被看作对人类力量的偶然限制时，我忽略了两个强而有力的理论性论证。这两个论证反驳了刚说的这个一般可能性：我们借着刚描述的方法去辨识事件、过程、状态和条件，而无需借助对其他类殊相的指称。第一个论证说，这个辨识事件、过程、状态和条件的方法，并没有提供任何让我们在给定的序列中区别出同时发生的相似事件的方法；因为，该方法总只借用它们在时间顺序中的位置来辨识出它们。但这个论证很容易回答。因为，没有任何逻辑上的理由能强迫我们说：在建构这样一个序列时，我们所利用的关系只能是那些时间顺序的关系而已。比方来说，我们经常说某个事件是另一个事件的原因；而显然，对于同时发生而且属于同一类的两个事件来说，其中的一个实际上会有一些因果的前件和结果是另一个所缺乏的。将指称限制在——比方说——事件和过程这个事实，

也不会排除我们去使用空间关系作出区别。如果我们再一次考虑直接可定位序列那种较为有利的条件，那么，借着它们的空间关
50 系而对这个序列中同时发生的相似成员作出区别，但无需指称其他类的殊相，这是完全可能的。试想象一个西洋棋棋步的序列，该序列事实上构成了两个不同的棋局，分别由两对不同的弈者所弈出，但每个棋局中的棋步都是相同且同时弈出的。尽管如此，一个旁观的说话者和听话者却能在这两个棋步之流中作出区别，比方说，区别为左边的和右边的棋步，并因而能够辨识性地指称左边棋局的倒数第二步棋。因此，该反对并非决定性的。但它亦非毫无价值。因为，它再一次强调了该方法的实际严重限制。

另一个我似乎忽略的理论性论证如下。对我们命名过的大部分或绝大部分事件、过程、状态或条件来说，以下这件事都为真：这些事件或过程一定是一些本身不是过程、状态或事件的事物的行动或经历；这些状态或条件一定是一些本身不是状态、条件、过程或事件的事物的状态或条件。有些人或许会认为，我们可以单从这个事实就直接论证出：对大多数事件、状态或过程的辨识，都必须**经由**对它们所属的其他种类的殊相的辨识来进行；比方来说，当某事件是属于某个类，而该类所有事件都一定是发生在另一类事物上时，那么，对该特殊事件的辨识就一定会涉及对发生该事件的事物的辨识。因此，如果少了一个至少是对某死亡的生物未明说的指称，那么，你就无法辨识性地指称一个特殊的死亡事件；因为，所有的死亡都一定是生物的死亡。为了要让某人直接去定位出一个死亡事件，他必须要能直接地定位出该死亡的生物。因而，当“这个死亡”是被用作一个真正的指示性辨识

指称时，亦即，当它是在所关切的死亡在场时被使用，它就会有“这个生物的死亡”的力道。

就其本身来看，这个论证并不让人满意。因为以下这一点并不为真：当我们要辨识性地指称某个可被观察，且其发生蕴涵了
一个不同类殊相存在的事件时，我们必须依赖一个未明说的、对 51
该类殊相的辨识性指称。我对某尖叫声的辨识性指称能力，绝不依赖一个对该尖叫者未明说的辨识性指称。该论证的错误之处在于：太直接地去尝试从概念上的依赖性推论出殊相可辨识性上的依赖性。

不过，该论证也许可以换个较弱的结论。假设β类的事物都必然是α类中的β类事物（比方说，生日必然是动物的生日）。那么，虽然在某个特殊的场合中，我可能无需透过辨识α类的事物而辨识出某个β类殊相，然而，除非辨识α类的事物一般来说是可能的，否则辨识β类的事物就不会一般来说是可能的。因为，除非我们谈论α类的事物，否则，我们就无法以我们实际上谈论β类事物的方式去谈论β类，也不能拥有我们实际上对β类事物所拥有的概念；而且，除非原则上辨识某个α类事物是可能的，否则我们就无法谈论α类的事物。因此，在概括的意义上说，β类事物展现出对α类事物在可辨识性上的依赖性。

但现在这个修正后的论证似乎证明了太多。因为，**这是个出生**[①]蕴涵了**有个动物而这是该动物的出生**；如果我们得在这基础

---

① 蕴涵关系是介于两个命题间的关系。在此，斯特劳森以加着重号的句子去代表该语句所表达的命题。——译者

上说，拥有出生的概念蕴涵了拥有动物的概念，那么，我们似乎也得说，拥有动物的概念蕴涵了拥有出生的概念；因为这是个动物也蕴涵了有个出生是这个动物的出生。因此，借着推论的对等性，该论证显示了出生和动物的相互可辨识性依赖。所以，该论证对我们来说是没用有的。因为，我们只对非对称性的依赖关系有兴趣。

不过，我认为我们可以重述该修正后的论证而避免这结果。因为，毕竟在动物概念和出生概念间的确存在着不对称性关系。的确，这是个动物蕴涵有个出生是这个动物的出生。但这个蕴涵关系允许下述的改写：这是个动物蕴涵这个（事物）在过去被生出来。现在，我们似乎可以合理坚持：如果我们不能以第二种形式去表达该蕴涵关系，那么，我们对动物的概念就会不同；但我们似乎同样可以合理否认：如果我们缺少以第一种形式表达该
52 蕴涵关系的方法，那么我们的动物概念也会是不同的。换言之，我们可以合理坚持说，为了要使用“动物”这个词的实际意义来谈论动物，我们必须在我们的言谈中给被生出来①这个概念找到一个位置；但从我们使用这个词的实际意义来谈论动物这个事实，我们却没有理由去结论说，我们也必须在我们的言谈中给某类殊相——亦即出生——的观念找到一个位置。我们是否也这样作，对于我们实际拥有的动物概念来说是不相关的。这里有个真正的不对称性存在。因为，对于从这是个出生进而到这是某个动

① 注意，此处被生出来是一个谓词，而出生是一个名词。一般而言，谓词不指称殊相类，但名词则指称殊相类。——译者

物的出生这个蕴涵关系来说，并没有一个相对应的改写存在。我们能够改写其中的一个蕴涵关系，进而排除逻辑学家可能称为对出生的量化；但我们却不能改写另一个蕴涵关系并进而去排除对动物的量化。换言之，允许**出生**——以我们实际上理解它们的方式——这类殊相到我们的言谈中，的确需要我们允许**动物**这种殊相到我们的言谈中；但允许**动物**——以我们实际上理解它们的方式——这种殊相到我们的言谈中，并不需要我们允许**出生**这种殊相到我们的言谈中。

我认为该论证最后修正的结果是可靠的（sound）。许多特殊的状态和条件、事件和过程都被理解为必然是其他类的殊相所拥有的，或所执行的，或所承受的状态和条件，特别是那些本身是或拥有物质性物体的事物。给定我们实际上所拥有的概念，该论证建立了一个概括性的、单向的、前一集合的殊相对于后一集合殊相的可辨识性依赖。我们对该论证的依重越少越好的理由是：虽然它是可靠的，但正如我暗示过的，它只有很少的解释力或甚至没有解释力。该论证并不解释它所建立的一般辨识依赖性。为什么我们概念框架中所包括的殊相应该展现出该论证所结论的关系，为什么我们就是应该以这些方式去设想相关的殊相，这仍然是个问题。

因此，让我们回到那些已经提到过的一般性限制；它们是对 53
于事件、过程、状态和条件成为不需指称其他类事物就可以被辨识的限制。我在此摘要我对这些限制说过的话。某类殊相在可辨识性上是独立的最起码条件是：它的成员应该是非私有的和可被观察的。许多种状态、过程，或条件满足这两个限制。在适当环

境下，这样的殊相能够被直接定位，因而可以无需借着指称任何其他殊相而被辨识。即便当它不能被直接定位，这样的殊相仍然**能够**被辨识而无需明说或未明说地指称到任何一个本身不是状态、过程、事件，或条件——视状况而定——的殊相。但这种内在于类的辨识（intra-typical identification）的可能例子是非常有限的。因为，它们要求某个辨识性指称所涉及的各个部分，都应该在一个同质性的指称框架下被运作。但状态、过程、事件和条件等作为独立可被辨识的殊相的基本限制是：它们完全无法提供我们一个对指称来说是根本适切的这种概念框架。它们更不能提供一个**单一**的、广含的、连续可使用的这种框架。所以，我们是透过对位置、个人，和物质性物体的指称作为中介，才得以大幅扩充我们对状态和过程等的辨识。

现在，在刚提到的这些方面，物质性物体似乎比我们到此为止考虑过的任何殊相更适合作为基本殊相。它们同时在字面和比喻上、短期和长期上、宽泛和狭窄地提供了我们一个物理的地理学，也就是我们提到过的在我们地图上的特征。换言之，它们包含了够多的、相对持久的事物（举例来说，地理上的特征、建筑物等），这些事物彼此维持了相对固定的或规律地变动的空间关系。此处“够多”和“相对”两词指称我们人类的情境和需要。当我们在考虑状态和过程等等时，我们注意到，在占据时间、一
54 般而言能被区别，且在我们关心的整个空间区域中是以类似的方式被关联在一块的事物间，它们缺乏丰富的多样性。但在占据空间、相对持久，且在我们关心的整个时间轨道中是以类似的方式被关联在一块的事物之间，物质性物体则有非常丰富的多样性。

在“物质性物体”一词的某个宽广意义下，物质性物体确保了我们有一个单一、共同、可连续延展的指称框架，其中任何的组成部分都可以无需借着对任何其他类的任何殊相的指称而被辨识指称。这是对空间位置的一般性框架。这个框架的组成细节会改变；但这样的改变无碍其统一性。对其组成细节的知识会因人而异；但这样的差异也无碍其同一性。当然，并非所有的物质性物体或具有物质性物体的事物都会被认为是这个框架中的过客：许多物体运动过于频繁，或只是昙花一现，或两者皆有。没有人会用它们来给出空间方向，除非它们在当时当地是可被观察的。但那并不排除它们在必要时先借着彼此指称，而最终借着对该框架的组成要素的指称而加以辨识。如果我们将“是物质性物体或拥有物质性物体”当作同质类（type-homogeneity）的一个充分条件，那么，我们可以大胆地说，所有满足这个条件的事物都合格地作为基本殊相。辨识不只有空间更有时间面向这件事实，并不足以用来反对这个看法。因为，物质性物体或拥有它们的事物，展现了一些在它们之间的时间面向上的关系。一个事物取代或产生了另一个。事物会穿越不同的位置。

因此，在该词最广泛的意义下，物质性物体并非只在特殊情况下才能够无需指称其类之外的殊相而被辨识。因为，物质性物体满足了被辨识而无需依赖异类（alien types）的最根本条件——亦即，形成一个广含的、够复杂的同质类指称框架。从另一方面说，如同我们已经看过的，对其他类殊相的辨识只有在特殊情况下才可能避免对物质性物体，或具有物质性物体的事物的指称的依赖。因此，物质性物体对我们殊相的辨识来说是基本的。

该论证的结论或许可以借一个不同转向而被增强。我已经论证过，不依赖异类的辨识指称的一个基本条件是：拥有一个共同、广含，且够复杂的同质性指称框架。我宣称过，物质性物体满足该条件，但其他类事物一般而言则否。但我先前在本章第二部分曾说，拥有一个单一且连续可使用的这种框架的一个条件是：尽管观察上无法连续，但我们至少还拥有**再**辨识该框架中某些成员的能力；换言之，一个人必须能将某特殊事物与他早先遭遇过的事物辨识为**再度是同一个**。显然，该能力蕴涵：存在一些一般性的、对不同类殊相再辨识的标准或方法。这些考虑共同暗示：如果物质性物体从指称性辨识的角度看是基本的，那么，它们从再辨识的角度看也一定是基本的。换言之，对物质性物体的再辨识标准不该依赖于其他殊相的同一性，除非后者本身是物质性物体或拥有物质性物体的事物，而其他类殊相的再辨识标准则应该部分依赖于物质性物体的同一性。这个期望其实充分成立。举例言之，如果我们选择任何一个我们熟悉的的过程名称（process-name），如“解冻”或“战斗”等，那么，我们就会发现，对于将某个特殊过程辨识为**再度是同一个**的方法来说，我们不可能不涉及对某物质性事物的指称而给出一个细节的说明——不论那些物质性事物是组成其设置或环境的事物，或它所通过的位置，或某些在因果上以某种方式与之关联的事物，或某些该过程更直接涉及的事物（比方说，经历或参与该过程的物体），或某些以其他方式与该过程的同一性相关联的物质性事物。从另一方面看，如果我们考虑物质性物体自身在跨时间上的同一性，我们
56 将会实际上发现，对其再辨识的一个根本要求是我们已经注意到

的要求，亦即：存在于空间中的持续性；要决定这个要求是否实现，我们或许得依赖于对位置的辨识；但后者这个辨识则依赖于对物体的辨识。

因此，无论是从将某个被非指示性指称的殊相与同类其他殊相区分开的角度来看，或是从将某个在某场合碰到或描述的殊相辨识为与在另一场合中碰到或描述的殊相是同一个的角度来看，我们都会发现物质性物体在殊相辨识上扮演了独一无二的根本角色。如果我们记得一般性的殊相指称框架是一个具有时间和三度空间面向的统一时空系统，而且还记得在可资使用的主要范畴中，物质性物体的范畴是唯一能构成这样一个框架的范畴，那么，这个结论就应该一点也不让人惊讶。因为，只有这个范畴提供我们持久的空间占据者，它们具有够稳定的关系，以至于满足我们在使用这样一个框架时所面临的需要。

现在我可以简单提两个反对意见。

首先，有些人可能会反对说，该论证系建立在一个介于物质性物体与过程之间的对比上，但该对比虽根本，但事实上却可疑。人们可能会说，毕竟，某峭壁的侵蚀只能维持得和该峭壁一样久；而且，它和隔壁峭壁的侵蚀能够维持一个经常性的空间关系，当且仅当这两个峭壁也能维持着这样的空间关系。而一个人的成长和衰老只能维持得和那个人一样久；而且，该成长和衰老能被说成是在不同时间与其他过程有相同的空间关系，当且仅当那个人能够被说成是对其他事物有着相同的空间关系：成长和衰老是在他存在的地方进行着。我们有什么好理由去假设事物范畴和过程范畴间有根本性的区分呢？所以，为了要强调他们的观点，有些哲学家推论——比方说——“恺撒”是一序列事件或一串生命发展史的名字。当他们如此推论时，他们可说是将注意力放在这样的可能性上：认识某个我们实际上并不认识的事物范畴——一个或许可被称为“过程-事物”（process-things）的四度
57 时空事物范畴，而这些事物中的每一个都是这样的：它在时间上连续的每个部分都是三度空间的，并被当作组成该事物自头至尾连续历史阶段中的事物。但是，我勉强描述这些事物的方式显示说，它们其实既**不应该**被等同于事物所经历的过程，也**不应该**被等同于经历它们的事物。稍早我评论过，我关心的是去我们实际上所拥有的主要事物范畴间的辨识依赖性关系；而过程-事物范畴则既不是实际上我们所拥有的范畴，也不是我们所需要的范畴。事实上，我们的确将一个事物和它的历史或历史阶段区分开来；我们不能用适合谈论其一的方式适当地谈论另一个范畴；而且我们也不用拿对过程-事物来说合适的方式去谈论这两范畴当中的任何一种。一旦承认我们所划出的区分，那么，如同我们已经看过的，事物所经历的过程就会一般性地在辨识上依赖于经历它们的事物，但反之则不然。这件事的部分（虽非唯一）理由在于：一旦承认了该区分，那么，事物本身（而非它们所经历的程序）才会是空间的主要**占据者**；它们不仅拥有空间位置，还拥有空间**向度**。如果一个人试着去给出一个程序——比方说某个死亡或某个战斗——这样的空间向度，那么，他就只能追踪那个濒死的**人**，或指出该战斗发生的**地面**范围。

可能还有一个更暂时性但更严重的反对可以被提出。我们的讨论是从考虑某些特定类型的说话情境开始的，在那些情境

中，某人对殊相作出了辨识性指称而且被理解了。然后，我们开始考虑在这类情况中成功辨识的条件为何。但不很明显的事情是，这些论证中所提出的一般性理论考虑是如何关联到或反映出我们实际的说话过程的？而连带不明显的事情是，在何种意义下（如果有的话），我们真正建立起了以下这个主张：物质性物体和拥有它们的事物拥有着从辨识观点来看的主要性（primacy）？

在某个意义下，我们必须同意这个反对意见。精确地说明这些一般性的考虑如何与我们在学习和说话的实际过程关联这件事，将会是个太过复杂的任务。如果我们企图去完成它，我们将 
会在细节中失去一般性。但我们可以指出一个要点，以缓解我们的拒绝所造成的不愉快。显然，在日常对话中，我们并不会将我们所使用的指称框架明白地说出来。在指称我们当下环境中的事物时，我们的确经常使用指示词。但当我们的谈话内容超越它们时，我们并不会费劲地去将我们所提到的事物和我们眼下所看到的事物关联在一块。明示的关系框架部分被语言上的设计所取代，这些设计——专名——是如此经常地，也是如此恰当地吸引逻辑学家的注意。除了指示词和准指示词外，专名倾向于成为对殊相指称的落脚处和摹状词的围绕处。现在，在所有的殊相中，作为专名最佳承载者的乃是个人和位置。如同我们已经看过的，位置是借着物质性物体的关系来定义这件事，乃是一个概念性的真理；而之后我们将会更充分地看到另一件相关的重要事情：个人拥有物质性的身体这件事，也是一个概念性的真理。

第二章　声音

59 ［1］宣称某个事物（entities）集或范畴——而非其他的集合或范畴——具有一个特殊地位这件事，在哲学中是十分常见的。它是对范畴偏好的哲学现象。当我宣称物质性物体相对于其他殊相范畴在某意义下是基本范畴时，我已经展现了该范畴偏好。但我想强调一点：还有其他的方式可以用来展现对范畴的偏好。假设α类的事物是我们偏好的事物类。有时这种偏好是以这样的宣称来展现：“存在”一词有个主要的意义或意思，而只有α类事物在该意义下是存在着，其他事物则只在一个次要的意义下算是存在着；有时它是以这样的宣称来展现：只有α类的事物才是真实的；而有时候它是以这样的宣称来展现：其他事物能够被还原为α类事物，对其他事物的言谈乃是对α类事物言谈的一个缩写方式。我想要强调的是，当我说物质性物体在所有殊相类中是基本殊相时——至少就我们实际的概念框架来说是如此——我并非在说任何上述这些说法当中的一个。我对“基本的”一词所给的意思，是严格地依据殊相辨识这个概念。从另一方面说，我相信，我试着指出的事实能够支持并解释——如果不能证成的话——某些我拒绝接受但承认的对范畴偏好的表述方式。对我而言，以下述的方式去使用“本体论上优先”一词，似乎没什么可反对之处：该用法使得“物质性物体是我们概念框架中的基本殊相”这个宣称等价于“物质性物体在该框架中本体论上优先于其他类殊相”。

我已经主张过，这些事对我们实际的概念框架而言为真。下一个我想要考虑的事情是：它是否能够不是如此？而如果能够的话，如何能够？可不可能存在一个概念框架，它像我们的概念框 60
架一样提供了一个客观可辨识的殊相系统，但与我们实际的框架不同之处在于：物质性物体并非该系统中的基本殊相？当我问说“可不可能存在着这样一个框架”时，我的意思是：“我们是否真能理解这样的一个框架？”

我已经提过辨识的两个方面，或面向。它们或许可被称为“区别面向”（distinguishing aspect）和“再辨识面向”（reidentifying aspect）。在之前的说明中，后者与涉及某说话者和某听话者的言谈情境并不密切相关。再辨识或许只涉及将某场合中所遇到或所想到的殊相，与在另一场合中所遇到或所想到的殊相当作同一个。现在，这样的思考显然涉及在思想或观察中将某殊相与其他殊相区分开来。所以，辨识的区别面向是很根本的。然而，到目前为止的说明中，将某殊相与其他殊相区别开来，和听话者将某殊相辨识为说话者所指称的殊相，是相当密切相关的想法。我现在想要放松这个关联，但保持以下结论：在我们实际的概念框架中，物质性物体对我们思考殊相辨识来说是基本的。我可以合理地这样做；因为，我们不应该假设：当我们所关心的是彼此的言谈沟通时，和当我们所关心的并非如此时，这两种情境中的一般性思考结构会不同。因此，“物质性物体在我们实际的概念框架

中是基本的”这个断言现在应该被理解为：事实上，对不是物质性物体的辨识性思考，一般而言是奠基在对物质性物体的辨识性思考之上，但反之不然；而我刚才所提的那个问题，亦即：“我们是否能设想一个对殊相的辨识性框架，但其中物质性物体却非基本？”也必须得以对应的方式加以修正，并以更一般性的意义来加以理解。这个对实际说话情境关联的松绑，可以让我们在下一阶段的探索中在策略上更为自由，而对该关联最终是否必须被再度加强的可能性无需有任何成见。

61 这样的松绑将以如下的方式给予我们更多策略上的自由。只要“辨识”仍然意味“说话者–听话者间的辨识”，那么，任何关于殊相辨识框架的一般性条件问题，也都会是关于说话者–听话者对殊相辨识的一般性条件的问题。所以，它会是一个起码要有说话者和听话者在其中彼此沟通才能够被提出的问题。但我们却至少在不对说话者和听话者作出这种假设的情况下提出类似的问题。因为，我们每个人都能辨识性地思考殊相而无需谈论它们。当然，事情或许是：辨识性地思考殊相的能力逻辑上依赖于辨识他人谈论殊相的能力。不过，这件事——如果是事实的话——至少不是太明显的。我们不想带成见地去判断它是否果真如此；而不带这样的成见判断时，我们就可以对能够辨识性思考殊相的条件提出一个更为一般性的问题。

但我们想要让问题有多一般呢？我将会在其一般性上加个限制。在一个人对殊相的辨识性思考中，以及实际上在他的辨识性谈话中，他当然能认出一些区别来，即区别那些是自己的经验或意识状态的特殊事件、过程、状态和条件，以及那些不是他

或任何人的经验或意识，但却可以被经验的殊相。因此，如果某棵树被闪电打中了，那会是属于后一类的事件；但如果我看到那棵树被闪电打中了，那则会是属于前一类的事件。刀刺进我的肉里是后一类事件，而我对痛的感觉则会是前一类。我对我的一般性问题想要加上的限制是这个：我要它成为一个对殊相辨识性思考的可能性的条件的问题，但该殊相必须是被思考者认为与自己和自己的经验或心灵状态有别，而且被认为是这些经验实际的或可能的**对象**。从此以后我将使用“客观殊相”（objective particulars）这个词来缩写“被思考者认为与自己有别等等”这整个词组。现在，或许在某个意义上，这个对问题的限制一点也不 62
是限制；因为，或许不可能有不涉及这种区别的对殊相的辨识性思考。但这同样是一个我将搁置的问题。我不需要去回答它；而它或许也不能被回答。

然后，我可以借设置两个问题来指出我心目中探索的道路，这两个问题在形式和部分内容上都让人联想到康德式的问题：（1）对客观殊相知识最一般性的和可叙述的条件为何？（2）这些最一般性的可叙述条件是否涉及了物质性物体应该是基本殊相的要求；还是只是我们对客观殊相的知识框架的某个特征而已？或者——将这两个问题合成一个——物质性物体作为基本殊相这件事，是不是对客观殊相知识的一个必要条件？

我已经暗示过，物质性物体是我们框架中的基本殊相这个事实，可以从另一个事实推出：我们的框架是某类的框架，亦即，一个统一的、有一个时间和三个空间向度的时空系统框架。如果这是正确的，那么，要找到一个物质性物体在其中不是基本殊相的框架，至少会是去找一个不是这类的框架。这个反省暗示了多个我们可以寻找的方向。但它特别暗示了一个非常简单，尽管非常极端的方向。我们可以问：“可不可能有非空间性的框架能够提供我们一个客观殊相的辨识系统？”这个问题让我们再度想到康德。他谈到两种形式的可感知性（sensibility）或直觉，即时间和空间。时间是所有可感知表征的形式，而空间则只是某些可感知表征的形式。他认为，我们实际上拥有而且只拥有这两个可感知知觉的形式这件事，并非绝对必然，而只是一个非常根本的事实而已。他可能会认为，说我们不能**想象**自己拥有其他形式这个说法是一个重言式，虽然他也可能会说，在某个意义下，**想象**我们自己**不**拥有这两个形式是一件不可能的事。“我们不能对自己
63 表征缺乏空间这回事。”[①] 我不太确定其意为何。但不论我们是否

能“对自己表征缺乏空间”，我看不出来为什么我们不应该在想象上将自己限制在非空间性的条件；然后看什么样的概念性结果可以从这里推出来。康德主张，所有的表征都是内感官的（inner sense），而时间是其形式；但只有一些表征是外感官的（outer sense），而空间是其形式。我建议我们探索是否可能有这样的一个框架：它对客观殊相提供了一个框架，但停止使用外感官和它的一切表征。我建议我们探索无空间的世界。它至少会是一个没有物体的世界。

［2］现在，我必须对以下的部分作一个既辩护性又谨慎的声明。我将持续以某种看起来很难回答的方式来提出问题，我特别

---

① Critique of Pure Reason, B.38.

会以这样的方式去提问：一个在经验方面与我们的经验在某些方面相当不同的生物，是否能拥有一个具有某些一般性特性的概念框架；或者一个其概念框架与我们的概念框架相当不同的生物，是否仍然能在其概念框架中复制一些在我们框架中有的特性。在这样的呈现法下，这些问题在最糟的情况下可能像是没意义的，而在最好的情况下则只允许我们作出一些最疯狂的猜测性回答。但一般来说，这种形式的问题可被看作是提出一个显然更合理问题的方便提法，虽然可能会方便过了头：它们全然不是关于假设中的生物的问题，而是关于，比方说，在何种程度和方式上，我们能发现，将我们处理整体经验时最一般性的概念成分重新在我们的经验中作出解释是可能的。我们能将这整个结构映射到其中的一部分到何种程度？或者说，在整个结构和其某个部分之间，我们能找到什么样的类比结构？或者，再一次地，我们能将某些核心概念间彼此的关联，以及它们与某些类经验间的关联打破，但看起来不会完全摧毁这些概念到什么样的地步？在某个意义下，这些一般性的问题无疑是很无聊的；但它们似乎是可以被讨论的。

在以来的讨论中，读者们会发现，我们以某种方式转移了强 64
调点。对我们所选择的无空间的世界模型来说，我们在第一章中视为理所当然的某个区别现在成了问题：由概念框架的使用者所作出的、介于他自己和他自己的状态这一方面，以及他对之拥有知识或经验的其他殊相间的区别。我们将会发现，该区别的条件是否能在被假设的世界中满足这个问题，部分但非全然依赖于另一个反映了第一章中某个主题的问题，亦即：殊相的可再被辨识

条件是否能在被假设的世界中满足的问题。但它不能借着讨论该问题而获得解决；进一步解决它的企图会在第三章中将我们带到一些直接的考虑事项：我们日常的世界，以及该区分的条件实际上在日常世界中被满足的方式。

所以，目前的这一章，部分是作为第一和第三章间的桥梁。借着观察我们必须以何种的方式去——这么说吧——模塑（shape and model）我们赤贫的物质以便复制我们所知道的结构，并进而探索我们能以一种人工的而且是现象的语词而将我们实际思考的一般特征复制到什么地步，这些讨论或许能对我们实际思考的一般性特征带来一些光照。

［3］探索非空间世界的提议是一个什么样的提议呢？要怎样想象自己停止使用外感官呢？传统上，五官被认为是对公共事物来说五种可区别的知觉模式。在这些当中，味觉和嗅觉显然比其他知觉较不重要；此外，味觉还有某种逻辑复杂性，使得它难以被处理。去假设我们的经验中没有味觉或嗅觉的成分，这似乎不会招致严重的概念性革命。（当一个人感冒时，他并不会因此就以不同的方式看这个世界。）为了简单之故，让我假设它们被排除了。这让我们只剩下视觉、听觉和触觉。为了要排除外感官，
65 我们还要排除它们当中的哪些呢？乍看之下，我们似乎应该全部排除它们——这会让我们的研究很快告终。因为，虽然我们当然能借着视觉和触觉去发现事物的空间特性以及之间的空间关系，但似乎至少同样确定的事情是：我们也能借着听觉而去发现一些事物的空间特性。声音似乎来自右边或左边、上方或下方、渐近或渐远。如果声音——听觉的适当对象——本身拥有这些方向和

距离特性，难道我们不该推论说，即便我们采取一个纯听觉经验的极端假设，我们还是无法排除所有的空间特性和空间概念吗？然而，我认为，这个结论会是个相当明显的错误。事实上，当感官经验不只在特性上是听觉的同时也还至少是触觉的和动觉的（kinaesthetic）时——或者，就像在大多数情况下一样，同时也还是触觉、动觉和视觉时——我们才能只凭听觉的强度而用空间性的谓词去谈论它们。但从这个事实我们不能推论说，当经验被假定为纯听觉性时，我们还会有任何空间概念的容身之处。我想，没有这样的容身之处是件很明显的事。感官经验的唯一对象将会是声音。当然，声音之间拥有时间关系，而且会在一些特征上有别：在大小、音调和音色上。但它们并没有本有的（intrinsic）空间特征："在……左边""在上方""较近""较远"等词并没有本有的听觉意涵。让我们简短地就这方面比较听觉和视、触觉。显然，我们的视野在任何时候都必然是展延的（extended），而它的组成部分也一定会展现出彼此的空间关系。触觉的情况较不明显：举例来说，如果一个人说"触野"（tactual field），我们就会不清楚他的意思为何。但如果我们将触觉与动觉结合在一块，那么，至少清楚的事情是：我们就会有形成空间概念的材料了；我们不会怀疑先天的盲人是否真的知道"一个东西在另一个之上"或"一个东西比第二个更远于第三个"是什么意思。我们或许会觉得，相较于我们自己的经验，纯视觉的或纯触觉-动觉的空间概念是贫瘠的，但它们并非不可能。相对而言，一个纯听觉的空间概念则不可能。以下的事实一点也不能反对这一点：由 66
于我们事实上拥有多种感官经验，我们能够——如同我们常说

的——“单凭听觉的强度”而将方向和距离赋予声音，以及将它们发出或因果地导致它们发生的事物。因为，该事实已经充分被下述事实所解释：存在一个介于声音本有上能有的变化范围与我们感官经验中其他非听觉特性间的关联。我的意思并不是说，我们首先注意到这些关联，然后才在该基础上作出归纳的推论；我的意思甚至不是说，我们可以在反省后，将它们当作我们实际上单凭听觉的强度而对声音赋予距离和方向的理由。去坚持这些看法之一会是否认“单凭听觉的强度”这几个字的整体力量；而我却相当准备去承认它们的完整力量。我只是简单坚持以下这个因为较不特定，所以较不极端的主张：事实上存在着这样的关联这件事，乃是我们实际上单凭听觉的强度而去赋予距离与方向的一个必要条件。不论是什么关于声音的事让我们能说出像“它听起来好像是来自左边的某个地方”这样的话，单单这件事本身并不足以产生空间概念。我认为我们不需要进一步去论证说，在假定经验是纯听觉时，我们是在假设一个无空间的世界。当然，我并非在争论说，纯听觉世界的想法乃是无空间世界的唯一可能模型。还有其他更复杂的可能性。我之所以选择纯粹听觉的宇宙的想法，乃是因为它相对而言较容易处理，同时又有一定的形式丰富性。

因而，我们要去考虑的问题是：一个经验是纯听觉性的生物，能不能有一个对客观殊相的概念框架呢？这个问题是一个复杂问题，可以被拆成几个问题。首先考虑“客观殊相”一词中“客观”这个限定语。乍看之下，这个限定语似乎不会产生什么特殊困难。因为，就目前看来，我们当然可以说不同的人听到了某个而且是同一个特殊的声音——不仅是同一类的声音（也就是同一类声音的例子）而已，而且精确地说是相同的一个特殊声音。声音或许是公共事物，而我们听过的大部分声音都是公共事物。当我们谈及某个声音而我们的意思是指某个特殊的声音时，我们的意思或许是而且通常是指一个客观的殊相、一个公共的对象。所以，事情似乎很明显：在某个纯声音的世界里，如果我们至少能够运作殊相概念的话，那么，我们也能够运作一个客观殊相的概念。但实际上这完全不明显。因为，说一个声音是个公共对象，或说不同的人或许听到同一个特殊声音，这种说法最起码的意思似乎是：不同的正常听话者或许会在大致相同的时刻有着大致相似的听觉经验，或在大致相同的环境下有着某种可被叙述的系统性听觉经验；而或许有些人还会补充说，为了要在任何特定时刻确定他们听到的是同一个声音，对他们来说，这些相关的听觉经验还应该有相同的因果来源。举例来说，我们可以想象，同一首音乐同时在两个音乐厅中被演奏。我们可以想象在某个时间点上某个和弦正被演奏着。那么，两个在不同演奏厅中的不同正常听众就会大致同时拥有着大致相似的听觉经验。虽然在某个意义下他们所听到的声音是相同的——对每一个人来说，它是**相同的和弦**——但在我们所关心的意义下，他们所听到的声音是不同的。他们听到了不同的声音-殊相：因为殊相等同的环境条件以及因果来源条件都没有被满足。然而，同一个音乐厅里的两个听众却听到了同一个和弦；因为，在他们的情况中，殊相等同的环境和来源两个条件都被满足了。 67

我不想说，我们对于不同听者听到同一个声音殊相的条件的

说法是穷尽的。举例来说，声音能透过不同的人作为媒介而被传递的例子，暗示了声音殊相同一性有其他不同标准的可能性，而
68 这些可能性是相当有趣的。我之所以选择那两个被说出来的条件，只是因为它们是最明显的条件，并且不排除其他条件的可能性。

前述条件中的最后一个——也就是关于因果的那个——或许能在纯听觉的宇宙中忽略不计。其他条件则呈现出一个尖锐的问题。因为，看起来，为了要给出“在纯听觉世界中声音的公共性”一个意义，我们必须以纯声音性的语词去对“其他人”以及他们是“在相同的特定环境下”这两个概念赋予一个意义。但是去假设说，我们能以纯声音性的语词对特定环境的同一性这个概念给出一个意义，这会是在丐题（beg the question）[①]。因为，我们要借以给这个概念一个意义的声音必须本身是公共的；否则，它们就不能对不同的听觉经验拥有者提供环境殊相的同一性。但在一个纯听觉的世界中，公共声音的可能性正是目前的问题所在。因此，我们不能在此假设一个有利的问题。的确，一个有利的问题开始看起来没什么希望和前景了。

然而，我们或许可借降低或试着降低我们的要求而去提高我们的希望。我刚将“客观的”殊相解释成“公共的”殊相，而这涉及了其他经验拥有者的观念和共享的环境观念。如同我暗示过的，如果某个一般性的思路是正确的，那么，我们对这个解释会

① “丐题”指的是论证者使用结论本身或隐含结论的前提去支持论证的结论。——译者

有很多的话可说。这个一般性的思路可以简单摘述如下——我希望该摘要不会太过拙劣。如果我们不能彼此谈论公共的事物，那么，我们就不能彼此谈论私有的事物。除非我们能彼此谈论，否则我们根本就不能言谈。无论如何，在一个非常根本的层次上，思想的界线也就是语言的界线；或者说，“我们无法说的，我们也无法想”。最后，如果没有概念和思想的话，也就没有东西可被称为经验，而且当然没有知识。应用到目前的问题上，这一路想法产生了这个结论：除非我们可以用纯听觉性的语词来对公共的听觉对象——同时也是听到它们的生物彼此谈论的话题——给出一个意义，否则的话，关于纯听觉经验的整个想法会是空泛的。

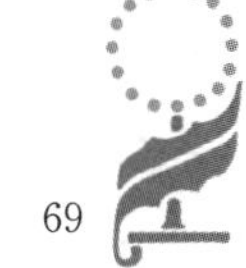

我暂时不会试着去判定这一路想法的优劣。因为，当我稍早引介“客观的”一词时，我赋予它的意义当然是一个较传统的而且可能是较不精确的意义；是一个借着区分一边是某个人和他的状态，而另一边则不是他自己或其状态，但却是他对之有经验或可以有经验的事物而作出的区别。所以，我将暂时把“对一个纯听觉经验来说，对客观殊相知识的条件是否能被满足？”这个问题的意义解释为：“一个其经验是纯听觉性的生物，可不可能有这样的区别呢：一边是他自己和他的状态，另一边则不是他自己或其状态，但却是他对之有经验的事物？”为了在措辞上简便起见，我将把这个问题重述如下：“对一个纯听觉的经验来说，一个非唯我论意识（non-solipsistic consciousness）的条件是否能被满足呢？”所谓非唯我论意识，我的意思是指这样一个生物的意识：他能作出这样的区别：一边是他自己和他的状态，另一边则不是他自己

或他的状态，但却是他有经验的事物；而且，所谓唯我论意识，我指的是一个不能作出这个区别的生物的意识。[①]

然而，我们必须回答的问题并非只有这一个。和它息息相关的问题还有一个：我们是否真能以纯听觉性的语词去说明可辨识殊相的概念？在一个纯听觉的世界中，是否会有一个介于特质同一性和数目同一性间的区分？乍看之下，这似乎不特别困难。难道我们不能以声音的连续性来作为区分声音殊相的标准吗？首先，假设在某个暂时的片断经验中，某个一定大小、音色和音调的声音开始被听到且持续不间断被听到，然后停下来。其次，假设在这样一个片段经验中，这样的声音开始，停下来，再一次开始，然后再停下来。在第一个情况中，声音殊相的数目会是一；在第二个情况中，声音殊相的数目则会是二。在“同一个”一词的特质意义下，这两个情况中都只有一个声音，而且是同一
70 个声音，亦即，只有一个作为共相的声音。即使当某类声音是连续的声音时——比方说，当音乐被听到时——我们仍能在一般性的声音中区分出特质不同的声音来，并进而借着中断与否的标准去区分出相同特质声音中的不同特殊例子来。当然，我们也能够——或许更容易——借着前述的方法去区分出由一组或一序列声音-殊相所组成的更复杂的声音殊相。这似乎显示说，可被辨识的——意指可被区别的——声音殊相能够存在。

① 要请读者注意的是：斯特劳森在此对“唯我论”一词（以及“非唯我论”）的用法与哲学上常见的用法不同。在一般的哲学讨论中，唯我论指的是“只有我才真实存在”的主张，而其他的事物最多只是我的观念或观念的集合而已。这样主张的人，斯特劳森称之为“哲学的唯我论者”。——译者

但可被辨识的——意指可被再辨识的——声音殊相是否能存在呢？除非这个问题的答复是肯定的，否则我们所运作的殊相概念就会是——这么说吧——一个非常“薄”的概念。现在，如果我们对“声音”一词采取的是作为共相或类的意义，那么，声音当然能被再辨识。一个音符，或一序列的音符，或一首奏鸣曲，都能被再辨识。但我们能给以下这个观念赋予什么样的意义呢：将某个特殊的声音在它不被听到的一段时间后再度辨识为同一个？我们不能诉诸该声音非听觉性环境中某殊相的同一性去证成——比方说——“这是不久前听到的特殊的声音序列的延续，而且和它是同一个特殊的声音序列”；因为，在假设上，该声音的环境就只有其他声音而已。我们可以借着思考其可能的例外而强调这个困难。假设某个具有一定复杂度——我在这里说的是一个类或共相——的声音序列具有，比方说，某种音乐上的统一性，我将称该声音序列为M。假设在它之内有四个“移动”（movements）是可被区分的：A、B、C、D。[①]假设A的一个例子被听到了，然后，在适度的间断后，D的一个例子也被听到了。然而，该间断并非被B和C所占据，而是被其他的声音所占据。在这种情况下，难道我们不会假设说：当D的例子被听到时，它会被辨识为某个殊相的一部分，而这个殊相与之前包含被听到的A例子作为

① 换言之，斯特劳森所设想的M声音殊相有四个非空间部分A、B、C、D。我们可以将M等同为A–B–C–D。在以下的想象中，斯特劳森要我们想象M出现了，但其中的B–C部分却被其他的声音掩盖，就好像一个街头小提琴家的演奏的中间部分在一个乐队经过时被乐队的声音掩盖住一样。然而，我们还是听到了A和D的部分。在这种情况下，难道我们不会说A所属的殊相和D所属的殊相是同一个殊相吗？——译者

其一部分的殊相是同一个殊相M？换言之，当D被听到时，难道我们不会有一个这样的情况吗：同一个殊相M在一个间断后又重新出现了；因而，我们不但在此会有个再辨识某共相的例子，
71 还会有个将某殊相再度辨识为同一个殊相的例子？当然，要让这个建议有任何用处，我们就必须假设我们有某种标准去区分同一个殊相M再次出现的情况，和只是一个A的例子跟着一个间断再跟着一个D的例子（但这两者并*非*同一殊相M的部分）的情况。这让我们回想起同一首（类或共相）音乐同时在两个音乐厅中被演奏的例子。该处，用来区分同一首*特殊*曲子的后一部分，或同一首共相曲子的后一部分的一个例子的标准是相当明显的；它们再度依赖于非听觉性的环境。但在纯听觉的世界中，没有这样的标准可运用；而如果*没有任何*标准可被用来作出该区分，那么，该区分也就没有任何意义，因而听觉殊相再辨识的观念也就没有任何意义。该例子或许不像这个建议说得那么糟。因为，或许我们可以勉强推荐一个标准。或许我们可以说：当A和D的例子相当轻柔而且当填塞在它们之间的间断声音非常强烈时，我们就有一个A和D是同一个声音殊相的两部分的清楚例子；但当这个条件明确未被满足时，那么，我们也就有一个它们并非同一个殊相的两部分的清楚例子。但这个建议之所以对*我们*有吸引力的理由实在是太明显了；它帮我们去设想：某个殊相M中未被听到的部分被介于A和D的例子间干涉的噪音所淹没或掩盖；因而帮我们去设想：它们其实在那里等着被听到，而如果不是那些噪音的话，它们就会被听到。但现在我们只需想想我们在真实生活中作出类似此思考时所具有的理由和证据——当街头乐队游行经过

时，看得见但听不到的街头小提琴家的拉弓——那么，我们就会失去在纯听觉世界把该建议中的条件作为标准的兴趣了。[①]

无论如何，某些重要而彼此关联的要点在这些考虑中浮现出来了。

第一个要点是介于殊相可再被辨识的观念，和殊相未被观察还会持续存在的观念间的关联。这个关联使得我刚考虑但放弃的声音殊相的再辨识标准具有一定的——不管是什么样的——吸引 72
力。实情并非只是干扰的声音大而已；实情还在于：从我们熟悉的世界来看，我们认为它们大到足以淹没那些未被听到的声音，而后者则连接了该再被辨识殊相的稍早和稍晚部分。但这个想法明显来自于我们熟悉的世界，对我们所想象的世界并无相关性或还没被赋予任何相关性。我们还是得去显示我们能对以下这观念赋予一定的意义：未被观察的殊相在这个想象的世界中仍然持续存在着。

第一个要点直接引导到第二个。“在纯听觉的世界中是否可能有可再被辨识的声音殊相？”这问题之所以被提出，原来是因为我们以为它不同于另一个得被考虑的问题，亦即：“一个其经验是纯听觉性的生物，是否能给以下的区分一定的意义呢：一边是他自己和他的状态，而另一边则既非他自己亦非其状态的事物？”但现在看来，这两个问题并非彼此独立。对后者的肯定答复蕴涵了对前者的肯定答复。因为，拥有一个能在其中区分他自

① 如同街头小提琴家的例子所暗示的，对这种声音殊相再辨识的能力部分依赖于视觉，但视觉是一个纯听觉的世界所缺乏的。——译者

己和他自己的状态以及不是他自己的状态的声音概念框架，也就是去拥有一个在其中听觉对象的存在**逻辑上**独立于一个人的状态，或独立于他自己的存在的概念框架。因此，这会是去拥有一个具有以下特征的概念框架：在其中，这样的声音殊相——不论它们是否被观察到——应该存在着这件事是逻辑上可能的，因而，即便经过一段它们未被观察到的间断时刻，它们仍然应该持续存在着。所以，事情似乎一定是：在一个纯听觉的世界中，如果一个非唯我论的意识的条件能被满足，那么，该世界就能有可再被辨识的殊相。现在，有人或许还会进一步说，说可再被辨识的殊相在逻辑上有可能存在于一个纯听觉的世界中，这样的说法并不能被赋予任何的意义，除非我们能以纯听觉性的语词去陈述或设计再被辨识的标准。如果这个说法是正确的，那么，我们也就有了这样的一个结论：只有当我们能以纯听觉性的语词去描述声音殊相的再被辨识性标准时，一个非唯我论的意识的条件才能够在这样的世界中被满足。

73 另一个方向的蕴涵是否也成立呢？或者说，存在着可再被辨识的殊相的观念，并因而存在着“当不被观察时也继续存在的殊相”的观念，是否蕴涵存在一个介于一边是自己和自己的状态，而另一边则既非自己亦非自己的某个状态间的区别呢？我将暂时延后对这个问题的答复。稍后，我会推荐一个回答该问题以及所有类似问题——亦即，所有关于某件事是否是一个非唯我论的意识存在的充分条件的问题——的技术。让我们顺便注意但很快排除某个建立在错误基础上而对该问题给出肯定答复的诱惑。一个人可能会因为混淆两个不同的观念，而被诱惑去给出肯定的答复：一个是拥有唯我意识的生物的观念，另一个则是哲学上的唯我论者（philosophical solipsist）的观念。但是，具有唯我意识的生物（为了简短，我可称之为真正的唯我论者［true solipsist］）并不会认为他自己是这样的生物；也不会认为他自己是哲学上的唯我论者或其他什么东西。他当然不会认为每个存在的殊相都是他自己或他自己的状态。一个宣称他如此认为的人，可能真会有困难去调和他的主张和“有些殊相继续存在却未被观察到”的想法，尽管该困难未必无法克服。真正的唯我论者乃是这样的一个人：介于自己和不是自己的事物这个区分对他而言根本就**没用**。我们仍然要检视的是：是否一个允许可再被辨识的殊相的概念框架，必然会给这个区别留有一定的空间。

让我们进入下一个要点。让我们探讨：刚建立起的那些要件是如何在我们熟悉的世界中被完成的。或者说，未被观察时仍然继续存在或可再被辨识的殊相这个观念，是和我们熟悉的世界中的哪个特征或哪些特征的复合最紧密、自然而又一般性地关联在一块呢？我认为，该问题的答案既简单又明显，尽管对该特征的详细描述会极为复杂。粗略地说，对我们而言重要的观念是一个 74
我们在其中活动的空间性事物系统的观念，但该系统在任何时刻都延伸到一个人观察的限度外；或者，更一般性地说，该系统在任何时刻都不曾完全显现在我们的观察中。这个想法显然对未被观察到但被认为是持续存在的事物提供了必要的非时间向度作为——这么说吧——它们的住所；它对本有上（intrinsically）不是空间性的事物——例如声音——以及本有上是空间性的事物都提供了该向度。因此，说我现在没听到的声音仍然存在着，其最熟

悉和最容易被理解的意义乃是：那些声音在某些位置上是可被听到的，但这些却不是我现在所处的位置。当然，我们对没被听到的声音这一个观念还可以赋予其他意义。不过，它们当中的许多依赖于介于听觉现象和其他种现象间的关联（举例来说，与听觉现象因果上相连结的非听觉现象），以及对这些关联的推测，而这些推测超越了人类听觉分辨能力的一般性限制。所以，它们在此并无帮助。或者，它们依赖于类似感官能力丧失这样的观念。但为什么我们要认为我们的感官能力丧失，而不是认为这个世界逐渐消逝呢？这个选择并不能用来解释它所预设的概念。

因此，让我们回到那个我们认为是对“未被我们听到但现在仍然存在的声音”这一说法而言最熟悉的意义上，并回到它和位置观念间的关系上。我们看过，位置以及随之而来的事物的空间系统观念，都不能以纯听觉性的语词来赋予意义。但是，如果我们真要给“未被听到或知觉到但现在仍然存在着的殊相”一个满意的意义，并进而给“在一个纯听觉世界中殊相的再辨识性”，甚至给“在纯听觉世界中一个非唯我论的意识”这些观念一个满意的意义，我们似乎一定得有一个不同于时间的面向，可作为目前未被听到的感官殊相的住所。所以，我们的问题成了：我们不能以纯听觉性的语词给予空间概念任何字面的——尽管是贫瘠的——解释，但我们是否能以听觉性的语词去发现某种可变的特征，而该特征能提供我们或许可称为空间类比项（an analogy of
75 space）的东西呢？当然，为了我们的目的，它得是一个充分接近的——不管这究竟是什么意思——类比项。

但要多接近才算是充分接近？我们要该空间的类比项对未

被知觉到但存在着的殊相提供“住所”。简略地说，我们要它提供某些类似于“在”（presence）和“不在”（absence）这些观念的东西——但不只是这些观念最一般性的意思，而是要能让我们说“某个东西离我们现在所在的地点较远或较不远”的意义。换言之，我们要的是距离的类比项——较近和较远。因为，只有在这种情况下，我们才会有以下这种非时间向度的观念：在其中，未被知觉到的殊相能够被看作以某种系统性的关联同时存在着，同时也与被知觉到的殊相以这种关联同时存在着。当然，我们正在寻找其类比项的空间现象远比这个类比项本身要复杂得多。遥远的殊相位于不止一个距离向度，而是三个；殊相之所以未被知觉，或许不是因为它们太遥远，而是因为它们被其他殊相遮蔽，或因为在所有我们能看到和感觉到的方向中，就是没看到或感觉到它们的方向。我们或许会对使用听觉性语词重新制造出这么复杂的类比项这件事感到绝望。在寻找那个我们或许能够发现某个类比项的最简单特征上，距离这个特征看来是最简单的。对于声音的渐近、渐远和消逝，我们或许能够发现一个类比项。

通常，声音有三个可区别的向度：音色（timber）、音调（pitch）和音量（loudness）。我们也许可以不管音色；因为，音色的差异似乎不会允许任何系统性的排序。音调似乎较有希望。的确，我们习惯以类比空间向度的方式来谈论音调的差异——我们谈论较高或较低的音调——而且，我们习惯以空间间隔来代表这些差异。如果该类比在某方向[①]上成立，难道它不会在另一个方

① 指的是高低这个方向。——译者

向[①]上也成立吗？假设我们想象的纯听觉性经验有以下特性：某
76 个有特殊音色的声音连续地以固定的音量被听到，但它的音调变化着。这个声音在连续性上很独特。我们或许可以称之为主音（master-sound）。它或许可以比拟于我们听广播时，有时会从一个需要修理的收音机内所发出的持续而又有音调变化的哨声。除了这个主音之外，其他一些具有不同复杂度的声音或声音序列也都被听到了。我们可以假设这些声音当中的一些序列具有音乐曲子所具有的统一性。它们一再出现而且被认出来。它们是高度复杂的共相，具有特殊的例子。你可以想象该主音音调范围内的变高和变低有时发生得相当快；其他时候，该主音的音调则在相当长的时间内保持不变。最后，你可以想象该主音音调的变化是与其他被听到的声音内的变化有关联，而其关联的方式非常像收音机调频钮位置的变化与我们从该收音机听到的声音变化之间的关联方式。因此，假设某个我提到的统一声音序列的特殊例子被听到了。主音音调的逐渐改变会伴随着该统一声音序列的音量的逐渐减弱，或逐渐增强后逐渐减弱，直至它听不到为止。如果该主音音调的逐渐改变是在同一方向上持续着，那么，一个不同的统一声音序列就会被听到，并且逐渐增高音量。如果该方向倒过来，那么，整个伴随的过程也就跟着倒过来。此处，可以比拟的是：逐渐转钮调出一个电台频道，然后转入另一个电台频道的过程；对于倒转的过程，则可以用再一次转回电台频道的过程来比较。当然，我们有的只是该主音音调的逐渐改变，而非调频钮的

① 指的是远近这个方向。——译者

逐渐转台。自另一方面来说，如果该主音音调改变得非常快，该变化所伴随的就会像是一个人高速扭转调频钮所得到的那种不和谐的连续声音。而如果该主音的音调保持不变，那么，一个可被认出的统一声音序列就会适当地完成它自己，然后另一个这样的声音序列则接着开始。

在这些情况下，有些人可能会觉得该类比是够近似了，以至 77
于足以产生一个允许可再被辨识的殊相的声音世界图像。在任何时候，主音的音调决定了“位置”在该声音世界和在该时刻中的听觉类比项。因此，该声音世界被想象为在任何时候都包括了许多未被听到，但是一个人在该时刻所在的位置外可以听到的殊相。下述（a）（b）两种条件间也有一个清楚的区分：（a）听到某个*特殊的*、统一声音序列的一个稍后部分，而该系列稍前的部分已经被听到，和（b）更一般性的、仅听到同一个*共相的*统一声音序列的一个稍后部分，而该系列稍前的部分已经被听到。举例来说，假设某个统一的声音序列——我们可以称为M（M是某个共相的专名）——在该主音的某个特定音调层次上被听见，比方说层次L。然后，假设该主音在音调上相当快地从阶层L转到L’再转回来；然后，M又再一次被听到了，但有几个小节被错过。那么，现在被听到的声音会被再被辨识为M的同一个特殊的例子。但如果在同一段间内，该主音并未从L改变到L’然后再变回L，而是从L改变到L’，那么，即使M或许会被再一次地听到，而其中的几个小节被错过，但现在被听到的和之前所听到的却不是M的同一个特殊例子，而是两个不同的例子。再一次地，收音机的比喻提供了简单的比较：一个人可以在同一首曲子仍然

被演奏时从一个电台转出再转回该电台，一个人也可以转台到一个由不同管弦乐团演奏同一首曲子的不同电台。

该比喻及其所产生的允许可再被辨识殊相的概念框架或许有相当的说服力和吸引力，但它当然不具有强迫性。我们还是可以采取一个不同的描述框架，而该框架只允许可再被辨识的共相却不允许可再被辨识的殊相。我们不能不矛盾做的事情是：表面上接受一个允许声音殊相可再被辨识的框架，然后说殊相的同一
78 性总是有疑问或说殊相的同一性不可能有**确定性**（certainty）。这会是一个有关于声音殊相同一性的哲学怀疑论立场，而最终则会是关于该声音世界独立真实性的怀疑论立场。它将会涉及我之前评论过的那种不一致——同时接受而又拒绝某种对实在界的概念框架。或者，它可以被推测为混淆地提倡某个不同的框架：在此情况下，该框架是某种不允许殊相再被辨识的框架；或者，它是在设想某种比我描述过的标准还要严格和复杂的再辨识标准的框架。

让我们暂停一下，以便比较听觉世界和日常世界。当描述一个允许声音殊相在听觉世界中可再被辨识的可能框架时，显然我所描述的框架是一个无需借着指称任何其他类殊相而允许它们再被辨识的框架；因为，我们并不允许任何其他类殊相进入我们的考虑中。在听觉世界和在日常世界中都一样，殊相再被辨识的可能性依赖于某个向度的观念：在该向度中，未被知觉到的殊相有个它们被认为占据着的住所。但是，对日常的世界来说，“有个住所”一词只是个比喻，而“占据”一词则一点也不是比喻。因为，严格地说，日常世界中的那个“向度”是三向度的空间。

现在，对任何概念框架来说，这个向度的一般特性决定了以下这类殊相：能够无需依赖对其他类殊相的指称而被再辨识的殊相。所以，在我们实际的框架中，能够如此独立再被辨识的殊相一定至少在本质上是空间性的事物和空间的占据者，但声音殊相由于不具备这个特性，因而无法独立再被辨识。但在我们现在所考虑的想象框架中，问题中的向度是以纯听觉性的现象变化来加以补充的。该向度是——这么说吧——该主音的音调范围。因此，在该框架中，独立可再被辨识的殊相或许本身就是纯听觉性的。

回到距离的听觉性类比，我们试着借此得到一个能提供可 79
再被辨识殊相的概念框架。我说过，该类比可能会相当有说服力，但它没有强迫性。有些人可能会觉得它并不比其他类比有说服力。我能想象某个觉得它一点也没有说服力的人会如此论证：你已经提到声音能发生变化的三个典型类型，亦即，音量、音调和音色，并且试着去让它们——特别是音调——产生空间距离的类比项。该建构中一个相当重要的成分是主音的设计；该建构的任何成就都是靠着这个把戏来完成的。如果我们现在比较声音和颜色——后者本有上是空间性的——我们就会看出这个类比其实有多薄弱。因为，颜色就像声音一样，也展现三种变化的特征模式——明亮度（brightness）、饱和度（saturation）和色泽（hue）——前两个就像音调和音量一样，允许程度性的排序，而第三个则或许像音色一样不允许这样的排序。在视觉的情况中，我们或许会被呈现一些色块，而这些色块间同时展现了这三种变化；到目前为止，声音也有一样的类比。但是，当我们被呈现这样的景象时，我们同时也被呈现且必然被呈现某个进一步展现

其各部分间排序原则的东西。假设我们将该景象分解为数个齐一的（uniform）成员，亦即，分解成这些成员：其中，没有任何一个在任何时刻展现变化，但每一个都有一定的色泽、明亮度和饱和度，那么，这些同时被呈现的成员，除了在这三方面会彼此相关外，还会同时被呈现为在另一方面也是相关的：那个会引导我们去将其中的一个刻画为在另一个**之上**、或**之下**、或**之左**、或**之右**的方面；或者，如果在现象的层次上使用这些字眼有困难时，我们也可以说：那个无论如何都会引导我们去将其中的一个刻画为在某方向上比另一个更远于第三个的方面。重点是，这些成员间在空间面向上的关系是同时被呈现的，一次完整被呈现给我们——我们不需要变动的主色块（master-patch）来给我们这个向度的观念。但在听觉的空间面向的类比中，成员间的关系则不
80 能同时完整被呈现。它们在本质上依赖于变化。简单说，两个视觉元素能够一次被看成是彼此间有着一定的视觉距离；但两个听觉元素却不能一次被听成是彼此间有着一定的听觉距离。或者，换个方式来说：视觉景象中色块的瞬间状态，在视觉上展现了彼此间在某时的空间关系；但听觉景象中声音区块的瞬间状态，在听觉上则不展现出彼此间在某时在空间关系的听觉类比项上的关系。只有当主音的音调在时间中发生变化而升高或降低（而非在它们的瞬间状态）时，那些特殊的声音才能展现出这样的关系。但“被知觉和未被知觉的殊相同时存在”的观念当然是和以下这个“同时呈现的成员”的观念是相关的：这些成员各有一定特性，而除了那些源自这些特性的关系外，它们还同时展现了某个关系系统。当然，前一观念必然是后一观念的延伸，它

只是将这样一个关系系统的想法延伸到观察的限制外而已。以上
是反对者可能给的论证。（当他这样论证时，我想，至少在最后
一个句子里，他会是弄巧成拙了。因为，对于他这种“关系系统
的想法的延伸”的理论来说，他忽略了该景象和观察者相对于彼
此的运动概念的重要性，并因而忽略了变化的重要性。但他可以
这样反驳：他只是陈述某个对这种延伸来说必要但非充分的条件
罢了。）如果该反对者这样论证，在某个意义下我们将无法反驳
他。换言之，虽然我们可以将我们听觉世界的图像弄得在许多方
面更复杂些，但我们却无法一面保持它是听觉的图像，另一面却
将反对者坚持的特征——亦即，那个他认为能使他满意地说某空
间类比项是“够接近”的条件——容纳进该图像中。的确，除了
空间关系系统外，而且可能除了视觉上知觉到的空间关系外，没
有任何我们设想的事物*会*满足这个条件。如果事情的确如此，那
么，该反对者不仅是在批评我们寻找类比的方法，更是在反对任
何这种类比的想法。如果该批评的基础是：在知觉的空间世界和
该听觉的世界里，就是不存在着任何值得考虑的形式类比项，那
么，该批评或许会是个合理的批评。但是，该观点就是简单为 81
假。我们应该在此记得的，不只是隐含在日常有关于声音的说法
中的空间类比项，还包括当音乐评论家和雕塑艺术评论家在应用
各自语汇去讨论他们批评的作品时所坚持但绝非不理性的倾向。

因此，该类比必然会有的不完备性并非决定性的反对理由。但仍有一个怀疑是针对“在此，我们有了一个对*未被知觉并因而是可再被辨识的殊相*的观念的可能重新解释”的*意义*的怀疑。是否是一个可能的重新解释这件事，其检测标准为何？除了我们发

现它很让人满意外，我不认为还有任何什么标准可言。一个人当然能借着指出该类比成立或不成立的面向去影响我们是否觉得它让人满意——并因而能建议一些改进。但他所能作的也就仅止于此。

然而，我们是否可以给“可再被辨识的殊相”的概念在纯听觉世界中一个容身之处的问题，并非我们唯一设定给自己的问题。另一个问题是：在这样的世界中，一个非唯我论的意识条件是否能被满足。对第一个问题的肯定答复似乎至少是给第二个问题肯定答复的一个必要条件。它是否也是个充分条件则是一个我无法决定的问题。它是个充分条件这件事，或许看起来很明显。因为，“可再被辨识殊相”的概念被认为是蕴涵“当殊相未被观察时仍然存在”的概念，并因而蕴涵介于被观察和未被观察事物间的区分，或至少蕴涵某种密切类比的区分。但是，怎么可能有该区分却没有某个观察者的观念呢？拥有该听觉经验的生物怎么可能使用这样的区分但却没有**他自己**作为一个观察者的观念呢？甚者，当我们准备去建构我们空间的听觉类比项时，我们说日常的观察者们认为**他们自己**在不同的时间处于不同的位置上。难道拥有纯听觉经验的生物不会同样认为**他自己**会在不同时间“处
82 于”听觉空间中的不同位置上吗？这个推理有吸引力。[①] 但由于

① 这让我们回想起康德对统觉（apperception）的分析统一性（analytic unity）的理论，关于“我思”伴随着所有“我的”知觉的理论。但康德是非常小心地去净空这个“我”的指称力量或辨识力量。他也可以将它略去不谈，或者用一个无人称的“它被思考为”（it is thought）去取代它。详见第三章，第102—103页。

我们在此整个思辨的目标是去将压力尽量放在通常认为的概念连结上，因此，如果能的话，去抗拒这个吸引人的推理会与我们整个计划相一致。我认为我们能够抗拒它。问题主要在于：是否一个在其他方面平行于日常对“被观察到–未被观察到”的区分能被划出来，但不需要用到任何我们平常第一人称代名词或相关形式词汇所表达的观念呢？为什么不能呢？让我们考虑回答这个问题的一个可能技术。让我们想象自己——我们的日常自己——能使用所有我们日常的概念和语言性工具，并且正在撰写关于我们经验中一个特殊部分的报告。该部分也就是我们已经给出的关于纯听觉世界的描述所定义的部分。但是，当我们撰写报告时，我们必须遵守一个重要规定，亦即，在撰写我们的报告时，我们不可以使用任何其功能是从下述事实衍生来的概念：我们经验中这个特别的部分实际上是与我们的经验充分整合的，它形成了一个较大整体的一部分。每一个我们使用的概念或表达式，都必须在该部分经验当中找到其证成。它必须是这样的概念或表达式：我们发现使用它是必要的，或者，为了要对我们经验这个部分的内部特征作出适合的描述，它是方便的说法。举例来说，假设该纯听觉世界的描述是如我们到目前为止所给出的，那么，如果在撰写我们的报告时，我们写下“我在L上听到M在N之后”这个句子（就这个例子来说，“M”和“N”是不是共相的专名是无关紧要的），那么，我们就算是打破了这个重要的规定。“听到”这个动词是一个我们不能使用的表达式。由于该问题的讨论论域（universe of discourse）除了声音之外并不包含任何感知对象，因而这个动词是多余的。而针对到目前为止所给出的描述来说，该

人称代名词似乎同样是多余的。该报告中的那个句子应该被简单
83 写成："M 在 L 上被观察为在 N 之后。"换言之，就目前对该论域所给出的描述来说，如果我们遵循该规定，那么，我们似乎不需使用任何自己和非自己间的区分。

似乎，我们应该以下述方式去修正该描述，并因而引入对此区分的需求。目前为止，我们一直假设该主音在其范围内的升降就只是发生了而已。我们并没有引入任何介于移动（moving）和被移动（being moved）间的区分。假设我们引入这样一个区分。换言之，假设那个其经验是纯听觉性的生物有时改变了位置——该改变就只是发生而已——而有时他则主动发起了这样的改变。（如果任何人问说，这要如何借着一个听觉音阶上的移动来理解呢？我会请他想想以下这个区分：他预期他将会做什么事情的方式，和他预期什么事将会发生在他身上的方式间的差异——这些会是它对这两件事所具有的**知识**种类上的差异。）事情看起来是：将这个区分——大致地说，使之发生的改变和只是发生的改变间的区分——引入到我们的论域里，必然会一并引入"导致所考虑的改变"（bring about the deliberate changes）的观念，并因而引入了介于自己和非自己间的区分。当然，一个人可能会以类似洛克（Locke-like）的话而去说，"把自己当成是行动者（agent）"的观念乃是自我观念当中一个重要的部分。的确，我认为它的确是一个重要部分，而且可能是一个必要部分。但是，对这个想象的论域所建议的修正，仍然可能不足以产生问题中的区分。假设我们的"报告"必须同时兼顾未来、现在和过去。那么，在对该修正后的论域写报告时，我们将需要以某种方法去区分——用我们日常的

概念工具来说——一边是我们可以称为有意图的宣告，另一边则
是预测。但这个区分可以不使用第一人称而被妥善划分出来。或
许我们需要对声音作出类似于某种语法上的区分（这样的移动将
会发生；这样的移动将会被执行）。但到目前为止，我们还没有
任何理由说我们应该也要允许人称上的语法区分。我们需要去区
别由能动性所导致的，和不是由能动性所导致的事情。但我们不
需要在**能动者**间作出区分。同样的说法适用于适当的报告上，亦 84
即，那些指称现在和过去的报告。对这种报告来说，科学论文的
无人称形式会是完全恰当的，其中，介于**被作出的**，和被发现发
生的事情间的区分还是被划分出来了。更准确地说，在该报告的
语言中，我们将不需要介于人称的和无人称的形式间的区分。

如果根据建议对纯听觉世界的修正仍不足以产生一个非唯我论意识的条件，那么，还有什么其他进一步的修正会是我们需要的呢？的确，有任何的修正会足够吗？这些问题开始呼应哲学中其他在许多方面与唯我论有关的问题。试考虑“我们自己”这个日常概念以及我们谈论自己的方式。我们不仅将对于异己事物的感觉、行动和意图归属给自己。也将我们实际概念框架中我们与其他基本殊相所共有的物理特性归属给自己；换言之，我们有物质性的身体。我们将思想和感觉、痛苦和快乐归属给自己，我们也将之归属给其他人；而且我们认为自己和其他人之间有互动，会影响他们并被他们影响。不太明显的事情是，这些特征中的哪些对一个非唯我论的意识框架来说是必要的，因而哪些是我们必须试着去在听觉世界中以刻意限制的感官性语词去复制或发现的类比项。我们是否能复制所有这些特征，却不将感官经

验的范围延伸到听觉之外呢？看来机会似乎不大，但它或许不是不可能。比方说，我们可以假设，该听觉世界中的居民不但能在主音音调范围上去发动动作，还能去发动一些与不是它所发动的声音有不同特性的声音——这么说吧，我们赋予他一个嗓音。配备给他一个持续的声音性身体的问题，或许能借着主音本身来解决。它对他自己来说是一直都是听得到的，而我们可以假设该听
85 觉世界中的每个居民都有一个不同音色的主音，但没人听得到另一个人的主音，除非后者和他自己的主音是在同一个音调层次上，或几乎在同一个音调层次。两个听话者因而是在同一个听觉位置上。但我们似乎仍然没有达到我们想要的；如果我们以单一一个这种生物的听觉经验去重新想一下这个描述，这件事就很明显了。当引介不同的“嗓音”时，我们所引介的乃是不同组的听觉事物，我们可以对这些事物假设说，(a) 它们就像是单一一个这种生物以一般的方式所发出的声音；(b) 它们不像其他那些非由他所发出的声音；(c) 每个这样的声音组和其他的声音组在重要特征上并不相同；(d) 每个特征上不同的组都恒常地与某个声音联系着，该声音概括说来像是他自己的主音，而且从来不曾在任何时间、在某个与他自己主音不同或非常不同的音调上被他听到过。进一步最有利的方向或许是同时去假设说：(a) 在那些并非由某个特殊生物所发出的声音当中，那些像他所发出的声音的声音，或许会以某些标准的方式被他所发出的声音间接影响着；以及 (b) 有这种特性的声音倾向于刺激出（提供“理由”或“动机”给）位置上或声音-发动上的改变。这似乎开启了一扇门给类似于沟通的东西。我们甚至可以进一步假设，发动动作的能

力对该单一生物来说是一个发展的，而非原来就有的能力，并且实际上是跟随在一段对另一个主音的从属期之后。显然，在作这样的假设时，一个人会是在试着去制造出尽可能近似于实际人类状况的类比项。但这样的一个想象，除了在阐述上令人觉得冗长生厌之外，也非常困难。因为，哪些一般性的特征是我们应该试着去复制的，以及为什么等等，都太不清楚了。在这一点上，放弃该声音世界，并面对唯我论所提出的与日常世界密切有关的问题，或许会好些。这个任务将是我们下一章的主题。

在完全离开听觉世界前，我应该考虑一个对本章整个程序的可能反对意见。我提出了一个问题，亦即，我们是否能让自己理解下面这一观念：一个物质性物体不是基本殊相但提供客观殊相
可辨识性的概念框架；而我选择了听觉世界的模型作为完全缺乏 86
物体的模型。我宣称说，这样一个框架的某些条件能被该模型所实现；但结论说，为了要让我们满意地说它们都会被实现，我们还必须使用受限制的感官性语词去复制更多实际人类情境中的一般特征。在仔细说明一个纯听觉经验模型的中间阶段中，我说它包含了我们自己的框架中如此这般的特征，但排除了其他如此这般的特征。但我有什么权利去假设这类经验和这类框架的可能性呢？尤其是，我有什么权利去假设能有诸如独我意识这样的事物呢？

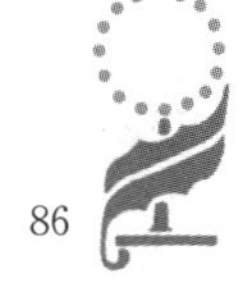

我希望我已经预料到该反对。我并没有作出这里所质疑的假定。我真正关心的是我们自己的框架，而建构本章模型的目的并非为了臆测在某些相当遥远的偶然性上会发生什么事情。它们的目的是不同的。它们是为了测试和强化我们对自己概念结构

的反省性理解而做出的模型。因此，我们可以假设（suppose）如此这般的条件；我们可以讨论，我们能将之看作创造了何种的概念可能性和要求；我们可以论证说，作为我们所具有的这种概念框架的条件来说，它们在如此这般的方面是不足的。在所有这些方面，我们就像一个在推论更为严格的领域中假设了某些自我矛盾的事物，然后从此有效地去推论的人，我们无需宣称说我们假设了真正的可能性。实际上，如果我们希望的话，我们可以认为每一个论证片段的前面都有一个省略的假设子句，该子句的字句是："如果这样的一个生物，或这样的一种经验类是可能的，那么……"

第三章　个人

［1］我们每个人都区别一方面是他自己和他自己的状态，另一方面则不是他自己或他自己状态的事物。我们作出此区分的条件为何？它们如何被实现？我们以何种方式作出该区分？又为何实际上以这种方式区分它们？将这组问题叫作“唯我论（solipsism）问题”或许像是错误的命名，但我使用该名称时却丝毫没觉得不妥：因为，如同我们将会见到的，习惯上具有该名称的问题其实一点也不是真正的问题。 87

在讨论这个主题时，以下的殊相辨识观念会再度是个重要观念：主要是在思想或观察上将某殊相与其他殊相区分开的意义上，但同时也是在起初的说话者-听话者意涵上。

让我们回忆一下导致这唯我论问题的过程。我已经论证说，（最广泛意义下的）物质性物体是我们实际概念框架中的基本殊相：换言之，它们能在不诉诸其他类或范畴殊相的情况下而被辨识及再辨识，而其他范畴殊相的辨识及再辨识则最终只能奠基在对物质性物体的辨识之上。然后我问道，我们是否能让自己理解以下这样的概念框架：它提供一个系统给客观的殊相，但物质性物体却不是其中的基本殊相。这导致我们去建构一个无空间世界的模型，其中所有的感官项目都是听觉的；不过，利用空间距离

观念在听觉上的某些类比项，我们似乎的确可以在其中发现一个
88 位置给可再被辨识的殊相。然而，我们要求的乃是一个能在其中作出自己和非自己事物间的区分的框架。虽然该区分的条件似乎有可能在这样的世界中被实现，但不明显的事情是它们会**如何**被实现。能动性观念——介于考虑而发动的改变和那些只是发生的改变间的区分——的引入似乎并不适合去产生这个重要的区分；而我们在该听觉世界中试图制造出一个非唯我论意识条件的最后尝试，则似乎只是在试图使用十分限制性的感官性语词去不加分辨地复制出我们日常经验中的特征。所以，为了将这些一般性条件弄得更清楚，我们最好还是先去探索清楚：在人类的日常经验中，它们实际上是如何被实现的？

虽然我想以和人类日常经验有关的方式去问这个问题，但把那个纯听觉世界的图像——那个比我们实际有的经验来得限制得多的经验的图像——放在心中，仍有其一定好处。因为，它也许能帮我们尖锐化我们所关心的问题；它也许有助于给我们实际所做的事持续的特异感；而我们想要保持这个特异感的鲜活性，以便于让我们看出我们是真正面对了它和移除了它，而非失去了它或压抑了它。它以下述的方式帮助我们。我们画了一个纯听觉经验的图像，并且将它阐释到这样的一个地步：具有这种经验的生物——如果可能有的话——似乎能认出声音共相和再辨识声音殊相，并且能概括地对自己形成他的听觉世界的观念；但他似乎仍然无法保留位置给“作为此经验主体的自己”这一观念，仍然无法作出其世界中一个特殊的事物（亦即他自己）和其他事物间的区分。说他能将自己区别为其听觉世界中所有事物当中的一个，

亦即，一个声音或一序列的声音，这样的提议难道不会很奇怪吗？因为，这样的一个事物——一个声音——如何能同时**拥有**所有的这些经验呢？要想拥有他自己这个观念，难道他不需要拥有“经验主体”的观念、拥有“这些经验的拥有者”的观念吗？所以，现在似乎看起来，他应该拥有“他自己”这个观念这件事是 89
不可能的——或者说，他至少不可能有正确的“他自己”的观念。因为，为了要拥有该观念，该观念就似乎必须是他对之有经验的某个特殊事物的观念，而且是对比于其他他对之有经验但不是他自己的事物的观念。但是，如果该观念只是他对之有经验的事物**之内**的某个事物的观念，那么，它如何可能是**拥有**所有其经验的事物的观念呢？现在我们似乎面对了一个完全一般性的问题，该问题同时适用于日常世界和纯听觉世界。对于日常世界来说，它似乎一定是有解答。

现在，让我们思考一下我们日常谈论自己的一些方式，思考一下我们日常归属给自己的一些事物。它们有许多种。我们归属给自己的事物包括**行动**（actions）和**意图**（intentions）（我现在正在做、曾经做过、将会做这个）、**感觉**（sensations）（我觉得暖、痛）、**思考**（thoughts）和**感受**（feelings）（我想、怀疑、想要这个、生气、失望、满意）、**知觉**（perceptions）和**记忆**（memories）（我看到这个、听到另一个、记得那个）。我们在两种意义下将位态（position）归属给自己：**位置**（location）（我在沙发上）和**姿态**（attitude）（我正躺着）。当然，我们不只将这些暂时的状况、状态和情境归属给自己，还将一些相对持久的特征——诸如高度、颜色、形状和重量等物理特征——归属给自己。换言之，在我们归

属给自己的事情中，有一类事情是我们也归属给物质性物体的，而其他事情则是我们做梦也不会想将之归属给物质性物体的。我们将归属给自己的高度、颜色、物理位置等同样归属给其他事物，这个事实似乎没什么解释的必要；因为我们称为是“自己的身体”的东西至少是一个身体、一个物质性事物。它能从其他事物当中被检选出来，以日常物理的标准加以辨识，并以日常的物理词汇加以描述。但只要我们现在仍保持着不可避免的特异感，那么，下面这件事就似乎能够加以解释，而且必须加以解释：一个人的意识状态、一个人的思想和感觉等，和这些物理特征、这些物理状况一起被归属给同一个事物。换言之，我们不仅有以下

90 这个问题：为何一个人的意识状态会被归属给任何事物？我们还有以下这个问题：为什么它们会和某些肉体特性、某些物理特性等一起被归属给同一个事物？我们并没有假设这些问题的答案是彼此独立的。

［2］有人可能真的会认为，这两个问题的共同答案能在“每个人的身体在他的经验——尤其是他的知觉经验——中的独特角色”中找到。所有关心过这些问题的哲学家都曾经提到过这个角色的独特性。笛卡尔相当清楚其独特性：“我并非像一艘船的驾驶般被安置在我的身体中。”这个独特性究竟何在？它当然存在于许多事情上。我们只需想想一个人的知觉经验特性是如何依赖于他身体的事实就可以了。让我们考虑他的视觉经验。该依赖性比乍看之下更为复杂，也更为多面。第一，有一组这样的经验事实，其中我们最熟悉的是：如果那个身体的眼皮闭起来，那么，那个人就看不到东西。眼科医生所知道的事实都属于这一

组。第二，有个事实是这样的：任何时刻有什么东西在他视觉范围内这件事，部分依赖于其眼睛的**方位**（orientation），亦即依赖于他的头转动的方向以及他的眼球在其眼眶中的**方位**。第三，有个事实是这样的：**他看出去的地方**（where he sees from）——或者，任何时刻他的可能视界——依赖于其身体的位置，特别是他的头所在的位置。我之所以将这些事实分为三组，那是因为我想要强调："视觉经验在这三方面都依赖于某个或某些与身体有关的事实"并不蕴涵"在这些情况下的身体必须是同一个"。它们是同一个身体这件事，乃是一个偶然的事实，因为去想象下述情况乃是可能的。有个视觉经验主体S，并且有三个不同的相关身体A、B和C。（1）B和C的眼皮是否打开与S是否看见东西在因果上无关；S只有在A的眼皮打开时才看得见东西。而如果我们在A的眼睛上动手术，该结果会影响S的视力，但如果我们在B和C的眼睛上动手术，则不会影响S的视力。（2）然而，A和 91
B在何处与S所看出去的地方，亦即他的可能视界为何，是无关的。这仅由C在何处来决定。只要C是在画室中而窗帘又是放下的，那么S就只能看到画室中的东西。（如果读者对这个"看出去的地方"的观念难以捕捉，他可以想象一个人注视一张照片，叙述着当那张照片被拍摄时摄影机所在的位置。S对该世界的观点正是如此由C的位置所给予。）但（3）A和C的头以及眼球转动的方向与S所看见的东西无关。给定C的位置，那么，能被S从该位置上看到的所有景象都依赖于B的头和其眼球转动的方向，不论B在哪里。现在，我已经描述了一个情况，其中S的视觉经验以三种不同方式依赖于A、B和C个别的状态或位置。在每个

情况下，该依赖性将会影响A、B、C本身如何能是S的视觉经验对象。因此，S或许永远看不到A和B；但如果S的确看到A或B，他绝对无法看到A眼皮闭起来的样子，也绝对无法看到B的脸，虽然他或许有时能“从他的眼角余光”（如我们常说的）掌握住B的侧影，并且或许会对B后脑勺的影像变得相当熟悉。每当S“揽镜自照”时，亦即当他在镜子前有个直接的观点时，他会看到C的头；但他或许会得到那个头的**任何**影像，亦即，他不必然会看到那张脸。当然，我们实际的情境并非如此。当然，实际上对于任何视觉经验主体S来说，他都刚好只有一个身体，而他视觉经验的特性在这三方面都依赖于其状态和位置；而这三重依赖性也影响了那个身体本身如何能够成为S视觉经验对象的方式。我们已经注意到这个依赖性的偶然性与复杂性。如果我们转向其他像听觉和嗅觉这些“远距的”感官，该依赖性则较不复杂，因为方位相对来说较不重要。但此处经验特性对于同一个身

92 体某些器官位置和状态的依赖性仍然是存在的。再一次地，这些依赖性能被想象成分离的。举例来说，我们能以下述方式对一个声音被“听出”（heard from）的点给予一个独立的定义：一个由某一给定的音源β所制造的声音α被主体S在P点所**听出**，当且仅当，假定除了β的移动外并无任何其他改变发生，那么，当β在P点时，S听到α的声音会比β在其他点的声音都来得大，而且当β自任何方向远离P时，S听到α的音量是稳定地减小。再一次地，我们可以想象声音被某一特定听者“所听出的点”是依赖于某个身体的位置，而该听者是否能听见任何声音则依赖于另一个身体的耳朵和耳鼓的状况。对于某一特定被赋予触觉的

主体来说，某个身体的特殊位置和他所有这些经验间的关系是同样明显的。当某一特定主体与其他事物有所接触或正要接触时，无数的物质性物体能够被观察到；但只有一个身体对以下陈述来说会为真：当那个身体是“建立接触”这样一个情境中的一部分时，该主体会在正常情况下拥有那些当他感觉到某些物质性物体时所提到的经验。只有当匕首进入这个身体或者当羽毛轻轻摩擦这个身体时，该主体才会感觉到该匕首或该羽毛。

这样的论点说明了：相对于一个人的知觉经验来说，他的身体占据了一个特别的地位。我们可以这样摘要这些事实：对于每个人和他的知觉经验来说，他的个身体都占据一定的因果位置；对于他所拥有的各种知觉经验来说，该因果位置在许多方式上是唯一的；而且——作为一个进一步的结果——这个身体作为他所拥有的各种经验知觉的对象来说，也是唯一的。我们也注意到，那个身体的复杂唯一性似乎是一件或一堆偶然的事情；因为事实似乎是：我们可以想象我们各种知觉经验如何依赖或独立于不同身体的各种奇特组合。

我们之所以提醒自己一个人的身体在其经验中所占据的特殊地位，主要是希望它或许能帮忙解答两个问题：(1) 为何一个 93
人的意识状态会被归属给任何事物？以及 (2) 为何它们会和某些肉体特性和物理条件一起被归属给同一个事物？但现在我必须直接说，对我来说，我所提醒的那些事实本身似乎并不提供任何的答案给这些问题。当然，这些事实解释了一些事情。它们提供了一些好理由去解释说，为何一个经验主体应该特别注重某个身体，为何他应该认为它是唯一的，甚至或许比其他的身体来

得更重要。它们解释了——如果我可以这样说的话——为何我感觉我特别依恋我事实上称为“我的身体”的事物；它们甚至能被说成是解释了为何——如果我将这样说的话——我应该说**这个**身体是我的。但它们却一点也没解释为何我应该拥有**我自己**这个概念，为何我应该将我的思想和经验归属给**任何事物**。甚者，即便我们对为何一个人的意识状态、思想、感觉和知觉等要被归属给**某个事物**的某种解释感到满意，并且满意地认为这些事实的确足以解释为何我们应该将对于某个特殊身体的“拥有”感归给**同一个**事物，（亦即，解释为何某个特定的身体应该被说成是与那个事物具有某个特定关系——被称为“被拥有”的关系），但这些事实仍然未能解释为何我们应该——如同我们实际上所做的——不仅将某些肉体特性归属给那个与我们归属了思想、感觉的事物具有特殊关系的身体，还应该将之归属给我们归属了那些思想和感觉的事物。因为，我们不但说“我很冷”，我们还说“我是秃头”，不但说“我看到一只蜘蛛在天花板上”，还说“我正躺在炉边地毯上”。简单地说，问题中的事实解释了为何一个经验主体应该从众多身体中检选出一个来，给它一个或许光荣的专名，并且归属给它所拥有的任何特性；但它们却一点也没有解释说，为何这些经验应该被归属给任何的主体；而且它们也没有解释说，为何，如果这些经验应该被归属给某个事物的话，它们（**以及**那些
94 或许真能被归属给那个偏爱的身体的肉体特性）应该被归属给同一个事物。所以，这些事实并没有解释我们对“我”这个字所作的用法，也没有解释任何与那个字拥有相同用法的字。它们并没有解释我们所拥有的个人概念。

［3］对这个论点的一个可能反应是去说：我们所拥有的那个概念是错误的或混淆的，或者，如果我们规定我们不能说自己所拥有的概念是混淆的，也不能说我们借以将（或似乎借以将）不同类的谓词归属给同一个事物的用法是混淆的，那么，我们便说该用法遮蔽了所涉及概念的真正本质或诸如此类的东西。这个反应可以在有关于这些事情的两类极为重要观点中找到。第一类观点是笛卡尔式的观点，属于笛卡尔本身和那些想法像他的人。至于第二类观点属于谁，我则比较犹豫些；但若干证据显示它是维特根斯坦在某时期采取的观点，而且可能也是石里克的观点。在这两类观点中，我们所考虑的问题之一——亦即，“为何我们会将我们的意识状态和某些肉体特征一起归属给同一个事物？”——乃是一个不会被提出的问题；因为，在这两类观点下，“这两类谓词同样适合用来归属给同一个事物，或这两类谓词具有共同的拥有者或主词”这个想法，乃是一个幻象。在这些观点的第二种中，我们所考虑的另一个问题——亦即，“为何我们会将意识状态归属给任何事物？”——同样是一个不会被提出的问题；因为，在这类观点下，“一个人会将他的意识状态归属给任何事物，或有任何主体是这些表面上归属的恰当主体，或意识状态属于任何事物或是任何事物的状态”这些想法，都只是语言上的幻象。

笛卡尔抱持这些观点中的第一种是众所周知的事。[①] 当我们谈论一个人时，我们其实是在指称两种不同实体当中的一个或两个，这两个实体属于不同的类，各自有其不同的状态和属性；而

① 或至少广泛地被知道，以至于足以在假设上证成我们称之为“笛卡尔式的观点”。

没有任何一个实体的属性或状态可以是另一个实体的属性或状态。意识状态属于这些实体中的一类，但不属于另一类。眼前，
95 我将不会再说任何与笛卡尔式观点有关的事——我对它必须要说的将会在稍晚时出现——除了再一次提醒说：虽然它避开了我们问题当中的一个，但它并没有避开另一个；实际上它邀请了这样的问题：“为何我们会将一个人的意识状态**归属给任何**主体？”

我将称这些观点中的第二类为关于自我的“无拥有者”（no-ownership）或“无主体”（no-subject）理论。不论是否有任何人明白主张过这个观点，它的大要仍值得建构或重新建构。[①] 因

① 维特根斯坦在某个时期主张该观点的证据，可以在摩尔发表在《心灵》中的文章“维特根斯坦 1930—1933 年的演讲”（Wittgenstein's Lecture in 1930-1933）中找到。（*Mind*, Vol. LXIV, pp. 13-14）在该文中，他被报道为主张：“我”的用法在“我牙痛”或“我看到一个红色区块”中，和它在“我有一颗蛀牙”或“我有一盒火柴”中是十分不同的。他认为“我”有两种用法，在其一，“我”可以被“这个身体”所取代。到目前为止，该观点或许是笛卡尔式的。但他同样说，在另一个用法中（由“我牙痛”——相对于“我有一颗蛀牙”——所例举），“我”**并不指称一个拥有者**，而在思考或牙痛时并没有自我牵涉在其中；而且他似乎同意地引述了利希滕贝格的名言：与其说“我思”，我们（或笛卡尔）应该说“有个思想存在”（亦即，“有思”）。

将这个观点归给石里克必须根据他的文章“意义和证实”（Meaning and Verification）（参考《哲学分析读本》[*Readings in Philosophical Analysis*] 一书，由费格尔及赛拉斯所主编）。像维特根斯坦一样，石里克引述了利希滕贝格后接着说：“于是我们了解，除非我们选择去称呼我们的身体为数据 [经验的直接数据] 的拥有者或承载者——这似乎是一个相当误导人的说法——我们必须说该数据并没有拥有者或承载者。”然而，对我而言，石里克文章的意涵是相当晦涩的，而只引述一个句子也非常可能给我们一个错误的印象。我将只说，在建构我所假设的“无主体”理论家的例子时，我是从石里克的文章中总结出相关的看法；我将不会宣称它代表了他的观点。

如同以下的论证将会显示的，如果适当使用的话，利希滕贝格的反笛卡尔式名言将会是我所支持的；但该名言似乎只是被多数笛卡尔的批评者所重述，却未被了解。（我在此并非指维特根斯坦和石里克。）

为它的错误相当有启发性。“无拥有者”理论家或许可以被假定是从某个物质性身体在一个人经验中所占据的独特因果地位这个事实开始其解释。该理论家坚持说，这个身体的独特性容易让我们产生以下的想法：一个人的经验能被归属给某个特殊的个别事物，或能被说成是被那个事物所持有或拥有。他认为，虽然这个想法是错误的，并且以“拥有”这个概念来表达时会误导人，但只要我们认为这个个别的事物或经验拥有者乃是该身体自己，96
那么，这个想法就仍有一定的效力和道理。但只要我们以这样的方式去思考，那么，将某个特别的意识状态归给这个身体或这个个别的事物，就至少会有可能搞错；因为，这些经验有可能在因果上依赖于其他身体的状态；或者，如果我们使用该词虽然错误但目前被允许的意义来说，我们可以说它有可能“属于”某个其他个别事物。但现在，该理论家建议说，一个人被搞混淆了：他从这些字可被允许的意义——在其中，一个人的经验或许可被说成是属于某个特殊事物或被后者所拥有——滑到这些字完全不被允许的空泛意义上去，在其中，该特殊事物不再被认为是一个身体，而是其他事物，比方说，一个自我，而其唯一的功能就在于提供一个经验拥有者。假如我们称第一类的拥有——它实际上是某种因果依赖性——为“拥有$_1$”，而称第二类的拥有为“拥有$_2$”，且称第一类的个体为“B”，而称该假设中的第二类个体为“E”，那么，这之间的差异是这样的：**所有我的经验被B拥有$_1$**是一个纯粹的偶然事实，但**所有我的经验被E所拥有$_2$**看起来却像是个必然真理。然而，对于E和对于“拥有$_2$”的信念乃是一个幻象。只有那些其所有权在逻辑上可被转移的事物才能被拥有。所以，

经验并不被任何事物所拥有，除非“拥有”的意思是这个可疑的意思：它们在因果上依赖于某个特殊身体状态；这至少是与某个事物间的纯正关系，因为它们有可能与另一个事物有着该关系。由于E的整个功能就在于去拥有——“在逻辑上不可转移”意义下的拥有——经验，并且由于经验在此意义下并不被任何事物所拥有——因为“拥有”并没有这样的意义——E因而必须从整个的图像中被排除掉。它之所以进入该图像只是一个混淆的结果。

我想，事情一定很清楚了：这个说明虽然包含了若干真理，却不融贯。它之所以不融贯，那是因为抱持这个想法的人在呈现他所否定的“拥有”的意义时，会被迫去使用他否认存在的那个意义。当他试着去陈述那个他认为产生了“自我”幻象的偶然事实时，他必须以这样的方式去陈述它：“所有**我的**经验被身体B所

97 拥有$_1$”（亦即，唯一依赖于身体B的状态）。对任何企图排除“我的”或任何类似所有格用语的企图来说，这样的企图都会产生某个全然不是偶然的事实。比方来说，“**所有**经验都因果地依赖于某个单一身体B的状态”这个命题就只是假命题而已。该理论家想说“所有**被某人拥有的**经验都是偶然依赖于他的身体”，但他却不能一致地去说，“所有P这个人的经验”和“所有偶然依赖于某个身体B的经验”**有着相同的意义**；因为，如果相同，他的命题就不会如他的理论所要求的是偶然命题，而会是分析命题。他一定意图去提及某一经验集，其成员在事实上都偶然依赖于身体B。但这个集合的界定特征事实上是：它们都是“**我的**经验”或“某人的经验”，其中被“我的”或“的”这些词所表达的拥有观念，乃是他对之表示怀疑的观念。

当问题是“是否要去否认一个初步看来似乎是如此的事情”时，这个内部的不一致性会很严重；这个初步看来似乎是如此的事情是：一个人的确将他的意识状态归属给某个事物（亦即他自己），而这种归属正是这样的理论家所不满意的；亦即，似乎毫无道理去建议说——比方说——某一个事实上是某个人的疼痛却可能是另一个人的疼痛。为了要了解这个逻辑上不可被移转的拥有类别在我们一般性思考框架中的地位，我们无需在远处寻找。因为，再一次地，如果我们想想我们在谈话中对*特殊*意识状态或私有经验的辨识性指称的要求时，我们就会看出：除非我们将它们当作某个被辨识的*个人*的状态或经验，否则这样的殊相就不能被辨识性地加以指称。有些人可能会说，作为殊相的状态或经验，其同一性*来自于*拥有这些状态或经验的人的同一性。由此我们可以立即推论出，如果它们能被辨识为特别的状态或经验的话，它们一定得以无拥有者理论家所嘲讽的方式被拥有或被归属；亦即以这样的方式：一个事实上被某人所拥有的特殊状态或经验，在逻辑上是不可能被其
他任何人所拥有的。同一性的要求排除了拥有权的逻辑可移转 98
性。因此，该理论家只有借着否定我们能指称任何特殊的状态或经验，才能维持住他的立场；但*这个*立场是荒谬的。

即使是现在，我们也可以注意到介于无拥有者理论和笛卡尔式立场间的一个关联。后者非常直接地是两个或两类主体的二元论。前者也能——虽然有点吊诡——被称为是个二元论：一个主体——该身体——和一个非主体的二元论。我们可以猜测说，第二个二元论——虽然这个称呼很吊诡——是从第一个称呼上不吊

诡的二元论所产生的；换言之，如果我们将一个人的意识状态所归属的那个事物设想为完全不同于某些肉体特征所归属的事物，那么，的确，要看出为什么意识状态应该被归属给或被认为是属于任何事物会是件困难的事。当我们想到这个可能性时，我们或许还会想到另一个可能性；换言之，笛卡尔式理论家和无拥有者理论家两者都深深且错误地抱持且必须抱持着这样的看法：“我”这个字有两种用法，其中一个用法指称某个另一个用法不指称的事物。

［4］无拥有者理论家不能说明所有事实。他说明了其中一些。他正确蕴涵了：身体在一个人的经验中所具有的独特地位或角色并不足以充分解释这些经验或意识状态被归属给某个*拥有*它们的事物，而此处的*拥有*指的是那个特别的、不可转移的类型，也是我们所讨论的类型。它或许是该解释的一个必要部分，但它不是一个充分的解释。如同我们看过的，该理论家接着暗示说，它或许是对其他事情的一个充分解释：我们混淆而又错误地*认为*意识状态以此种特殊的方式被归属给某个事物。但如同我们看过的，这是不融贯的：因为它否认了“某个人的意识状态是任何人的意识状态”。我们避免了这个否认的不融贯性但同时赞成：
99 “身体在一个人的经验中占有特殊的角色”这件事并不足以解释为何那些经验应该被归属给任何人。特殊角色的事实本身并不足以充足解释：为何*我们*认为是经验主体的事物会认为“他自己作为这样的一个主体”的概念有任何用处可言。

当我说无拥有者理论家的理论不能说明所有事实时，我想的是对此问题来说一个非常简单也非常核心的想法；亦即，一个人将意识状态和经验依其实际的方式归属给自己的一个必要条件

是：他也应该将它们或准备将它们，归属给其他的人。[1]这个条件所意味的并不比它所说的少。举例来说，它意味着：不论主体是他自己还是另一个人，这些被归属的词组都是同一个意思。当然，对于非哲学家来说，这事实上就是如此这个想法一点也不是问题：举例来说，不论一个人说的是“我很痛”还是“他很痛”，“很痛”在这里的意思都是一样的。字典并没对这两个描述意识状态的表达式给一个第一人称的意义和一个第二或第三人称的意义。但对哲学家来说，这个想法却有其问题。当这两种情况中的检证方法十分不同时，它们的意义怎么可能会相同呢？——或 100
者，当其中一种情况（其他人的情况）有个检证方法而另一种情况（自己的情况）适当说来却没有时，它们的意义怎么可能会相同呢？或者，再一次地——而这是更为细腻的怀疑态度——在自

① 我能想象一个对此未加限制的陈述的反对意见，它或许可以被表述如下。当然，一个独一无二可应用的谓词的观念——亦即，只属于一个个体的谓词的观念——并非荒谬。而如果它并非荒谬，那么，当然我们最多能宣称的只是：一个人将某谓词集归属给某个体（亦即他自己）的一个必要条件是：他应该准备在适当时刻将它们归属给其他个体，并因而对这些适当归属它们的时刻为何应有一定的概念；虽然他应在实际任何时机这样做都非必然。

处理该反对的最简单方式是去承认它，或至少不去反驳它。因为，该论证严格要求的仅是较少的宣称，虽然借着较多宣称去执行它会让事情稍微简单些。但我们最好进一步去指出，我们并非只在提及一个单一谓词或某组谓词，我们提及的乃是一整个巨大的谓词集，这些谓词或其否定的可应用性定义了一个个体的主要逻辑类型或范畴。在这个层次上，去坚持该较少的和较多宣称间的区分，乃是去将一个在某层次上显然正确的区分带到一个可能看起来是愚蠢或可能没意义的层次上去。

此处的主要论点是一个纯逻辑的论点：谓词的观念与以下的范围观念是相关的，亦即：该谓词能够有意义地（虽不须必然真）肯定断说的那些可区别的个体的范围。

己的情况下谈论归属，这怎么可能会是对的呢？因为，当然只有在归属的对象实际是或能够是个问题时，归属才会是个问题；当另一个人在疼痛时，或许会有辨识那个人是谁的问题，但当那个人是自己时，怎么可能会有这样的问题呢？不过，一旦我们记得我们主要是在对他人说话，给他们讯息，那么，该质疑的答案就在问题中了。的确，在某个意义下，当我在疼痛时，要我去“分辨出是谁在痛”，这并不是个问题。然而，在另一个意义下，我或许得说出他是谁，亦即，去让其他人知道他是谁。

我刚说的事情或许解释了：在一个人能将意识状态归属给其他人的情况下，一个人如何能被说成是将意识状态归属给自己。但一个人如何能将它们归属给其他人呢？现在，这里有件事是确定的：如果在将意识状态归属给其他人时，一个人将它们所归属的对象想成是笛卡尔式自我的一个集合，也就是只有私有经验才能（以正确逻辑语法）被归属的事物的集合，那么，这个问题终将无法回答也无法被解决。如果，在辨识意识状态所归属的对象时，私有经验是一个人必须赖以进行的所有事物的话，那么，正如同从一个人私有的观点来看，要分辨一个私有经验是否是他自己的经验并不成问题一样，基于相同的理由，要分辨一个私有的经验是否是他人的经验同样不成问题。所有的私有经验和所有的意识状态都将会是我的，亦即，没有其他人的。简单地说，一个人只有在能将意识状态归属给其他人的情况下，才能够将它们归属给自己。一个人只有在能辨识其他经验主体的情况下，才能将它们归属给其他人。而如果一个人只能将他们辨识为经验的主体或意识状态的拥有者，他将无法辨识其他的人。

有人可能会反对说，这个处理笛卡尔主义的方式太简短了。毕竟，要在身体间作出区分或要辨识身体，这件事并没什么困难。这难道没给我们一个间接辨识经验主体并同时保存笛卡尔模 101
式的方法吗？举例来说，难道我们不能将这一个主体辨识为“与那个身体有着我与这个身体间相同特定关系的主体”或“(就好像我的经验与身体M间的关系一样，)那个与身体N有同一独特因果关系的经验主体”吗？但这个建议并没有用。它要求我们去注意我的经验与身体M间有一定的特殊关系，但现在的问题正是我们有什么权利去提到我的经验呢？换言之，它要求我们去注意我的经验和身体M间有特殊的关系；但它要求我去将该关系当作是能辨识其他经验主体的一个条件，亦即，作为我拥有“自己是一个经验主体”观念的一个条件，亦即，作为认为任何经验是我的经验的一个条件。在该解释模式下，只要我们坚持一方面说经验，另一方面说身体，我最多能被允许去注意的乃是：经验——所有的经验——与身体M间有个特别的关系，身体M在这个方式上是唯一的，而且这就是身体M在所有身体中是唯一的缘故。(由于“经验”这个词组出现的缘故，这里所说的“最多”或许是强了点。)被提出的这一解释是这样进行的：“另一个经验主体被区别或被辨识为这些经验的主体，而这些经验与身体N有着我的经验与身体M所拥有的独特因果关系。”而我的反对是：“但我的这个词在这个解释中是干什么的呢？”该解释似乎无法不使用这个词去进行。还有一个我们将来会进一步提到的反对[①]

① 在下一章中。详见第131—133页。

是这样的：“在这个解释中，我们有什么权利去说那个主体是唯一的呢？为什么不可以有任意数目的经验主体——或许它们在特性上是无法区分的——其中的每一个主体和每一经验集都与身体N（或身体M）有着相同的独特关系呢？该身体的唯一性并不保证笛卡尔式灵魂的唯一性。”

为了要避免这些困难，我们必须承认个人（person）概念的
102 初基性（primitiveness）。所谓个人概念，我意指这类事物的概念：归属意识状态的谓词以及归属肉体特征或某些特定物理特征的谓词两者，都同样能应用在这类的个体之上。我说这个概念是初基的，这个意思可被几种方式说明。一个方式是回到我稍早问的两个问题：（1）为何意识状态会归属给任何事物？以及（2）为何它们会和某些肉体特征或某些特定物理特征等归属给同一个事物？一开始时我评论说，我们不该假设这些问题的答案是彼此独立的。现在，我将说它们是以下面这个方式彼此关联着：意识状态被归属给任何事物的一个必要条件是：它们应该和某些肉体特征或某些物理特征一起归属给同一个事物。换言之，除非意识状态被以我所宣称“个人”一词的意义去归属给个人，否则的话，它们就不能归属给任何事物。我们很容易将一个人想成是由两种主体所组成的复合物：一个经验主体（一个纯粹意识、一个自我）和一个具肉体属性的主体。当我们这样思考时，许多的问题就会产生。特别是，当我们问自己是如何架构出或如何使用这两个主体的复合物概念时，该图像——如果我们诚实且小心的话——便很容易从两个主体的图像转变为一个主体和一个非主体的图像。因为，如果经验主体的观念被看作是逻辑上初基的，被

认为是个人这个复合观念中的一个逻辑成分，而后者乃由两个主体所合成的话，那么，我们就不可能看出我们是如何得到一个不同的、可区别的、可被辨识的经验主体——不同意识——的观念。因为，如此一来，就永远不会有将一个经验归属给自己以外的任何主体的问题；因而永远不会有将之归属给自己或某个主体的问题。所以，纯个体意识——纯粹自我（ego）——的概念是个不能存在的概念；或至少不能以初基概念的形式存在，仿佛我们能借之去解释或分析一个个人概念似的。如果它能存在的话，它只能以一种从属的（secondary）非初基概念方式存在着，它本身要靠一个个人的概念来加以解释和分析。当休谟内视他自己，并抱怨说他从来没发现一个无知觉的自我，而且除了知觉之外就再也没发现过任何事物时，休谟所寻找的，或讥讽地假装去寻找的，正是对应于这个幻象的纯粹意识的初基概念的事物，或该自我实体（ego-substance）。更严肃地说——而这次没有讥讽，但对休谟来说是个致命的混淆——休谟徒劳无功地为统一原则（principle of unity）所寻找的正是这个事物，他坦承自己充满了困惑和挫折；他徒劳无功地寻找着，因为没有区别原则就没有统一原则。而这个东西也就是康德比休谟更清楚地归属给一个纯粹形式上（分析上）统一的事物：伴随着所有我的知觉（并因而可能不伴随着任何知觉）的“我思”的统一。最后，这个事物或许就是当维特根斯坦说到该主体时所提到的事物；维特根斯坦认为：首先，这样的事物并不存在；其次，它并非这个世界的一部分，而是这个世界的极限。

因此，“我”这个字从来就不指称这个纯粹主体。但这并不

意味“我”这个字在某些情况下毫无指称——如同无拥有者理论家所想的。它有指称；因为我是许多个人当中的一个；而那些谓词——那些如果该纯粹主体能被指称则会属于该纯粹主体的谓词——则恰当地属于“我”所指称的那个个人。

个人概念在逻辑上优先于个别意识概念。个人概念不能被分析为一个有生命的身体（animated body）概念或一个有身体的灵魂（embodied anima）概念。这并不是说，（如果一个人认为或发现这是可欲的话）“一个纯粹个体意识”的概念不能有逻辑上从属的存在性。我们谈论某个死去的人——某个身体——而且，用同样从属的方式我们至少可以思考一个离身的个人。一个个人并非一个具有身体的自我，但一个自我可能是一个没有身体的个人，这样的自我保持了作为一个个人而有的个体性上的逻辑优点。

［5］在认可个人概念的逻辑初基性时，了解该认可的整个范
104 围是件重要的事。让我们简短复习一下该论证的各阶段。除非一个人同样将意识状态或经验归属给或准备且能够归属给其他个体，而后者与他将他的意识状态所归属的事物属于同一个逻辑类，否则的话，就不会有将一个人自己的意识状态或经验归属于任何事物的问题。换言之，将自己算作这些谓词的主词的条件是：一个人应该也将其他事物当作这些谓词的主词。接下来，这件事之所以可能的条件是：一个人应该能够去区别、去选出或辨识这种谓词的不同主词，亦即，该类别中的不同个体。接下来，这件事之所以可能的条件是：我们所关心的个体——包括他自己——应该属于这样的一个特定类：对该类的每个个体来说，意识状态

和肉体特征两者都必须被归属或可以被归属。但这个对该类的刻画仍然太晦涩，而且一点也没有说清楚所涉及的事物。为了要说明这一点，我必须要作一个大致的区分，将适合应用在这一类个体上的谓词区分成两类。第一类谓词由那些同样可以适用在物质性物体的谓词所组成，这些物体是我们做梦也不会想将归属意识状态的谓词应用在它们身上的事物。我将称第一类的谓词为M谓词：而它们包括像“有十个石头这样重”“在画图室内”等谓词。第二类谓词由所有我们应用在个人的其他谓词所组成。我将称这些为P谓词。当然，P谓词的种类会非常繁多。它们包括像“正在微笑”“要去散步”，以及“很痛”“努力在想”“相信上帝”等这样的谓词。

目前为止我所说的是：个人概念应该被理解为某类事物的概念，而归属意识状态的谓词以及归属肉体特性或物理状况的谓词这两者，则同样可以应用在该类中的个别事物上。当我说这个概念是初基概念时，我说的意思是，它不能以某种或某些方式去分析。比方说，我们不应将之看作是一种与下述两种初基类事物 105
有关的从属事物类：一个特殊的意识类和一个特殊的人体类。我同时意味着，笛卡尔式的错误不过是某个一般性错误的特例，该一般性的错误以某种不同的形式呈现在无拥有者理论中；该理论认为，相对于所有归属给被命名事物的谓词类来说，对个人的命名或表面上的命名并非严格指称着相同的事物。换言之，如果我们要避免这个错误的一般形式，我们必须不认为“我”和“史密斯”有种类上的歧义（type-ambiguity）。的确，如果我们想在某处锁定种类歧义，我们最好是将之锁定在像“在图画室中”“被一

块石头打中”这样的谓词上，并且说当它们应用在物质性物体时是一个意思，而应用在个人时又是另一个意思。

到目前为止，关于“个人概念是初基的”这个说法的意义，我所说的或我所意味的就是这么多了。必须进一步说明的是：这些事情对于我们用以归属意识状态的谓词的逻辑特性有何逻辑后承？为了说明这件事，我们或许可以仔细想想一般的P谓词。因为，虽然并非所有P谓词都应该被称为“归属意识状态的谓词”（举例来说，“去散步”就不是），但它们或许可以被说成是具有这个共同特性：它们蕴涵它们所归属的事物拥有意识。

那么，该观点有何关于P谓词特性的逻辑后承呢？我认为它们是这样的。显然，除非原则上对于任何同时拥有（possess）[1] M谓词和P谓词那类的个体以及对于任何的P谓词来说，我们有某种分辨该个体是否拥有该谓词P的方式，否则，谈论该类中可被辨识的个体就没有意义可言。而且，至少在某些P谓词的情况下，分辨他是否拥有该谓词的方式必须在某个意义上构成了归属该谓词的逻辑恰当标准。因为，假如这些分辨方式不在任何情况下构成归属该谓词的逻辑恰当标准的话，那么，我们就必须总以下述方式去思考这些分辨方式，以及P谓词所归属的或部分归
106 属的事物间的关系：我们得将这些分辨方式想成是一个不同的事物——亦即，意识状态——在该个体中出现的**信号**（signs）。但

① 说一个个体“拥有”一个谓词，这似乎是种奇怪的说法。但斯特劳森在本书中经常将谓词与谓词所指称的共相（以及主词与主词所指称的事物）混为一谈，因而，读者或许可以将以下“某个体拥有谓词P”一语理解为“某个体拥有谓词P所指称的共相”。——译者

如此一来，我们只能借着观察这两者间的关联以便于知道：该分辨方式乃是被该P谓词所归属的不同事物出现的一个信号。但我们每个人都只能在一种情况下作出这个观察，亦即在自己的情况下。而现在我们又回到了笛卡尔主义辩护者的立场上了，他们认为我们处理它的方式太简短。因为，“自己的情况”是什么意思？除非该归属者已经知道如何将某些意识状态归属给他人，否则把意识状态归属给自己将没有任何意义可言。所以，他不能“从他自己的情况”一般性地去论证如何去作这个的结论；因为，除非他已经知道如何作出这个，否则他就没有任何*他自己的情况*的概念或任何情况的概念可言，亦即，没有任何经验主体的概念可言。相反，他只有这样的证据：当某个特定身体以某种方式受到影响时，痛苦等状态或许可以被预期，但当其他身体这样受影响时，则是不可被预期的。如果他推测的事情刚好颠倒，他的推测就会立刻被否证。

此处的结论当然不是新东西。我到目前为止所说的乃是：一个人是根据他对他人行为观察的强度来将P谓词归给他们；以及，一个人所赖以进行的行为标准，并非只是该P谓词所意指的事物出现的信号，而且还是逻辑上对该P谓词的归属来说更适当的标准。然而，我为这个结论所作出的宣称是：这个结论是从将任何意识状态归属给任何事物的必要条件的考虑推论出来的。我的重点并不是说，我们必须接受这个结论以便避免怀疑论；我的重点是：我们必须接受它，以便于解释怀疑论问题被陈述时所使用的概念框架。但一旦该结论被接受了，怀疑论的问题就不会产生了。这一点对于许多怀疑论的问题来说都是如此：对它们的陈

述涉及了对某一概念框架的假意接受，但同时却悄悄地拒绝了其存在的某个条件。这就是对它们所赖以陈述的概念框架来说，它们是无法被解决的缘故。

107 但这只是P谓词的半个图像。因为，对于某些重要的P谓词来说，当一个人将它们归属给*自己*时，他当然不是基于他将之归属给其他人时所根据的那些行为标准的观察强度。这并非对所有的P谓词来说都为真。一般而言，以下这件事对于那些带着性格评价或能力评价的谓词来说并不为真：当这些谓词被自我归属时，其归属基础与它们被归属给他人时是相同的。虽然，对那些归属给自己时并非基于将之归属给他人时所根据的标准的P谓词来说，它们当中仍有许多会很轻易地被自我归属者在此基础上加以修正；但是，它们当中仍然有许多的例子是这样的：在其中，一个人有完全适当的基础去将此P谓词归属给自己，但这个基础却相当不同于他将之归属给他人时所根据的基础。因而，当报告某个当前的心灵状态或感觉时，一个人说："我觉得疲累、沮丧、和痛苦。"这个事实如何能和下面这个看法相调和呢：一个人根据对行为观察的强度强度而将P谓词归属给他人，而这是对这种归属来说逻辑上适当的标准？

实现此调和所面临的明显困难，可能会诱使我们走向数个不同的方向。比方说，它可能诱使我们去否认自我归属的真实性，去将意识状态的第一人称归属*同化为*（assimilate）将P谓词归属给另一个人时所根据的行为标准。这个设计似乎避免了该困难，也不是在所有情况下都不适当。但它遮蔽了事实，而且不必要。它不过是下面这个事实的一个复杂形式而已：没能认识到P谓词

（或P谓词中的一个重要子集）的特性。因为，就好像——一般而言——并非先有一个主要的、自己对这个谓词集意义的内在私有学习或教导过程，然后再有另一个将这些谓词根据其与某些行为之关联——在自己的情况中被注意到的关联——的强度而应用到他人的学习过程一样，同样地——一般而言——也不是先有一个主要的、先将这些谓词根据行为强度的标准而应用到他人的学习过程，然后再有另一个学习过程去展现某个新的行为形式—— 108
亦即第一人称的P发言——的次要技术。这两个图像都拒绝承认我们所关切的谓词的独特逻辑特性。假设我们将一个这种谓词的命题函项的一般形式写成P*x*。那么，根据第一个图像，主要取代该形式中*x*的表达式是“我”这个第一人称单数代名词：对它的其他取代在使用上都是次要的、衍生的和不稳固的。根据第二个图像，主要取代该形式中*x*的表达式是“他”“那个人”等，而*x*对“我”的使用则是次要的、特别的，而且不是真正归属的用法。对这些谓词的特性来说，重要的是它们兼具第一和第三人称的归属用法；它们既能在不对其主词的行为的观察基础上作自我归属，又能在行为标准的基础上作他人归属。学习它们的用法就是去学习其用法的这两个面向。为了要**拥有**（*have*）这个类的概念，我们必须同时是这种谓词的自我归属者和他人归属者，而且必须将每个其他人看作一个自我归属者。为了要**了解**这个类的概念，一个人必须承认说，有一类谓词是不歧义地，而且**既**可在对该谓词的主词的观察基础上适当加以归属，**又**可以不在这样的基础上加以归属；亦即，独立于对该主词的观察，这第二类的情况是归属者同时是该主词的情况。如果没有任何概念符合我刚给

出的特征，我们便不应该有关于灵魂的哲学问题；但同样地，我们也就不应该有我们实际上有的个人概念。

让我们用这个集合当中的一个特殊概念来说明我们的论点——比方说，沮丧的概念——尽管这样的举例说明难免有点粗糙。我们说某人展现出某种沮丧的举止（沮丧行为），我们也说某人感觉到沮丧（沮丧感）。一个人会倾向于去论证说，感觉只能被感觉而不能被观察，而行为则只能被观察却不能被感觉，因而这其中一定有个可以插入逻辑分歧的空间。但沮丧的概念遍布在一个人想要插入此分歧的地带。我们或许可以说：（对于所有的X来说）为了要让X的沮丧，或X所拥有的沮丧这样的概念

109 能够存在，该概念必须同时涵盖被X所感觉到但未被X所观察到，以及可以被X之外的其他人所观察到但不被他们感觉到的情况。但或许更好的说法是：X的沮丧**是**某个事物，是被X所感觉但未观察到，而被X之外的其他人所观察到却未感觉到的同一个事物。（当然，能够被观察到的可以也是装出来的或伪装的。）拒绝接受这一点，也就是拒绝接受我们用以谈论沮丧的语言的**结构**。在某个意义下，那或许还好。一个人或许会放弃谈论它们，或许会设计一个不同而可以用来自言自语的结构。不好的事情是：假装去接受该结构但又同时拒绝去接受它；即，去将他的反对潜藏在该结构的语言中。

我们必须在此观点下检视心灵议题中一些熟悉的哲学难题。因为，它们当中有些之所以被提出，只是因为不承认或未能完全理解我宣称对至少某些P谓词来说为真的特性。它们没看出，不论是自我归属或非自我归属的面向，如果没有另一面向的话，这

些谓词就不能有它们实际用法中的任何面向。相反地，它们实际用法中的某个面向被认为是自足的——而这是不可能的——而另一面向则被认为是有问题的。因此，我们便在哲学的怀疑论与哲学的行为主义间徘徊着。当我们将某些P谓词——比方说“沮丧”——用法中的自我归属方面当作是主要面向时，一个逻辑的缺口似乎便在我们说另一个人很沮丧时所使用的标准以及实际的沮丧状态间打开了。[1]他们没了解的是，如果这个逻辑的缺口被允许打开，那么，该缺口不仅会吞食了他人的沮丧，还会吞食了自己的沮丧。因为，如果该逻辑缺口存在，那么，沮丧的行为不过就是一个沮丧的信号而已，不管该行为还有什么特性。但是，它之所以能够成为一个沮丧的信号，只能是因为某个介于它和沮丧之间被观察到的关联罢了。但是，是谁的沮丧呢？一个人会倾向于说：它只能是我的。但如果它**只能**是我的，那么，它便一点也**不是**我的。怀疑论的立场通常是去将对该逻辑缺口的跨越表征为最多不过是一个不稳固的推论。但重点是，如果该缺口存在的话，那么，该推论的前提的语法甚至无法存在。

自另一方面来说，如果我们把这些谓词对他人归属的用法当 110
作是主要的或自足的，那么，我们或许会认为说，这些谓词所具有的意义不过就是我们将它们归属给他人的行为标准的强度。难道这不是从否认该逻辑缺口可以推论出来的结论吗？事实上，它不能从此推论出来。认为它可以的想法源自于忘了这些谓词的自

① 斯特劳森的意思是，如果我们把自我归属的用法当作P谓词的主要用法，那么，从观察到某些人如何行为或行动这件事，我们就无法逻辑地推论说他一定是实际上处在沮丧的状态。——译者

我归属用法，忘了我们必须对某一谓词集所做的事：对该集谓词的意义来说，它们应该可以对同一个体作出自我归属与他人归属，而自我归属是在不同的基础上被作出的。这些谓词并非有两种意义；对于它们实际拥上有的单一意义来说，以下这件事是重要的：两种归属它们的方法都是完全适当的。

如果一个人在玩一个纸牌游戏，那么，某张卡片上的特殊记号构成了称呼它为比方说红心皇后的一个逻辑上的适当标准；但是，当一个人在该游戏的语境中这样称呼它时，此人乃是归属给它一些超越于仅仅是拥有该记号的属性。该谓词从整个游戏的结构中得到它的意义。我们在其中归给P谓词的语言也是如此。说“根据其强度来将P谓词归给他人的标准是该归属在逻辑上一个适当种类”，并不是说这些谓词所拥有的所有归属意义就只是这些标准。这样说乃是忘了它们是P谓词，忘了它们所属的语言结构的其他部分。

［6］现在，我们的困惑可以采取一个不同的问题形式：“但是，一个人如何可能不根据观察，而把可能根据某种逻辑上恰当的理由——观察——而对他人归属的谓词归属给自己呢？”这个问题或许可以被收纳到一个更宽广的问题中：“P谓词如何可能呢？”或“个人的概念如何可能呢？”我们用这个问题去取代早先的那两个问题，亦即：“为何意识状态会被归属给任何事物呢？”
111 以及“为何它们会和某些肉体特性一起被归属给同样的事物呢？”因为，对这两个最早的问题的答案，除了承认个人概念的初基性并因而承认P谓词的独特性之外，无处可寻。所以，其余的困惑都必须以这种新方式去陈述。因为，当我们承认个人概念

的初基性，并因而承认P谓词的独特性时，我们或许仍然想要问：是什么样的自然事实使得我们应该拥有这个概念这件事变得可理解呢？并且我们在发问时还希望有一个不平凡的答案，亦即，我们希望它不**仅仅是**这样的答案：“喔，因为有人类在这个世界上啊。”我不会假装自己能充分满足这个要求，但我可以提出两件非常不同的事，它们或许可以算作是某个答复的开始或片段。

首先，我想，将某些P谓词移到该图像的中心至少可以作为一个起头。大致说来，这些谓词涉及了某种行动，并且显然蕴涵了意图或心灵状态，或至少一般性地蕴涵了意识，而且它们还指出身体运动的某些典型类型，却丝毫没有指出任何特定的感觉或经验。我的意思是像“去散步”“卷绳子”“玩球”“写封信”这样的谓词。这样的谓词具有许多P谓词所具有的有趣特性，亦即：一般而言，一个人不会根据观察的强度而将它们归属给自己，但他却会根据观察强度而将它们归属给他人。但是，在使用这些谓词的情况中，一个人却会丝毫不勉强地说：这两种方式中所归属的事物是相同的。这是因为在它们所归属的事物中，有一个相当确定的身体运动类型在明显宰制着，并且显然缺乏任何特定的经验。它们让我们从以下这个想法中释放出来：我们能够无需观察或推论（或两者）而知道的事物只能是私有经验这样的事物；事实上，我们能够无需借助这些手段中的任何一个而知道某个身体当前和未来的运动。但身体的运动当然也是我们能借着观察和推论知道的事情。我们观察的事物中包括了一些身体的 112
运动，而这些运动类似于那些我们不基于观察而能知道的身体运动。对我们来说，理解这样的运动是重要的，因为它们与我们自

己的身体运动有关也制约了后者；而事实上，只有当我们将它们看作是这样的计划或行动框架的一部分时——亦即，我们无需观察相关的当前运动而知道当前的行动或未来的发展时——我们才了解它们，我们才诠释它们。而这也就是说，我们将这样的运动看成是行动（actions），我们用意图（intention）来诠释它们，我们将它们看作是和以下这些个体运动属于同一类：那些我们不靠观察就能知道其当前和未来运动的个体运动；而这也就是说，我们将其他人也看作是自我归属者，他们能够不基于观察而将我们基于观察而归属给他们的事物也归属给自己。

这些说法并非试着去建议如何解决“其他心灵的问题”，或我们对于他人的信念如何能给出一个一般性的哲学证成的问题。我已经论证过，这样的“解决”或“证成”是不可能的，因为对它的要求无法融贯地被叙述。这些说法也非试图去成为先验的总体心理学。对该主题在哲学史的这个阶段来说，这些说法只是试图去帮助我们理解我们实际上所拥有的概念框架。我现在建议的是：如果我们先思考“我们事实上行动、对彼此行动，并且根据一个共同的人性（common human nature）去行动”这些事实，那么，我们就会比较容易理解我们如何能将彼此和自己看作是个人。现在，“将彼此看作是个人”涉及一大堆事，但不是一大堆分离而无关联的事。我移到该图像核心的那些P谓词并非孤立的在那儿而与其他谓词相隔离。相反地，它们与其他谓词是不可解地捆绑在一块，彼此交织在一块。心灵的论题绝不会被切割成一些互无关联的主题。

我刚才提到共同的人性。但在某意义下，我们实际概念框架存在的一个条件是：人性不应该是共同的——亦即，不应该是一个群体本性（community nature）。哲学家们曾经讨论过是否有或 113
能够有“集体心灵”（group mind）这样的事物。对于某些哲学家来说，该观念有种特别的吸引力；对于其他人来说，它似乎十分荒谬而无意义，并且相当诡异地具有破坏性。我们很容易看出为何后者会发现它具有破坏力；他们在以下这类想法中发现了可怕的事情：人们应该停止对个别的个人采取他们实际上所采取的态度，他们应该对他们采取在某方面来说类似于对群体的态度；他们或许应该停止替他们自己决定个别的行动，而应该只参加团队活动。但他们发现它具有破坏性这件事只显示：他们对他们所宣称为荒谬观念了解得太好了。我们发现，去将某个会移动的自然物体集中的成员个体化为个人这件事是很自然的；但这个事实并不意味：对任何并像似于我们的生物来说，这样的一个概念框架都是必然的。我在前一章中使用了一个技术，去决定在那个受限的听觉世界中是否有自我这个概念的容身之处；我们可以使用一个类似的技术，去决定是否我们不能建构出某个特殊种类的社会世界的观念：其中个别的个人观念被群体观念所取代。为了要开始这样的技术，让我们考虑实际人类存在的某些面向。举例来说，想想两个人类团体共同参与某个竞争但合作的活动，并且是他们训练有素的活动，如战斗。我们甚至可以假设命令是多余的，虽然消息仍然会被传递。我们很容易假设：当专注于这样的活动时，这些团体成员完全不指称任何个别的人，个人的名字或代名词对他们完全没用。然而，他们却指称这些团体，并把一定的谓词用在它们身上，这些谓词类似于我们通常会用在有目的

的个人行动的谓词。他们或许会实际上在以下这样的场合中使用“我们”和“他们”这样的复数形式：如“我们已经攻下该碉堡”“我们已经输了那场游戏”；但这些并不是真正的复数，它们是没有单数的复数。他们或许还会指称该群体中的分子或成员，但这些指称完全是从这些成员在该合作活动中所扮演的角色而
114 得到其意义的。因而，我们有时指称事实上是个人的东西为“打击部队”（stroke）或“右前翼”（square-leg）。

当我们思考这样的情况时，我们会看出，在我们社会生活的一部分中——还好不是非常大的部分——的确运作着这样一组观念：在其中，个人的观念被排除了，被群体的观念所取代。但难道我们不能将社群或群体想成是这样的事物吗：其成员的这部分生活①是其中的主要部分，或甚至是全部而非仅仅一部分？人类群体有时会——如我们所说的——发生这样的事：其成员的思考、感觉和行动就好像“是一个个人”一般。我建议说，个人概念存在的一个条件是：这件事②应该只是有时发生而已。

此时去反驳说：“但事情还是一样，就算它一直发生，该群体的每个成员还是会有一个个别的意识，会具体展现为一个个别的经验主体”，这样的反驳是没用的。再一次地，说纯粹的个别意识或纯粹的个别经验主体是没意义的，因为我们没有任何方法去辨识这样的事物。当然，当我提出那个完全融入群体的故事时，我是以我们的个体概念作为一个出发点。这个事实使得该无用的

① “这部分生活”指的是前述个人观念被排除的部分。——译者

② “这件事”指的是人类社会成员的思考、感觉和行动就好像“是一个个人”一般。——译者

反应成为一个自然的反应。但假如某个人严肃地提出下述的“假设”：人类身体的每个部分、每个器官和每个成分，都有一个个别的意识，都是一个分离的经验中心。该“假设”会和上述的反驳一样是无用的，只是更明显罢了。现在让我们假设说，有一个会运动的自然事物集，它分成好几个群体，每个群体展现出相同特征的活动。在每个群体中，都有一些伴随着功能差别的外貌差异；特别是，每个群体中都有一个成员有非常特殊的外貌。难道一个人不能想象有不同的观察会是这样的吗：它们或许会让我们在某些情况下认为那个特别的成员是该群组的发言人，是它的代言人；但在其他的情况下则使我们认为，他是它的嘴巴，认为该群组是一个单一的、**分散的**身体？重要的一点是，一旦我们采取 115
了后者的思考方式，我们就放弃了前者；我们就再也不受到第一个类比人类形式的影响，只受到第二个形式的影响；我们就再也不会被诱惑去说：或许那些成分是有意识的。牢记“一个身体和其成分”这个词组有惊人的歧义这件事，会是有帮助的。

［7］稍早，当我讨论一个纯粹个体意识的概念时，我说，虽然对个人概念的解释来说，它并不能作为一个主要的概念而存在（因此并没有传统上所设想的心物问题存在），但它或许作为逻辑上从属的概念而存在。因此，在我们实际的概念框架中，我们每个人都可以合理地去设想：在身体死后，他/她的个体还继续存活着。想象这件事甚至不是很费劲。一个人只需要简单想象：他/她像目前一样拥有思考和记忆，有着大致像目前一样的视觉和听觉经验，甚至——虽然这会涉及一些复杂之处——像目前一样有着一些准触觉的和器官的感觉，但他/她（a）没有对某个

身体——如他/她自己的身体——的知觉，而该身体与他/她的经验相关，以及（b）没有能力去发动对这个世界中任何物理条件的改变，如他/她现在用他/她的手、肩膀、脚和声带能够作出的改变。条件（a）必须被扩充为：没有任何其他人的反应能显示说，他们知觉到某个身体在某处，而该处是：假如他/她以具身（embodiment）的状态在该处看或听的话，他/她的身体就会占据该处。当然，一个人可以想象条件（a）的两个部分都被满足了，但条件（b）却未被满足。这会是一个世俗的想象，属于那种以熟悉的声音轻拍桌子的灵魂的那种想象。但假设所谓的离身（disembodiment），是（a）和（b）都满足的、严格意义下的那一种。那么，有两件事将可从此推论出，其中一件通常被注意到，但另一件则或许未被充分注意过。第一件是：那个无身体的个体是绝对孤独的，而且对他来说，推测是否还有其他类似于他的事物，一定是一个相当空泛的推测，尽管不是没有意义的推测。

116 另一件较少被注意到的重点是，为了要保持他认为自己是个体的观念，他必须总把自己想成是个离身的、**之前的**（former）个人。换言之，他必须努力将自己想成曾经是某个集合或类当中的一个事物，但他现在却被禁止与这类事物有任何交往，尽管这些过去交往的事实是他有他自己的观念的条件。从这时开始，他仿佛没有个人生活可过，他必须生活在对他从前个人生活的记忆中；或者，当生活于过去的记忆失去其吸引力时，他或许会借着对人类事务感到某种兴趣（尽管对这些人类事务而言，他是既哑又不能被看到的证人）而取得某种减弱的、代理性的存在：就好像在一个戏剧演出中对自己说着以下这些话的观众：“那就是我会去做的（或去说的）”或“如果我是他，我就会……”。随着该记忆消退的程度，以及这个代理生命的凋零，他对他自己作为一个个体的概念也就会相对减弱。从他继续存活作为一个个体的角度来看，在这个减弱的极限上，将没有经验的持续和终止间的差别。从这些角度来看，离身却继续存在的观念的确似乎是非常不吸引人的。由于这个理由，无怪乎正统的思想总是聪明地坚持身体的复活。

第四章　单子

117 我现在想简要地考虑某个形而上学学说，或某个形而上学系统的一些特性；该系统以一种有趣的方式连接了个体意识的问题以及辨识的一般性议题。我指的是带了点限制的莱布尼茨单子论。该限制是：虽然我指称莱布尼茨系统，但如果我所讨论的观点并非在每一点上都与历史上有那个名字的哲学家的观点相同，我将不会太在意这件事。我将使用“莱布尼茨”这个名字去指称一个可能的哲学家，他至少是在某些学说方面非常相似于莱布尼茨；他们是否在这些方面是无法区别的，则无关紧要。

开始时，我必须先提两个重要的面向，它们是莱布尼茨系统与我所论证过的主张相抵触或似乎相抵触的面向。我在一开始时讨论过一个一般性的、确保对殊相作出唯一性指称的理论性问题。对该问题的概括性理论解决方案建立在以下的事实上：为了要让一个说话者作出指称，他自己当下的环境必须提供共同的参考点；对于其他任何属于该单一时空框架中的事物来说，对它们的唯一性指称都能相对于这些参考点而被确保。接受这个解决方案也就是去接受以下这个概括性的理论立场：殊相的辨识最终是奠基在使用某些具有指示性的，或自我中心的（egocentric），或

个例自返性（token-reflexive）[1]力量的表达式上。因为，这些理论上指称核心点的重要性在于：指称的歧义性可以利用相对于该点的指示词以及适当的——虽然不用是非常仔细的——摹状词来排除。的确，该解决方案所解决的理论性问题似乎是一个非常不自 118 
然的问题。但同样为真的事情是：该解决方案显示了我们实际思考结构的一个关键；殊相辨识是建立在直接或间接呈现出某种指示力量的表达式的使用之上；因为，这样的辨识是建立在一个统一的、我们在其中有个已知位置的、关于殊相知识的概念框架之上。不过，对于本章的目的来说，该理论性的解决和我们实际实践之间的关联只有次要的重要性；真正重要的事情是：我们思想的一般性结构允许该问题被提出并提供了解决方案。

现在，这个殊相辨识的理论性结论不但适用于我们实际上所拥有的、物质性物体在其中是基本殊相的概念框架，也适用于声音殊相在其中是基本殊相的那个听觉世界。那是一个无空间的世界，而指示词的角色相对地受到限制。[2]虽然我们必须以听觉性

① 个例自返性的表达式指的是像“你”“我”“他”这样的代名词以及像“这个”“那个”“此时”“此地”这样的指示词等。个例自返性的表达式有时又称为“索引词”（indexicals）。这些词的特性是：对它们的解释依赖于像说话者、听话者、说话的时间、地点等脉络因素（又叫作“索引”）而定。它们之所以被称为“个例自返性的“的表达式，那是因为这些索引可以透过该语词的个例本身而加以指称。比方说，如果说话者要指称自己并且说他觉得很冷（“我觉得很冷”），他可以使用“这个语句个例的制造者觉得很冷”这样的句子。类似地，为了要表达说话的地点很热（“此地很热”），一个人可以使用像“这个语句个例被说出的地方很热”这样的句子。——译者

② 要理解这个评论以及以下的评论，读者们应参照我之前对于无空间世界的推测性建构的讨论，以及该讨论应该如何理解的一般性说明。将如此的建构想成是我们日常经验的一部分时，我们可以问：我们日常使用（转下页）

的语词引入一个空间的类比项，以便对可再被辨识的殊相观念提供容身之处，但在决定该空间类比项中的一个点时，我们似乎不需要指示词；或者，只要我们将自己限制在该单一的、最初的、具有独特主音的听觉世界模型上，那么，我们似乎不需要它们去达到这个目的。因为，只要我们如此限制自己，那么，该空间类比项中的点就似乎能够被描述性地决定为该主音的不同音阶；而该主音自身则能够被辨识为*伴随着每个声音的那一个声音*。然而，不论该空间类比项中的点是否能被描述性地加以决定，指示词——对时间的指示词，或者“现在”这个单一的指示词——对于殊相的辨识来说仍然是必要的。要区别两个属性上无法区别的、

119 在该主音同一音阶上的两个声音殊相，我们仍然得借助它们在时间次序中相对于现在时刻的位置。

因此，这建议说：在对殊相的辨识性思考上，指示词在理论上的不可或缺性并不只是某个允许殊相概念框架的一个特性，而是任何殊相概念在其中会出现的本体论概念框架中的共同必然特性。这个建议是我毫不犹豫会接受的。首先，对于任何容纳殊相的系统或在其中殊相是空间的、时间的或时空事物的系统来说，它都必然成立。我认为这一点是从那两个举例检查过的概念系统——亦即我们自己的和该听觉世界的系统——的一些考虑中获得证实的。因为，该处所提出的论证同样适用于任何使用其他感官词（如果这可能的话）去建立的纯时间或时空性殊相本

（接上页）的哪些概念和表达模式对于该部分的显著特性的说明来说是必要的？详见第二章，第 82 页等。（原注中给出的页码为原书页码，即本书边码。——译者）

体论系统。该论证的形式普遍适用于每一种情形。对于一个纯空间系统来说——该系统或许可以被设想为一个时空世界的瞬间状态——为了要解决在时空世界中的辨识性问题，指示词必须要有一个空间的和时间的力道这件事，似乎在该情况下也是绝对的。其次，下面这件事（让我们先作一个预告）对我来说似乎也是必然为真的：没有任何一个不允许空间或时间事物的系统能够是一个允许殊相的系统，或能够被我们理解为这样的系统。这一点和康德说时空是我们唯二的直觉形式是一样的。如果我们将这两点放在一块，我们可以推论出：一般而言，对殊相的辨识性指称最终是建立在直接或间接呈现某种指示性力量的表达式之上；或者，将之以思想而非语言的语汇来加以表达：对殊相的辨识性思考必然包含着一个指示性的成分。

现在，莱布尼茨的系统与这个主张相冲突，或似乎相冲突，因为，对该系统的基本个体——亦即单子（monads）——来说，不可区分者的同一性（the Identity of Indiscernibles）主张[1]的某个
形式是成立的。根据该主张唯一值得被讨论的形式来说，下面这 120
件事乃必然为真：对于每个个体来说，都存在一个以纯粹普遍性或一般性的语词所构成的描述，而该个体是唯一满足该描述的个体。仅凭我刚才所表述的这个学说来看，我们还不能直接导出“对殊相的辨识不需要指示词”这个主张。因为，或许你可以——虽然这样很奇怪——接受我刚才所描述的这个学说，并认为对每

① 这个主张有时又被称为“不可区分者的同一性原则”。该原则的另一种说法是：如果两个事物的每个性质都相同，那么它们就必然是同一个事物；或者：不可能两个不等同的事物会有完全相同的性质。——译者

个个体来说，都存在一个以纯粹普遍性或一般性的语词所构成的描述，而该个体是唯一满足该描述的个体，但认为理论上我们不可能详细指定该描述。换言之，一个人可能认为：详细指定任何一个纯一般性描述，并保证该描述唯一适用于某个殊相这件事是不可能的，但他却认为对于任何个体都仍然必然存在一个独一可应用的一般性描述。在这种情况下，我认为他必须承认：对殊相辨识的理论性问题的解决方案，将会要求我们允许指示性的成分进入特殊的描述中，以作为一个不得已而用之的手段（*pis-aller*）；他必须承认说：只有在这个情况下，一个人才能详细指定某种保证了唯一满足性的描述；而这当然不会是只使用普遍性语词能够成功的描述。不过，莱布尼茨并不抱持这个相当让人不舒服的半吊子立场。他抱持一个更让人满意的立场，并且相信自己能够详细指定某种纯粹一般性的描述，使得不多于一个单子或基本个体能够满足该类的任何描述。他认为他能够详细指定问题中那类描述，但这并不是说他能够实际上给出任何一个这样的描述；因为那只有上帝才办得到。一个这类的描述是他有时称为一个个体的“完备性概念”（complete notion）的东西。一个这类描述的特征是：它是对某个个体的描述，但在某个意义下它也是对整个宇宙的描述。它是从某个特定观点对整个宇宙所作的描述或表征。它以这个方式而成为普遍的、穷尽的描述这件事，是它确保了它应用唯一性的根据。

121 待会儿我将回头考虑这个立场的优点。但首先我必须先提到我所说的、莱布尼茨系统与我所坚持的看法间互相抵触的两个方面中的另一个。我坚持说，没有任何纯意识的个体化原则框架，因而没有任何事物可以是蕴涵意识谓词的主词，除非它是一个个人——而在这个意义下，它同时蕴涵了对肉体属性的拥有——或至少是一个从前的个人。现在，莱布尼茨系统中的基本个体并非物质；它们没有空间的部分；事实上，它们是意识、知觉和统觉的主体。但如果我们想要忠实于莱布尼茨本人，那么，这个陈述将需要作出大限制。即便我们只是希望它对于我设想的可能莱布尼茨来说为真，它也需要作出一些限制。我们最好不要说单子是心灵，我们最好说：在我们使用的所有范畴中，心灵是最接近单子的事物，也是后者最简单的模型。比方说，对于历史上的莱布尼茨来说，单子中只有一个子集合被说成是有意识的，而在有意识的单子的所有状态中，也只有一个子集合被说成是意识的状态；而这个说法的最终结果是：单子除了是非空间性的事物之外，也是非时间性的事物。在列出这些限制之后，我将大致忽略这些限制。对于我的莱布尼茨来说，一个单子的模型是一个心灵。所以，他系统中抵触了我所坚持的主张的那一个重要方面是：这些类似心灵的事物占据了基本个体的地位；换言之，它们是这样的事物：对之，一个个体化的原则可以单单以它们自己的状态——亦即，以它们的意识状态或意识状态的单子类比项——来加以框架，而无需指称个人或身体。

让我们看看，个体化如何被确保？单子的唯一性在假设上是如何被某种描述所保证？我们需要去检查的学说是：每个单子都从它自己的观点表征了整个宇宙。这个学说必须一步一步展开。现在，该主张说每个单子都有一个唯一的观点。因此，让我们先讨论“观点”（point of view）这个观念，讨论这个可以检视空间

中延展的景象（scene）或区域的“观点”的观念。假设我们宣称
122 说，这样的一个观点能够被某个以普遍词所形成的描述加以个体化，被唯一决定，而该描述是在那个观点下对存在于视界（visual field）中的事物的特性以及它们之间关系的描述。这时，有些人可能会反对说，如果问题中的景象或区域是相对广泛，但不同观点的可见视界却是相对受到限制的话，那么，这样一个对于某观点下的视界的描述可能不会唯一适用于该观点。因为，可能会有另一个与第一个观点相距甚远的观点，而在该处存在着一个完全相似的视界。[①] 现在，如果每个观点的视界都至少跟整个的景象或区域一样广泛，每个视界都涵盖了所有要被个体化的观点，那么，这个反对似乎就能够被答复。在那种情况下，似乎不能有两个不同的观点是这样的：其视界在属性上是无法区别的。当然，这也就是单子从其观点而表征或反映了整个宇宙这个说法的要义。

不过，进一步的反省显示，这种个体化观点的方式仍是完全不成功的。为了要看出仍然有可能会有“数目上不同但视野涵盖了整个宇宙的观点，而它们在被呈现的景象的属性上是无法分别的”，我们只需要去想象问题中的宇宙在某些方式上是重复的或对称的就可以了。哲学家曾经想象过各式各样这一类的复杂可能

---

① 试考虑下图的方格 43 和 50。假设它们的视界只包括邻近的八个方块，那么，“相对说来”，问题中的景象或区域（整个棋盘）就会是广泛的，但方格 43 和 50 的视界却相对受到限制。在这种情况下，如果我们不使用指示词去构作该描述的话，那么，对方格 43 的描述就会同样适用于方格 50。——译者

性。但一个非常简单的例子就够我们用了。想想一个棋盘。我们所考虑的宇宙是被它的边缘所局限；因此，该宇宙是由一些黑白方块的有限排列所组成。（见以下的插图。）

我们的问题是要去对每个方格提供个体化的描述，而且要从每个方格所获得的有关于棋盘其他部分的视野（view）来作出这些描述。显然，只要每个方格的视野被限制在该方格邻近的那些方格上，这个问题就无法解决。举例来说，在这个限制下，我们不可能区分方格 50 和 43。但几乎同样明显的事情是：即便每个 123
方格的视野涵盖整个板子，该问题仍然无法解决。举例来说，去区别方格 43 和 22 仍然是不可能的。从这两个方格来看，整个棋盘的景观会是一样的：在某一对角的方向上，每个方格都有两个白色的方格远离它，而在另一对角的方向上，则有五个白色的方格远离它，等等。

因而，如果我们只从字面理解莱布尼茨所谓“对整个宇宙的观点”，那么，如果没有指示词，他的个体化问题就无解。对它作

字面理解，乃是去形成一个由空间中延展的物体所构成的单一世界图像，然后去将每个单子的状态想成是那个单子意识对这个世界的一个镜像。它将每个单子都想象成在这个单一空间世界中占据一个位置，而这个位置是由“这个世界被那个单子所看出去的地方”来定义的。当我们形成这个图像时，我们会看出，由于刚才考虑的理由，单子不能以它们对这世界所得到的视野来加以个体化；因为我们能够想象：从两个不同位置所得的视野来看，这个世界是无法区别的。但当然，那个字面上似乎如此的图像并非莱布尼茨对实在界的图像。不过，只要我们剔除那个由空间中延展物体所构成的单一共同世界，我们还是可以从这个图像得到莱布尼茨的图像或就我们的目的来说够接近的图像。在莱布尼茨的系统中，只有单子——亦即意识、潜能或准意识——及其状态才是真实的。对它们来说，并没有共同的空间世界去让它们反映；
124 有的只是这些意识状态间的一些符应状态；而空间特征或特征则只属于那些意识状态的内容。该世界中有私有空间，但没有公共空间。因此，由于单子并非在空间中彼此关联，由于它们没有共同所属的空间世界，因而没有我们所考虑的那种可能性：两个不同的单子在两个不同位置上，而这两个单子却有着无法区分的视野。共同的**对称**空间世界所引起的问题被排除了，因为该共同空间世界被排除了。空间内在于单子中。**观点**实际上仍然存在，而且彼此以观点法则所指出的方式符应着；但它们并非对任何事物的观点。

所以，对莱布尼茨系统——亦即，我们能以与不可区分者的同一性原则相融贯的方式去确保个体化的主张——的一个反对论

证并不成功。但还有另一个该系统同样能响应的反对论证，但得花非常高的代价，即该回应得承认说，该系统中的个体根本就不是殊相，而是共相、类或概念。这或许是一个具有数学心灵的形而上学家相当乐意去付出的代价。

在这一点上，个体意识类比了单子的主张变得非常重要。我们已经讨论过个体意识概念，也看过该概念必须被看作是从属于个人概念的理由。一旦我们接受个人概念的主要性，我们就很容易对“区分出具有意识状态的不同主体”的观念给予意义，而且能去考虑下面这个复杂的问题：对于个人以及对具有这种状态的主体来说，它们的个体化原则为何？此刻，关于这个原则的要点是：由于一个人拥有肉体特性（一个身体），因此，无论两个人的意识状态序列可能会多么相似，个体化的理论性问题仍然允许一个解决方案。该解决方案就像在非生物的物质性物体的情况一样，最终奠基在对于指示性表达式的使用之上。

但现在考虑一下莱布尼茨的处境。刚才所考虑的反对论 125
证——亦即，或许会有从不同观点来的不可区别的视野——在他的系统中无法被提出，因为单子并没有空间的关系或位置。在该系统中，下面这件事乃分析上为真：如果有观点上的不同，就会有视野上的不同。对于观点来说，不可区分者的同一性原则是一个逻辑上必然成立的原则。但假设某个人提出了这个问题：为什么不能有不确定数目，但数目不小的个体意识或准意识“在”同一个观点上或有同一个观点呢？如果我们严肃对待我们所建议的介于单子和心灵或单子与意识间的类比，我们不能阻止这个问题的提出。因为，在我们目前的概念框架中，没有任何事能将下面

这个观念排除为逻辑上不可能：不同意识状态的主体或不同的个人或许会处于属性上无法区别的意识状态。对莱布尼茨来说，这个问题提出了一个两难困境，而且让他面临一个选择。去选择其中的一个选项，乃是去放弃将不可区分者的同一性原则看作是逻辑原则，乃是去放弃这一个观点：对每个单子来说，都有个理论上能够被详细指定的、由一般性语词所形成的描述的集合，逻辑上只有该单子符合其中的描述。如果作了这个选择，单子和特殊意识间的类比到此还能维持；该系统中的个体会是殊相。但它们会是——即便从理论上来说——我们只能借着上帝的恩宠才能去辨识性指称的殊相。因为，即便对于每个个体都有一个唯一可应用的描述这件事为真，或者，换个说法，即便没有任何两个特殊意识拥有相同的观点这件事为真，它们之为真这件事，也不是件逻辑上必然的事情，而是出自于一个不在乎去复制无区别单子的上帝的自由选择。并且，由于指示性的表达式在该无时空的单子世界中毫无任何的应用可言，因而，即使是理论上辨识性指称的可能性也只会是奠基在这个神学的保证之上。给定这个保证，我
126 们才会知道：真正唯一定义了一个“观点”的完整谓词集，将会在事实上同样唯一应用在——如果有的话——那个有着该观点的特殊意识之上。因此，这个选择似乎保存了单子本体论的殊相本体论特性，但它却摧毁了该系统的逻辑整体性。因为，它使得个体化的可能性奠基在一个神学的原则之上。甚者，它只能勉强算是一个殊相的本体论；因为，一个无时间性的个体意识的殊相观念，是一个我们几乎无法理解的观念。最后——虽然这可能会被认为是对这样的形而上学系统来说一个不相干的批评——它不可

能是任何非神谕单子的主要概念框架。因为，为了要被设想成一个可能的概念框架，它至少要求设想者应该对“区分出具有意识状态的不同主体”这一观念赋予意义。我们已经讨论过使这个概念成为可能的条件，但它们显然不允许这种主体的**主要**概念是莱布尼茨单子的概念。大致说来，该主要概念框架必须是一个将人类放进世界中的框架。而一个将世界放进每个个人当中的概念框架，则一定至少会是一个从属的产品。由于这林林总总的理由，我将不允许把这个选项算作是我的原则的一个例外，即“一个不允许空间或时间事物的本体论将无法允许任何殊相”这个原则。一个只能被上帝严肃看待的本体论将不会是一个可能的本体论。

另一个开放给莱布尼茨的选项在许多方面来说是较吸引人的。它不再宣称殊相、特殊意识，或类比于此的事物具有该系统中基本个体的地位，反倒允许类、共相，或概念具有这样的地位。在这个看法下，我们不再把每个单子想成是：由于上帝的恩典而不与其他单子拥有或分享某个“完备概念”（complete notion）的事物，亦即，落于某个穷举而又有唯一可应用性的概念之下的事物。**相反，我们把该系统中的基本个体想成是这** 127
些完备概念本身。从该系统的其他要求来看，这个选项有许多立即可见的优点。不可区分者的同一性原则——在它完整的逻辑意义下——立刻被保证成立。如果一个共相与另一个共相是不同的共相，那么，原则上一定可能用一般性的——亦即普遍的——语词去**陈述**该差异。两个共相能够分享**部分**名称（partial designations）：红和蓝两者都是“颜色”，但它们不可能分享相

同的完整名称。[①]因为，共相间的差异就是共相语词意义间的差异。在这个解释下，不仅以一般性语词去个体化单子立刻变得稳固了，单子应该是非空间和非时间的事物的要求，也一样立刻变得可理解，因为概念就是非空间和非时间性的事物；而对于每个单称命题来说，谓词是固有于（inhere in）主词内的主张[②]，也同样变得立刻为真。一个单子专名的一般形式将会是："那个如此这般的某个事物 x 的概念"（The concept of an x which ...）。我们得注意几件有关于这个专名形式的事。首先，也是最重要的：单子并非这些代名词 x 或这些关系代名词[③]（relative pronoun）准备让我们去描述的事物。单子是这些事物的概念。结果是，这些关系子句[④]中或许会包含许多时空性的谓词，但去探索单子间的时空关系仍然是没意义的。这些概念间或许会有某种逻辑关系；但不是任何种类的关系都能存在于它们之间。单子之间没有像物理互动这样粗糙的关系。其次，并非每个我提到的那种形式的专名都是一个可能的单子的专名。举例来说，"那个杀了个人的人的概念"这个词组，虽然也指称一个概念或共相，但它并不指称一个可能的单子。因为它并非一个"完备的"概念。如果某人杀了

① 斯特劳森的意思是：两个共相可以在部分性质上相同，但不可能在所有的性质上都相同。——译者

② 亦即"谓词被包含在主词中"的主张；也就是"所有的主述句都是分析句"的主张。——译者

③ "关系代名词"指的是像"The concept of an x which ..."中的"which"这样的字，用来代替之前的变量或代名词 x。中文似乎没有相关的语言设计。——译者

④ 指的是"which"之后所加上的子句，也就是填入"如此这般"位置的子句。——译者

个人，这不可能是整个故事——我的意思是：完整的历史。一定
还有更多的事可以说，比方说，当时他们两个人穿的是什么、他
们的父亲长的什么样子，等等。只有当一开始的关系子句引介
了一个——这么说吧——对某个可能世界历史和地理的穷尽描述
时，我们才会有一个“完备”概念的专名。此处，“世界”一词意 128
指时空世界，而“可能的”一词意指“能不自我矛盾且穷尽地加
以描述”。[①] 现在，给定这些要求，完备的概念显然会落入好几个
集合中[②]，以至于两个这样的概念属于同一个集合，当且仅当，每
个概念的关系子句所引介的描述都包含了相同的成员，尽管顺序
不同。同一集合中两个概念间的差别，只在于一开始的关系代名
词以何种方式符合某个可能世界的共同描述而已。因此，如果我
们从那个符合了实际世界的实际历史的概念集合中选择恺撒的
概念和布鲁特斯的概念，那么，虽然这两个概念的关系代名词所
引介的描述大部分是相同的，但它们却会在这些方面有着区别：
恺撒的概念将会包含“……而且他被一个如此这般的人所刺杀”
这一组词，（其中“如此这般”是一个对布鲁特斯的描述），而布
鲁特斯的概念则将会包含“……他刺杀了一个如此这般的人”这
一个词组，（其中“如此这般”是一个对恺撒的描述）。在目前的

① 事实上，一般而言，这个“穷尽的描述”观念是相当没意义的；虽然在某个特殊的讨论脉络下，我们能够赋予它一定的意义。但这是个我将不讨论的反对意见。

② 读者们可以将每个集合想象成一个“可能世界”，其中的每个概念都是从某“观点”而对该世界所作的一个完整描述。不同的概念以不同的观点描述着同一个世界，但每个概念都指称了其他的概念。这些集合当中的一个是真实世界，而其中的概念则是所有这个世界中的个体的概念。——译者

解释下，这给下面这个主张赋予了意义：每个单子都从它自己的观点反映出整个宇宙。以概念专名的术语来说，“观点”大致对应于“一开始的关系代名词”。它也给预定和谐说（pre-established harmony）这个主张赋予了意义。单子彼此调和，因为它们属于同一个概念集合。最后，我们能够看出，为什么每个真主谓命题的谓词都包含在主词中。因为，每个这种命题的主词都是一个单子，因而是一个完备的概念，而该命题仅仅断言了：它属于某一集它在分析上属于的概念集合。因此，“布鲁特斯刺杀了一个人”被分析为“那个 F、G 等且刺杀了一个如此这般的人的人的概念，是一个刺杀了某个人的人的概念”。

129 现在，让我粗略地完成在这个解释下的莱布尼茨系统的草图。完备的概念能以某个或许可称之为“丰富性”（richness）的逻辑面向来加以排序。去将完备概念以这个面向来加以排序也就是将完备概念的**集合**加以排序；因为，任何完备概念都和其他属于相同集合的完备概念有着相同程度的丰富性。最丰富的概念集是：在该集合的每个概念的描述中，由该可能观点所描述的那个可能世界结合了现象上的极大多样性和自然律上的极简性。单子的集合等同于这一概念集。这就是“现实世界是最佳可能世界”这个学说的意义。

在莱布尼茨的系统中，最歧义和最不确定的是这件事：实际的个体集合等同于最丰富的概念集合这件事，是否被假设为纯分析真理？如果它是分析的，那么，整个的系统会趋近于理想上的逻辑纯粹性，而且可能是任何其他形而上学系统都比不上的逻辑纯粹性；因为，它将只处理概念间的关系，而不在任何一点上接触偶然性。在这种情况下，当“C”是某个完备性概念的专名时，说“C是一个真实的个体”——如果它为真的话——将会是去说一件概念上为真的事情；因为，它的*意思*将简单是：“C是那个最丰富的概念集合中的一员”；而且我们或许会允许这样的一个可能性：去架构一个关于多样性和简单性的标准，使得这个判断成为一件可计算的事。不过，虽然这个选择保存了该系统的纯正性，但它或许会让该系统变得比最纯粹的形而上学家所希望的系统更远离实际。它会让——这么说吧——即便是最同情它的人也不禁怀疑：根据那个被提出的标准，*这个*世界*事实上*会是那个最佳的可能世界吗？另一个选项是去允许说，“C是一个真实的个体”并不与“C是那个最丰富的概念集合中的一员”有着相同的意思，而是有着类似于“C实际上被个例化（有例子）”的意思。但如果我们选择这个选项，而且如果我们想要得到一个从莱布尼茨的观点来看是让人满意的结果，那么，一大堆的事情将会留给神学和上帝的善良旨意。一些重要的命题将会变成偶然命题，顶
多是神学上的命题。假设“S”指称该最丰富的概念集合。那么， 130
为了要让这个宇宙从莱布尼茨的观点来看是最让人满意的，所有下列这些命题都一定会是真的，而且没有一个会是逻辑上有保证的。这些命题是：

1. 没有一个完备的概念是被个例化但却不是S的一个成员。

2. 没有一个完备的概念是S的一个成员却未被个例化。

3. 每一个被个例化的完备性概念都被唯一地被个例化。

就我目前所见，没有任何少于上述要求的选项可以成功。因为，“被个例化”的意思不能是它在哲学上最常被使用的意思——亦即，非常大致地：“出现在我们共同时空框架中的某时或某地”——因为，这个解释预设了一个概念框架，但其最终的有效性却被这整个框架所否定。时空关系、特征，以及展现它们的事物都只是“有良好基础的表象”，而非实在界的特征。相反地，为了要给“个例化”一个意义，我们必须回到个体意识和知觉视界的类比去，并把某个完备性概念的个例化想成至少是像创造了一个统一的、由知觉和其他意识状态所构成的序列——一个对于某个可能世界的私有观点——这样的东西。逻辑上，创造了一个对应于某个完备性概念的序列——亦即，创造了一个对某个可能世界的私有观点——并不蕴涵创造了对应于同一个集合中其他完备性概念的其他序列，也不蕴涵它自身没被复制，更不蕴涵没创造出对应于属于不同集合的概念的序列。因此，当我们离开概念的领域而前往概念的个例化领域时，预定和谐说的原则和不可区分者的同一性原则必须以不同的意义再度被召唤，必须被当作是非逻辑的原则。如果事情要让人满意的话，“某个给定的完备性概念C在事实上被个例化”这个宣称，将会等于“C是一个完备性概念的集合K中的一员，所有而且仅有K中的成员在事实上被
131 唯一地个例化，而K事实上是最丰富的概念集”这个宣称。当莱布尼茨断言一个关于这个世界的单称命题时，他将会接受这里所说的一切，也必须接受已经被区分的、涉及在任何主谓命题中的分析命题。

结论是，一旦被“为何不能有不确定数目的特殊意识享有相

同的观点或相同的状态集合呢?”这个问题所危及，那么，即便决定将单子看作是概念（或类或共相）的想法，也不足以去保存该系统的逻辑纯粹性。为了要克服这个危机，把单子看作是概念的这个决定，还得被补充以这样的解释：将该系统中所有关键的主张都解释成完全是关于概念和概念集合间的关系。但如此一来，该解释成了完全柏拉图式的解释；虽然它保持了它魅力的纯正性，但它却和经验的实在界分离得相当远。从另一方面来说，如果采取单子是共相或概念的决定，我们还希望该系统就某个意义来说描述了实际上发生的情况，那么，所有那些在单子是殊相的决定下会被要求的逻辑之外的不纯粹性仍然会是需要的，虽然没有那么迫切。我认为，当所有的事情都被列入考虑时，这个允许了不纯粹性的混杂系统会是最真于历史上的莱布尼茨系统。从忠实于莱布尼茨的角度来看，这个混杂的解释有很好的优点：它让单子是非时间和非空间的想法变得可理解，同时允许许多出现在文本中，但在一个纯柏拉图式的解释下将会是多余的说法。

这就是我对于有关莱布尼茨所有直接要说的事了。一开始，我将他的系统当作是企图提出一个这样的殊相本体论：在其中，指称的唯一性在理论上稳固而无需指示词；尽管其复杂的天才想法，但我试着去显示该企图何以失败。我现在想简短回到我曾经表示是对莱布尼来说最重要的困难，并将它与有关于个体意识的讨论以比我之前所说的方式更紧密地连接在一块。本质上，指示词是在一个有时空特性的世界中所作出的指称设计。莱布尼茨之 132
所以看似能暂时停止使用它们，并且还保存着一个殊相的本体论，那是因为他的根本事物所组成的世界并不具有时空性；而只

要我们告诉自己去将这些根本事物想成是个体意识的类比项，它们还是能够被想成是至少类似于殊相。然而，即使我们成功——尽管这很难说真正可能——实现这个想法，莱布尼茨的困难不但没有因此解决，反而变得更尖锐了。因为，逻辑上——相对于神学上——我们似乎没有理由去说，为什么不能有一些数目上不确定的、无法区分的单子殊相；而由于指示词对这个非时空类的事物并无任何应用可言，因而，即便莱布尼茨准备去使用它们，日常我们用之以解决辨识问题的手段也无法被使用。现在，有些人可能会觉得，即使我们回到那个共同的时空殊相世界并且有指示词可资运用，我们还是会有一个类似于莱布尼茨所面对的重要困难。对莱布尼茨来说，该困难是——我再重复一次——或许会有任意数目的、无法区分的某一类单子殊相。对我们来说，难道以下这件事不是困难吗：或许会有任意数目的、完全相似的特殊意识以相同的方式连结着某个单一的特殊身体吗？

如果我们试着将特殊意识的概念设想成殊相的主要类或基本类的概念，那么，这个困难的确会出现，而且无法解决。所以，我刚提出的问题只是为了给我已经在别的基础上论证过的主张提供额外的确证①：我们并没有这样的一个概念，或者，我们并没有这样的一个概念作为主要概念，亦即主要殊相的概念。相反地，我们拥有个人的概念。个人拥有肉体特性、可被知觉、占据时空、能够被区分和被辨识，就像其他在时空框架中拥有物质位置的事物一样能够被区别和被辨识。当然，他们也能够再被辨识；

① 见第三章［4］，特别是原书第102—103页。——译者

而当所有我到目前为止论证过的主张都被视为理所当然时，我们仍然有关于个人再被辨识的标准的哲学问题：这些标准究竟为何？它们相对的比重为何？在不寻常的情况下，我们如何能调整或进一步决定我们的概念？直到前一章的主张被清楚了解和承认之前，没有任何回答这些问题的企图会有成功的机会；而一旦那个主张被了解和承认了，虽然其他关于个人同一性的问题仍然可以被争论，但那似乎只是一个相对来说较不重要，而且较容易的问题。我现在将不会讨论这个问题，但我或许应该说一件事。个人同一性的标准当然是多重的。当我说一个人的身体给我们对这些标准的一个必然应用点时，我并不是在说：个人的再辨识标准与物质事物的再辨识标准是同一些标准。我并不是在否认：在不寻常的情况下，我们或许会准备去说两个人共同分享了同一个身体，或个人会改变身体，等等。但承认这些事并不算反对下面这个主张：主要的概念是个人这一类事物的概念，而一个个人必然拥有肉体特性以及其他种类的特性。或许我也应该同样重复说：一旦我们辨识了一个特殊的个人，那么，实际上就再也没有什么事情可以阻止我们去对某个不同类型的殊相——亦即那个人的意识——作出辨识性的指称。特殊意识的概念就是以这种非基本的、非主要类型的殊相概念的方式而能够存在。而且只能以这种方式存在。

因而，似乎困扰着休谟的问题其实是不存在的问题：统一原则的问题、同一性的问题、特殊意识的问题、被认为是主要殊相的特殊“知觉”（经验）主体的问题。如果有这样的原则的话，那么，我们每个人都必须用它去决定任何与他的经验同时发生的经

验究竟是他自己的或别人的；而这个建议根本就没有意义。[①] 在
134 休谟犯错或似乎犯错的地方，康德和维特根斯坦两人的确有较好的洞见，尽管他们或许都没能以一种最让人满意的方式去表达。因为，康德的学说——“意识的分析性统一”（analytic unity of consciousness）既不要求也不允许任何的统一原则——并不像我们所期望的那么清楚。而维特根斯坦被报道的说法——该说法的效果是：意识的内容并不被拥有，当“我”这个字被N用来说到他自己的情感、感觉等等时，它并不指称其他人使用“N”时所指称的事物——似乎是在非必要性地嘲讽我们实际上所应用的概念框架。维特根斯坦的这个说法是无必要性的吊诡：去否认，或似乎去否认当M说“N很疼”而N说“我很疼”时，他们是在谈论同一个事物，而且是在对他说同一件事；去否认说N能够确证他很疼。与其否认自我归属的意识状态是真正的归属，以下的说法似乎更能与我们实际说话的方式相调和：“对每个语言的使用者来说，都刚好有个个人是这样的：当归属意识状态给他时，他不需要去使用对那个人的可观察的行为标准，虽然他不必然不如此做，而那个个人就是他自己。”这个说法至少尊重我们所使用的概念框架的结构，而且不排除对它作进一步的检查。我已经指出过这样一个检查的概要，不论它有多么的不恰当。

① 当然，这并不是去否认：某个人或许会以在某方面不太确定自己的同一性，或许他会不太确定某个行动的序列是否是他做的，或许不太确定某个如此这般的历史是否是他的历史，或许会完全不确定他的历史是什么，等等。但如此一来，他用以解决该怀疑的方法在原则上与其他人用以解决有关他的同一性的方法是一样的；这些方法简单涉及了对个人同一性的日常标准的应用。除了以下的差异：他必须让其他人能使用一些消息，而这些消息是他不需要让自己能使用的，举例来说，他必须去报告一些他宣称是他记得的事情。

第 二 部 分

逻辑主词

第五章　主词与谓词（1）：两个标准

[1] 本书第一部分所关切的是对殊相的辨识性指称。但是，137
可以被辨识性加以指称的事物并不只有殊相。不论什么事物都可以借着一个单称的、确定辨识性的、名词性的（substantival）表达式而引入到讨论中来。不过，在能被指称的事物当中，亦即，在一般的事物当中，殊相在传统上被认为占据了一个特殊的地位。我们现在要去研究的就是殊相在指称对象当中占据特殊地位的这个学说。

由于任何事物都能被辨识指称，因而，作为辨识性指称的一个可能对象这件事，并不能将任何一类或集合中的事物与其他任何类或集合中的事物区别开来。毫无疑问，有些事物实际上被指称，而有些则否；但作为一个实际上——相对于可能——被指称的对象这件事，也不能区分出任何在哲学上有趣的事物集合来。不过，作为一个指称对象这件事，的确标志了某个在哲学上有趣的区分。它并不将某类对象与其他类对象区分开来，但它的确将某种出现在言谈中的方式与其他种方式区别开来。它区分了作为一个主词的出现方式与作为一个谓词的出现方式。我们必须要去研究的传统学说乃是这个：殊相在言谈中只能作为主词而出现，绝不能作为谓词出现；而共相或一般而言的非殊相，则能作为主

词或谓词而出现在言谈中。该学说或许可以用下述方式更充分加以表达：像约翰这样的殊相、像婚姻这样的共相，以及像嫁给约翰这种我们或许可称为共相加殊相（universals-cum-particulars）的
138 事物，都可以借着指称表达式来加以指称；但只有共相以及共相加殊相——而非独自的殊相——能够借着谓述性的表达式来加以谓述。我并不希望去暗示说，所有抱持我心中所想的观点的人都会支持这些表达它的方式。在目前，我们只是单纯地去指出某个传统：根据该传统，在殊相与主谓区分（subject-predicate distinction）的关系以及共相与主谓区分的关系之间，存在着某种不对称性。我们或许也应该指出，对该不对称性最有力的否认来自于一个完全否认了主谓区分真实性的哲学家。那个哲学家是拉姆齐（Ramsey）。[①] 在评论强森（Johnson）和罗素（Russell）的学说时，他说两人“都作了一个重要的假设，而该假设在我看来，我们只要询问它就会怀疑它。他们假设了一个介于主词和谓词之间的对立，他们假设说，如果一个命题包含了两个接合的（copulated）项，那么，那两个项就一定会以不同的方式作用着，其一作为主词，另一个则作为谓词。”他稍后说：“一个命题的主词和谓词之间，并没有本质上的区别。”

不管是对或错，这个传统的观点当然在逻辑的主词（logical subjects）当中——亦即在指称的对象中，亦即在一般性的事物中——赋予了殊相一个特殊的位置。我想去发现这个传统观点的基本理由，如果它有的话。但在我们直接进攻这个问题前，一堆

① F. P. Ramsey, 'Universals', *Foundations of Mathematics*, pp. 116-117.

关于主谓区分的预备性讨论是有必要的。这个任务将占据本章的其余部分。我们需要去考虑那些在这个或那个名称下接受该区分的哲学家们的观点，但不要忘记拒绝它的拉姆齐怀疑论。我必须再一次强调这个重点：本章讨论的目的是去树立一个问题，而不是去解决它。解决的任务将延到下一章。最终我希望对指称和谓述间的一般性区分达到一个理解，并对该区分与殊相和共相区分间的关联，也达到一个理解。这些事在本章里不会被解释；但解释它们的基础却会在本章中被预备好。

一　“语法的”标准

［2］我们现在要讨论一个介于两种成员（element）间的假设性区分，这两种成员可以被结合起来以产生某个基本类型的单称命题。我之所以选择“成员”这个词，是因为它的中立性。因为，还有不同的方式可以用来设想该区分；或者说，该区分可以被呈现为不同面相。首先，它可以被设想成：在作出一个陈述时，介于我们所作的事情之间的区分；也就是在断言一个问题中的那类命题时，这种复杂活动所涉及的两个互补*活动*或*功能*间的区分。在下表中，我列出了哲学家们曾经用来表达这个功能性区分的一些词组[①]： 139

① 我在此列出这些译文和原文，以便于有兴趣的读者加以对照。指称（referring）；命名（naming）；指出（indicating）；称呼（designating）；提及（mentioning）。描述（describing）；刻画（characterizing）；归属（ascribing）；谓述（predicating）；说（saying）。——译者

I

A_1		B_1
指称某个事物	以及	描述它
命名某个事物	以及	刻画它
指出某个事物	以及	归属某事给它
称呼某个事物	以及	对它谓述某事
提及某个事物	以及	说某件有关它的事

这个列表还可以再加以扩充。如果我们从A列和B列各取一个词组并将它们并置在一块，我们就会得到一个表达式——比方说，“指称某个事物并对它谓述某事”“提及某个事物并刻画它”——而该表达式或许可以当作是描述了“作出某类陈述”所从事的复杂活动，而该描述区分了那个活动中的两个时刻、成员或功能。

一旦列表I中所区分的功能，能够分配给作出一个陈述时所发出的语句中可区别的*语言*部分时，我们显然就会有第二份列表的可能性。在第二份列表中，被区别出来的成员是一个陈述中语言的部分。哲学家用以呈现这个区分面相的词组包括以下这些[①]：

140 II

A_2*	B_2
单称词	谓述性表达式
指称性表达式	谓词表达式

① 我在此同样列出这些译文和原文，以便于有兴趣的读者加以对照。单称词（singular term）；指称性（referring）；主词（subject）；专名（proper name）。谓述性（predicative）；谓词（predicate）；归属性（ascriptive）。——译注

主词	谓词
主词表达式	归属性表达式
专名（弗雷格）	

* A_2这些词组中存在着一个细微的差异。我们可能会将一个独立于任何特殊断言的表达式归类为“指称性表达式”“单称词”“专名”或甚至“主词表达式”，但我们或许不该简单称任何表达式为“一个主词”，而应该称之为某个特殊断言的那个主词（或主词之一）。

功能的区分和语言部分的区分并未穷尽所有可能的区分。如果我们顺着列表I中A栏往下看，我们会看出，在那里的每个词组都将该活动表征为有一个对象：命名某个事物、指称某个事物等。如果我们顺着B栏中的词组往下看，将其中的每一个轮流地与A栏中的某个词组并置在一块，我们首先会发现，每个B栏中的活动表达式都将该活动表征为指向一个对象，而该对象与A栏中的活动词组所指称的对象是同一个（借着“它”来指称）；但我们还会发现，B栏中第三和第四个词组将B活动表征为具有另一个对象——对第一个对象“谓述某事”“归属某事”给它。（我们可以暂时忽略第五个词组。）这些词组因而对“两个可以结合起来以产生一个命题的成员”这个概念暗示了另一个能给出的意义。它们暗示说，在制造出那个统一的事物、那个命题时，我们是在将两个不同的非语言事物或项（terms）以某种方式放在一块或关联起来。这两个事物是：我们所归属的（that which we ascribe），以及我们对之作归属的（to which we ascribe it），或我们所谓述的（that which we predicate），以及我们对之作谓述的（to which

we predicate it）；而说我们在制造出该命题时“将它们放在一块”其实是在说：我们将其中的一个项谓述或归属给另一个项。这些被如此放在一块的非语言事物，有时被说是该命题的“组成要素”（constituents）。在这个关联上，这个词的字面蕴涵在逻辑上是古怪的。但我们无需被那些蕴涵所困扰；因为，即便一个哲学
141 家似乎是在玩弄这些字眼时，他所说的事情也都能以不依赖这样的说法来加以重新表述。这个进一步的区分无疑是哲学家所承认和使用的区分；而这也是当拉姆齐说：“我们没有理由去假设，如果一个命题包含两个接合的项，那两个项必定以不同的方式作用着，一个作为主词，另一个作为谓词”时，他最明显想表示的意思。所以，我们或许可以做出第三份列表，一个并非将该区分划定在说话功能之间，亦非划定在语言部分之间，而是划定在命题的“组成要素”之间或项之间的列表：

III

A_3	B_3
主词	谓词
主词项	谓词项
被指称的项	被谓述的项
	被归属的项

但现在，在作出了第三个区分后，我们必须想想是否不能再制造出第四个列表来。列表III中的区分，实际上是相对于某个被给定的命题的区分。根据列表III，我们区分出实际上是某一给定命题的主词的项，和实际上用来谓述那个主项的项，而当我们

这样作时，我们对于这些项当中的任何一个是否能在另一个不同命题中扮演一个不同角色的可能性，并无任何预设的看法。的确，我们最终要研究的传统明白地断说：有些项只能作为主词出现；但它也允许说，其他的项则能以主词或谓词的方式出现。列表Ⅰ和Ⅱ中的区分，并非相对于某个给定的命题，虽然它们仍然相对于一般性的命题观念。没有一个落于这些区分中某一边的成员可以跑到另一边去。我可以在不同的命题中以相同的方式指称同一个事物，或执行相同的指称动作；但没有任何一个命题中这个指称某事物的动作，能够是一个谓述那个事物的动作。难道我们不能想象这样一个区分的可能性吗：它保存了列表Ⅰ和Ⅱ中区分的互斥性，但像列表Ⅲ中的区分一样，它并非一个说话功能或

语言部分的区分，而是一个以某种方式符应于非语言项目间的区 142
分吗？列表Ⅲ中的成员是项，其中的某些至少能以两种角色中的任何一种来出现。我们进一步列表中的成员，将必须把项和其角色合而为一。新的成员将能够出现在不同的命题中，但并非以不同的角色出现在不同的命题中。列表Ⅲ本身对成员的区分预设了介于项本身和它们出现的角色间的区分，新的区分则不奠基在先前这样的区分上，它会将项和它们的角色一块区分出来而没有剩余。[①] 如果我们能够的话，试着去了解这样的一个区分会是有价值的；因为它或某个非常类似于它的区分乃是某位在这件事上我们不能忽视其观点的哲学家——亦即弗雷格——所使用的区分。

---

① 斯特劳森的意思是，列表Ⅳ的区分既是一个项之间的区分，又是一个不同角色之间的区分，而列表Ⅲ中的区分则只是一个项之间的区分。——译者

借用他的术语，我们记录这个区分如下：

IV

A_4	B_4
对象（object）	概念（concept）

列表IV中的区分是列表II中区分的非语言副本。就好像没有指称词组能够被单独用来谓述一样，也没有对象能够被用来谓述；就好像没有谓述性的表达式能够被单独用来作为一个指称词组一样，也没有概念能够是一个对象。这个区别的形式在直觉上是最不清楚的。以下我们将进一步讨论它。

［3］到目前为止我所关心的事，只是去开展在历史上曾被哲学家作出或认识到的相关区分或同一个区分的不同面向。我既没试着去评价它们，也没试着去完整阐释它们。除了命名它们或记录它们的名称之外，我做的非常少。

现在我必须试着去阐释它们。有个论点是那些认定列表II的作者们会同意的，我们可以拿它作为我们的出发点。它是：在一定的限制下，A栏和B栏中的项目是彼此排斥的。没有一个A表达式能够是一个B表达式，反之亦然；但一个A表达式能够是一个B表达式的一部分。因而，弗雷格说："一个专名永远不能是一
143 个谓述性的表达式，尽管它可以是一个谓述性表达式的一部分。"[①]
吉奇作了一个较不一般性但却是朝向同一方向的宣称。他说："一个对象的名字能……被用来作为一个关于该对象的断言的逻辑主

① 'On Concept and Object' (*Philosophical Writings of Gottlob Frege*, ed. Geach and Black, p. 50).

词。……在不极端改变其意义的情况下，它不能作为一个逻辑谓词。”[①] 就像弗雷格使用“专名”“谓述性的表达式”一样，吉奇在此使用“逻辑主词”“逻辑谓词”这些词组去论及列表Ⅱ中的项目，亦即，一个陈述中的语言部分。为了避免不同术语的混淆，我将有时使用衍生自我列表中的编码专名，并谈论一个 A_2、一个 B_2 等。

我引自吉奇的陈述比起我引自弗雷格的陈述来说，前者在范围上是较不一般性的。它的有趣之处在于这个事实：它被说成是关于“主词”（A_2）和“谓词”（B_2）的定义的一个逻辑结果。所以，我们可以根据它们被宣称的结果去评估这些定义的恰当性。去评估它们的恰当性是重要的；因为它们乍看之下有吸引力。这些定义如下：[②]

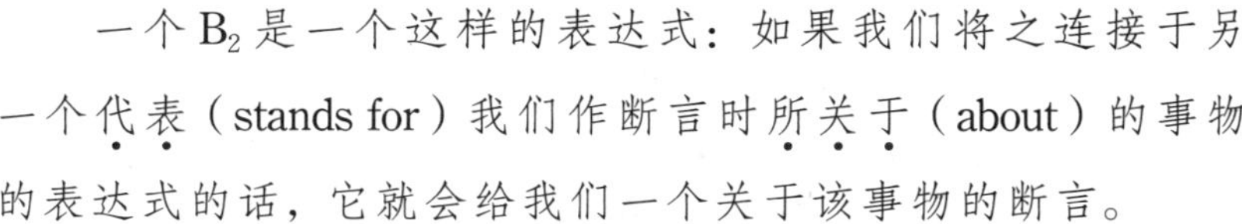

> 一个 B_2 是一个这样的表达式：如果我们将之连接于另一个**代表**（stands for）我们作断言时**所关于**（about）的事物的表达式的话，它就会给我们一个**关于**该事物的断言。
>
> 一个（断言中的一个）A_2 是一个这样的表达式：存在一个 B_2 跟它连接，以至于这两者共同形成了一个**关于** A_2 所**代表**的事物的断言。

我们必须问，这些定义是否有这样的一个结果：一个 A_2 绝不能是一个 B_2；或至少（如果我们限制自己在吉奇较不一般性的宣称

---

① ‘Subject and Predicate’ (*Mind*, 1950, p. 463).

② 同上，第 461—462 页。亦见本书第 140 页之注；吉奇的 A_2 用语是“主词”。

上）它们是否会有这个结果：一个对象的名字能被当作一个 A_2 来使用，但不能在不极端改变其意义的情况下被用作一个 B_2。我在这些定义中用斜体字标示了重要的词。其中之一是“关于”这个词组。试考虑以下这两个断言：

罗利抽烟

苏格拉底是智慧的

144 在第一个断言中，我们希望将“罗利”这个表达式归类为一个 A_2，而将“抽烟”这个表达式归类为一个 B_2。现在，当然我们经常能说：某个使用该语句的人是在作*关于*罗利的谈话，说他作出了一个*关于*罗利的*断言*，说他*关于*罗利所作的断言是说他抽烟。至少就此而言，根据上述定义，“罗利”这个名字似乎合格作一个 A_2，而“抽烟”这个词则似乎合格作一个 B_2。但同样清楚的是，或许在有些情况下，说某个使用该语句的人是在作*关于*抽烟的谈话，说他*关于*抽烟所断言的事之一是罗利抽烟或罗利是个烟枪，这也会是正确的。至少就此而言，而且就“关于”这个词来说，“罗利”这个名字根据该定义似乎合格作为一个 B_2。库克·威尔逊（Cook Wilson）做了差不多同样的论点，并且据此并写了“主词”和“谓词”这一对表达式。[①] 我不认为这一点对逻辑理论来说有何大的重要性，但它至少暗示说，只要吉奇的定义是奠基在“关于”这个字的区别力量之上，那么，他的定义就会是奠基在沙地之上。或许有人会反对说，吉奇对“关于”的用法应该从下

① 《陈述与推论》（*Statement and Inference*），散见其中各处，特别是第 114 页以及其后。

述这些情况中抽取（abstract）出来：这些情况引导我们去说：有时候，作出这样一个断言的人是在说一些关于罗利的事，而有时候则是在说一些关于抽烟的事；因此，我们应该区分一个断言所关于的事物，以及作出该断言的人要它去关于的事物，前者在像这个断言的例子中是固定的，而后者则是变动的。但如果我们真要从这样的情况去抽取，那么，是什么事情告诉我们一个断言所关于的事物是什么呢？我并非暗示这个问题**不能**被回答；我只是说它**必须**被回答；我只是说，“关于”这个词所需要的用法是一个须要解释的用法，不能拿去解释 A_2 和 B_2 的概念。

吉奇定义中另一个重要的词是“代表”。当这个词出现在定义中时，它是否阻止我们去说“罗利”是个 B_2 呢？无疑地，如果我们被禁止说“抽烟”这个表达式**代表**抽烟或抽烟的习惯，那么，它会阻止我们说“罗利”是个 B_2。但我不知道有何规则或惯

例会让这样的说法总是没意义或不正确，同样地，我也不知道有 145
何规则或惯例会使得当我们说“‘罗利抽烟’这些字所作出的断言是一个关于抽烟的断言”时，这样的说法总是没有意义或不正确。[①] 的确，“关于”和“代表”这两个词之间有一定的关联存在：在一个**关于**某事物的断言中，我们或许会期望去发现某个**代表**该事物的表达式。但如果我们坚持这个关联，那么，“关于”不能达到这些定义的目的这件事将会连带使得“代表”也不能。如果我们鉴于“关于”不能达到该目的而打破了该关连，那么，我们剩

① 的确，吉奇**必须**说“抽烟”代表某事物。因为，他自己承认这个观点：可以谓述的表达式**代表了**性质（同上，第 473 页）。

下的就只是“代表”一词的某个意义，而该意义对该定义的目的来说在另一种方式上是无用的：因为它自己需要被解释，因而不能用来解释 A_2 和 B_2 的概念。

在我们的第二个例子中，我们和吉奇共同希望去归类为 B_2 的表达式具有第一个例子相应的表达式中所欠缺的某种复杂性。它由一个动词和一个形容词所组成（“是＋智慧的”），而非仅仅是一个动词（“抽烟”）。但对该论证来说，这并不会造成重要的差别。没有什么绝对的限制去禁止我们说：一个由“苏格拉底是智慧的”这些字所作出的断言是一个关于智慧或关于**是智慧的**断言；而且没有什么绝对的限制去禁止我们在任何情况下说：“是智慧的”这些字代表**是智慧的**或智慧。那些定义在效果上要求我们将该语句划分成两部分，这两个部分共同组成了整个语句；而且它们**允许**我们以我们想要划分的方式作出该划分，亦即，介于“苏格拉底”和”是智慧的”之间的划分。但它们并没有强迫我们以我们希望被强迫划分的方式去划分它们。

因此，“代表”和“关于”这些字并不会拥有吉奇的定义所要求它们拥有的解释力。为了要让那些定义产生欲求的结果，我们必须借着我们对被定义事物的知识去解释“代表”和“关于”这些字。这是一个会让定义失能的事实。如果，有鉴于该事实会使上述定义失能，我们忽略“代表”和“关于”这些表达式，那么，
146 该定义所说的就不过是：一个 B_2 是这样的一个表达式：如果我们将之与另一个表达式相连，这样的做法将产生一个断言；而一个 A_2 则是这样一个表达式：一个 B_2 的表达式与它相连，并且共同形成了一个断言。但这个定义并没有告诉我们任何关于 A_2 和 B_2

表达式间的差异。

当然，现在情况似乎是：我们应该能够定义或界定一类表达式A和另一类表达式B，并使得：（1）给定任何一类的某个表达式，一个人可以借着将它与另一类的某个适当表达式相连而得到一个断言；（2）“苏格拉底”和“罗利”属于A类，而“抽烟”和“是智慧的”则属于B类；（3）一个A类表达式不能是一个B类表达式，虽然它可以是B类表达式的部分。我们已经看到过，由于吉奇的定义依赖“代表”和“关于”，因而远远不能区分A表达式和B表达式；它们或许能被公平地认为是提到了两者间的一个共同特性。如果我们有另一种方式去说在“苏格拉底是智能的”这一论断中“苏格拉底”和“是智慧的”的这个共同特性，以及在“罗利抽烟”这个论断中“罗利”和“抽烟”的这个共同特性，那会是有用处的。让我们说，“苏格拉底”（“罗利”）这个表达式的作用是在引介（introduce）苏格拉底（罗利）这个特殊的个人到我们的论断中，而“是智慧的”（“抽烟”）的作用则在引介智慧（抽烟的习性）这个特质到我们的论断中。让我们说，任何能够被一个表达式引介到一个论断中的事物为一个项。这个术语与我们早先的某些列表有明显的关联。借着结合列表I中功能区分的一些项目，我们获得像“指称某个事物并对它谓述某事”“提及某个事物并且归属某事给它”这样的词组。这些词组产生了列表III中的区分，介于被指称的项和被谓述的项之间的区分。现在，我们能够说，被指称的项和被谓述的项都一样是被引介的项。所以，在列表II中所区分的两个表达式集合，亦即A_2和B_2，在项的引介上是一样的，虽然它们是以不同的方式去引介它们，分别被用来

去指称它们和去谓述它们。吉奇的定义之所以无法区分这些引介项的方式，主要在于这个事实：视其所在的语境，一个断言可以
147 被说成是**关于**任何被引介的项，而非仅仅是关于被以指称方式引介的项而已。

所以，“苏格拉底”和“是智慧的”（“罗利”和“抽烟”）这两个表达式共同的事实是：每个表达式的作用都在于引介一个项到“苏格拉底是智慧的”（“罗利抽烟”）这个论断中；但这并不意味在它们引介的风格或方式之间并没有差别。

一本针对某个语言的语法书，在某种程度上也就是一本论文，它探讨了借该语言的各种表达式而将项引介到句子中的不同风格（style）。这样的一本书所处理的不同引介风格比我们现在所关切的要多得多，但在它所处理的差别中，有一个提供了我们区分A表达式和B表达式的方法或部分方法：这就是介于名词的或类名词的（noun-like）引介风格以及动词的或类动词的引介风格间的差别。作为一个初步的、不完美的，且明显是语法的方式去划分A表达式和B表达式的企图，我们可以考虑下述说法：一个A表达式是一个语法上单称的名词表达式；一个B表达式则至少包含一个指示性（indicative）语气的动词限定形式，而且该动词在该B表达式的界线内并不形成一个完整的语句部分或子句部分；而一个对于A和B表达式的一般性要求是：任何一个某类的表达式当与另一类的某个适当表达式结合起来时，这样的结合应该能够产生一个语句。这些显然并非一个表达式作为一个主词或谓词的充分条件。因为，自一方面来说，“没有任何一个事物”是一个单称名词，但我们不该将它归类为一个主词表达式。自另

一方面来说，“苏格拉底是”似乎满足了对B表达式的描述，因为（1）它包含了一个指示性的动词，（2）它并不是一个完整的语句，而且（3）它能够借着增加“一个哲学家”这个单称名词而被完备为一个语句；但我们并不想说“苏格拉底是”是这个语句中的谓词表达式。不过，虽然这些描述并没有叙述使得某事物成为一个A或B表达式的充分条件，但我们可以暂时认为它们叙述 148
了必要的条件。当这样认为时，它们至少确保了吉奇的定义所无法确保的结果，亦即，一个A表达式绝不会是一个B表达式。再者，它们并不排除弗雷格所明白允许的，亦即，一个A表达式可以是一个B表达式的部分。最后，在某些简单的例子里，如果一个语句已经被穷尽地区分为一个A表达式和一个B表达式，这些叙述将迫使我们以我们希望被强迫作出的方式而去作出该划分。在“苏格拉底是智慧的”这个例子中，它们让我们没有选择余地地将“苏格拉底”算作A表达式，而将“是智慧的”算作B表达式；因为，虽然“苏格拉底是”或许可以被主张是满足了对B表达式的描述，但“智慧的”却不满足对A表达式的描述。

但该区分本身并不适当，因为它不能给出一个表达式作为A或B表达式的充分条件。如同我们之后将会看到的，这个不恰当性很容易借着增加其他条件来加以矫正。但是，仅看它本身，该区分在一个更重要的方面来说也是不恰当的。由于它依赖“名词表达式”和“包含一个指示性语气的动词表达式”这些语法学上的词组，该区分似乎因而既狭隘又未经解释：它是狭隘的，因为适合一组语言的语法分类不必然适合其他或许同样丰富的语言；它是未经解释的，因为语法分类本身并未清楚指出这些分类在逻

辑上的基本理由。换言之，我们必须去探索介于语法名词和语法类动词的引介模式间的区分的重要性。

之前我评论说，一本针对某个语言的语法书，在某种程度上也就是一本论文，它探讨了借该语言的各种表达式而将项引介到断言中的不同风格。一个人或许能够想象：在这样的一本书中，某类被提到的表达式的作用**仅仅在于**引介项到我们的句子中，但却不以任何特殊的风格去引介它们。我没说“苏格拉底”是这样的一种表达式。我更没说一般语法上的名词是这样的表达式。但
149 在一个像英文这种相对来说缺乏字尾变化的语言中，一个像“苏格拉底”的表达式是最接近这样的一个表达式了。“苏格拉底是智慧的”“苏格拉底，放聪明点”“让苏格拉底被处死”“杀了苏格拉底”“柏拉图崇拜苏格拉底”。这些是非常不同类的句子。然而，在所有这些句子中，“苏格拉底”这个表达式是不变的。从“苏格拉底”这一个表达式出现在一个句子当中这个事实，我们得不到任何理由去说该语句是某一类的语句（比方来说，断言、告诫、命令、指导，等等）而非另一类。在一个像拉丁文这种有高度字尾变化的语言中，这个情况在某方面是不同的，但在另一个更重要的方面却是相似的。“苏格拉底”这个名字在一个句子中出现作为一个特殊语法例子这个事实，告诉了我们关于苏格拉底这个项被引介到一个句子中的方式的**一些事情**。但它仍然没有告诉我们任何关于该语句是哪一类语句的事情。“苏格拉底”是呼格的（vocative）这件事，并没有告诉我们其后的语句是否是一个断言，或一个请求，或一个允诺；“苏格拉底”在“让苏格拉底被处死吧！”和“苏格拉底是聪明的”中同样在主格（nominative）的

位置，“苏格拉底”在“杀了苏格拉底！”和“柏拉图崇拜苏格拉底”中同样在动词的直接受格（accusative）的位置，“苏格拉底”在“让我们谈论关于苏格拉底的事吧”和“该谈论是关于苏格拉底的谈论”同样在介系词的夺格（ablative）的位置。

“是智慧的”则是另一回事了。就好像“苏格拉底”引介了苏格拉底一样，这个表达式引介了是智慧的这个属性。但它并非仅仅引介它的项，或者说，当它引介项时，它并非像一个名词风格一样仅仅在指出它的项。它以一个相当特殊而重要的风格——亦即，以断言性的或命题性的风格——去引介它的项。现在，有些人当然会反对说，“是智慧的”出现在一个句子中这个事实并不保证该语句是一个断言。因为，我可以用一个疑问的语调去说出“苏格拉底是智慧的”这些字，并因而问了一个问题而非作了一个断言。或者，当问说“谁是智慧的？”时，我或许是在用“是智慧的”这些字去表达一个不同类型的问题。再或者，我可以作出一个以“如果苏格拉底是智慧的……”或“如果罗利抽烟……”这些字开始的句子；而在这些句子中，我当然不是在断言苏格拉底是智慧的或罗利抽烟，而且可能一点也不是在断言任何事，而是在——比方说——有条件地允许某个人去做某件事。这些论点当然都是正确的。但是我们必须记得：问题需要答案；像“苏格 150
拉底是智慧的？”这样的问题，邀请我们去宣布该问题本身所提供的命题的真值；像“谁是智慧的？”这样的问题，则邀请我们去完成和断言该命题本身所提供的命题形式和一半内容的命题。而且我们必须记得，条件从句的部分功能在于将命题带到我们面前，尽管不对它们的真值表态。所以，即使我们不能说“是智慧

的”“抽烟”等在引介它们的项时的特殊风格就只是断言性的风格，但至少我们可以说它是一个命题性的风格、一个适合于将项引进到某个有真值的东西的风格。这就是我使用“断言性的或命题性的风格”这个选取式的缘故。但我认为我们能够论证说，这个表面上（借着扩充）对该引介风格在界定上的弱化，其实一点也不是真正的弱化。因为，从断言一个命题并承认其真值的做法中孤立出一个命题形式的文字上的做法，只是去**增加**一些字给它，比方说，去增加“这件事”（that）这些字给它。这给我们一个理由去说：指示性动词的命题标记的**主要**功能是断言性的；一个理由去说：**主要**用来断言性地引介项的风格同时也是一个命题性地引介项的风格，一个更广泛的事物。所以我将继续**不加分辨地**去谈论“断言的”或“命题的”引介项的风格。

我们应该进一步注意：在标准英文中，动词的指示性语气是断言的一个必要标记，但它并非英文中（在其他语言中更不是）命题其他次要出现方式的必要标记。条件句的子句能以虚拟性的语气去提出命题；语法或许会要求我们或允许我们对间接引述的命题使用虚拟性语气的，或直接受格加上不定词的建构方法；而英文语法中还存在其他种表达命题的可能方式。从某个观点来看，这些事实似乎只是强化了把B表达式界定为“以**断言性风格**
151 引介它们的项的表达式”的想法。从另一个观点来看，它们似乎会引起一些困难。因为，如果由于希望有较大普遍性的缘故，我们因而希望去透过引介项时的**命题性**风格去界定B表达式，那么，难道我们不应该同意说：一个动词以指示性语气出现这件事并非一个表达式作为一个B表达式的必要条件吗？但是，如果我们果真放弃这个假想中的必要条件，那么，在语法上去描述B表达式将会复杂到让人却步的地步。我想，对这些困难的实用性答复是：我们可以妥善保存那个断言性或命题性风格的想法，却不让自己负担进一步的语法分类之苦。我们要坚持的核心事实是：**命题**出现的主要模式是断言，而这给了我们一个理由去说：在众多的命题性风格中，最主要的命题性风格也就是断言性风格。我们必须承认以下这两个事实：断言性的标记同时也是标记某个更广泛的事物——亦即某个命题的出现——的方式，但这个更广泛的事物并非总是借着断言性的符号来加以标记。不过，这两个事实并不会迫使我们去放弃这个相当符合了广被接受的、与我们正在考虑中的区分有关的观点。

所以，指示性动词的使用典型上涉及了以引介命题的方式来引介一个项。自另一方面来说，名词形式的使用则没有这样的蕴涵；如果我们只是想去做出一个项的**列表**，我们会很自然使用名词的形式。在“苏格拉底是智慧的”这句话中，“苏格拉底”和“是智慧的”这两个表达式都引介了项，亦即，苏格拉底和**是智慧的**。但是——借用约翰逊（W. E. Johnson）的用语——“是智慧的”这一表达式不只引介了**是智慧的**，它还携带了该断言性的或命题性的联系（tie）；或者，用更老套的术语来说，它不只引介了它的项，还接合（copulates）了它。

这个在风格上的对比并没能给我们足够的材料去给“A表达式”和“B表达式”一个严格的定义。但就像它部分所倚赖的那个语法描述一样，它产生了一个刻画（characterization），而该刻画足以确保弗雷格的格言和吉奇宣称的其定义的结果。一个A表 152

达式典型上并不以断言性风格去引介它的项，但一个B表达式则不然。没有一个不以这个风格去引介它的项的表达式能够是一个以这个风格去引介它的项的表达式，反之亦然。所以，没有一个A表达式能够是一个B表达式，反之亦然。但是，一个A表达式能够是一个B表达式的一部分。“约翰”是一个A表达式，而“嫁给约翰”则是一个B表达式，因为后者以断言性风格引介了它的项，亦即，嫁给约翰。

因而，我们有了两个新的方式去描述介于A表达式和B表达式之间的区分。一个方式明显是语法的，另一个方式则企图去找出该语法区分背后的根本理由。这两个描述方式都没能给出一个对该区分完全适当的说明，但两者都产生了吉奇所渴望的和弗雷格所断言的结果。因而，这些划出该区分的方式让我们能够理解对列表Ⅱ中的事物所说的一些事。同样地，它们也让我们理解弗雷格对列表Ⅳ中的事物所说的一些事。我们刚看到，一个A_2永远不会是一个B_2，反之亦然；我们也看到何以如此。基于相同的理由，弗雷格坚持说一个A_4永远不会是一个B_4，且反之亦然；一个对象永远不会是一个概念，一个概念也永远不会是一个对象。为了要将一个概念呈现为一个对象，我们必须借着一个名词表达式而去引介该概念；但弗雷格希望将一个概念想成是必然只能以一个非名词表达式、以一个以类动词的、接合的、命题的风格去引介它的项的表达式所呈现的事物。因而弗雷格有这样一个吊诡的说法：智慧这个概念是一个对象，而非概念。[①]这句话

① 同上，第45页。

的完整意思是："**智慧**这个概念"这个表达式是个 A 表达式，而不是一个 B 表达式，它并**不**以断言的风格去引介它所引介的事物。只有将之当作一个奇怪的、不恰当的、表达 A_2 和 B_2 之间区分的方式，我们才能够——至少到目前为止——理解弗雷格对 A_4 和 B_4 的学说。

弗雷格用了一个隐喻去刻画 A_4 和 B_4 间的区分。他说，对象是**完整的**（complete），概念则是**不完整的**（incomplete）或**不饱和的**（unsaturated）。"在一个思想中，不能所有的部分都是完整的；至少得有一个部分是'不饱和的'或谓述性的；否则的话，它们就不能维持在一块。"① 对于 B_2 表达式，他说：只因为它们的意义（sense）是不饱和的，所以它们能够成为一个连结。罗素同样使用这个隐喻，虽然他对于它的应用较为狭隘；他主张每个命题都有一个组成要素是本质上不完整的或连接性的（connective），并且它将该命题的所有组成要素维持在一块。拉姆齐以这个隐喻来争论，他说，我们没有任何理由去主张：一个命题的某个部分应该被看作比其他部分来得更不完整；任何**部分**都不是整体。但是，我们现在或许可以说一些替该隐喻辩护的事。回到列表Ⅱ中的事物，首先我们可以说，"是智慧的"（"抽烟"）这个表达式之所以似乎比"苏格拉底"（"罗利"）这个表达式来得更不完整，是因为它在某个意义下是更近于完备（nearer completion）。"苏格拉底"这个名字可以被完备到**任何**种类的语句中，而该语句不必然表达一个命题；但"是智慧的"这个表达式则要求某种完备性，

153

① 同上，第 54 页。

亦即，被完整到一个命题或命题子句中。后一种表达式之所以看似是破碎的，只是因为它暗示了某个特殊种类的完备性；前一个表达式之所以看似不破碎，只因为它不带着这样的暗示。如果我们跟随弗雷格的想法，那么，对列表Ⅱ中事物成立的事情对列表Ⅳ中的事物也一样成立，因为在后者中的区分与在前者中的区分是平行的。

我们只需要认出这个隐喻的基础；我们是否喜欢它则无关紧要。但拉姆齐对它十分不同情这件事给了我们一个提示，我们将再回到这个提示。

［4］现在，让我们从弗雷格和吉奇转而考虑一个其观点在某些方面类似于他们的作者——蒯因，并借此去测试一下这些结论。我希望从对弗雷格和吉奇的考虑中拿开的主要是这个事实：这两位作者都作了一个介于两个互斥的表达式集合间的绝对区分，每个集合中的成员都能与另一个集合中的适当成员结合而产
154 生一个断言。这两个表达式集合中的成员都同样引介了项；但一个集合中的成员断言性地引介了它们，而另一个集合中的成员则否。列表Ⅳ中非语言项目间的区分不过是以混淆的方式反映了这个在引介风格上的区分罢了。本质上说，我们所达到的区分是一个介于引介项的风格上的区分。它并没说任何关于项的**类型**或**范畴**间，或介于事物的**类**之间的区分的事情。因此，它没说任何有关于殊相和共相间的区分的事情。

蒯因作了一个区分，该区分似乎在某程度上符应了这些作者在列表Ⅱ中所作的区分，它是一个介于单称项（singular terms）

和通称项（general terms）间的区分。[①] 该符应并非精确符应。蒯因给了像“智慧的”和“人类的”这样的形容词，以及像“人”和“房子”这样的普通名词作为通称项的例子；而列表Ⅱ中相符应的B表达式则是像“是智慧的”“是一栋房子”这样的词组。在蒯因明确认为是对他的区分的本质刻画中，我们能够找到一个介于他和其他两位作者间较为显著的差异面。该差异面是这样的：“单称项可以进入适合量化变元的位置，但通称项则否。”然而，当我们看得仔细一点时，这些在取向上的差别就变得不是那么重要了。

首先，让我们注意，蒯因明确地将介于各类事物（非语言的项）间的区分与介于单称项和通称项间的区分作了对比。因此，“孝顺”“智慧”这些抽象事物的专名就像“苏格拉底”和“地球”这些具体事物的专名一样是单称项。从表面上看，各类事物间的区分和介于单称项与通称项间的区分间并没什么重大的关联。这吻合了我们刚才注意过的、对列表Ⅱ中其他作者的区分所作的解释重点。蒯因接着说，“从逻辑的角度看”，介于单称项与

通称项间的区分是更重要的。不可否认，他起初对这个重要区 155
分的刻画是模糊的。他说：单称项企图去命名一个且仅仅一个事物，而通称项的目的则完全不是要去命名，虽然通称项或许会“真于”许多事物当中的每一个。举例来说，根据这个分类，

① 《逻辑的方法》(*Methods of Logic*)，特别是第203—208页。蒯因只将“项”这个表达式应用在语言项目上，而我却将之应用在非语言项目上。在本书的讨论中，除了当我实际谈到蒯因的学说或在“单称项”这个词组的脉络中使用它，否则的话，“项”这个字总该以第二种方式被理解。

"哲学家"这个词是一个通称项而非单称项，但这显然不是一个解释该分类的令人满意方式。因为，尽管在不进一步说明的情况下，我们不该说"哲学家"这个词企图命名单一一个事物，亦即，我们不该说它是在该解释下的一个单称项，但同样地，如果不进一步说明，我们似乎也不该说"哲学家"这个词真于许多事物或许多人当中的每一个，亦即，我们也不该说它是在该解释下的一个通称项。我们固然可以理解"哲学家这个词真于许多事物当中的每一个"这个说法，但当我们理解时，我们当然应该将之理解为其他事情的一个简略说法，如：他是个哲学家这件事对许多事物当中的每一个（比方说，苏格拉底）都为真。换言之，他是个哲学家真于苏格拉底这件事——而非哲学家真于苏格拉底这件事——才是真的。但如果我们可以这样补充说明"哲学家"这个词，以至于让它能够符合蒯因对通称项所说的事，那么，让人不清楚的事情是，为什么我们不能同样去补充说明这个词，以便让它符合蒯因对单称项所说的事情呢？因此，"该哲学家"这个表达式当然可以在一个适当的语境中企图去命名或指称一个且仅仅一个人，而蒯因自己也会将"该哲学家"分类为一个单称项。

蒯因自己帮我们解决了这些困难，并且向我们显示说，他真正关心的区分并非介于单称项和他称为通称项的表达式间的区分，而是单称项和他称为"谓词"的表达式间的区分。因此，他说："通称项所占据的位置在逻辑的语法上并无任何地位，因为我们已经发现，就逻辑的目的来说，该谓词将自己推荐为一个分析的单位；因此，'苏格拉底是一个人'被看作由'苏格拉底'和

'是一个人'所复合成，后者是个不能再加以分解的单位，其中'人'这个字仅仅是一个组成的音节，类似于'拉'在'苏格拉 156
底'中的作用。"[①] 现在，我们再度回到了列表Ⅱ中的区分了，回到了弗雷格-吉奇-罗素的氛围中。蒯因的加圈数字部分指出了——虽然不止于此——该谓词表达式的"不完备性"，该谓词要求——比方说，借着增加一个引介项的名词——被完备为一个命题。而"真于"这个词组的吸引力现在很容易理解了；因为，只有命题才是真的，而谓词表达式的特性就是去以命题性的风格去引介它们的项。

那两个段落前蒯因以量化所作出的刻画又怎么说呢？显然，我们不应该只期望单称项或谓词表达式的"组成音节"可以"进入适合量化变元的位置"。重点必定在于单称项可以进入量化便元的位置而**谓词表达式**则不行。

但我们要怎么理解这个学说呢？是否如蒯因似乎宣称的，它是一个比我们所给的刻画还要深刻和本质性的刻画呢？还是，相反于此，它预设了我们所给的刻画，而且似乎只是它的一个逻辑结果呢？让我们考虑一下日常语言中那些被说成对应了逻辑量化词和约束变量的表达式的语法特性。那些是像"每一个事物""有一个事物"，以及（比方说，当存在量化词前面放上否定词时）"没有一个事物"这样的表达式；或"每一个人""有一个人""没有人"；或"有一个事物是这样的……"（There is something which ...）、"没有事物……不是……"（There is nothing which ...

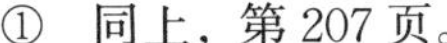

① 同上，第207页。

not ...)、“没有人是这样的……”(There is nobody who ...) 等。现在，这些表达式中的每一个都或者是语法上的单称名词，或者是以一个无伴随子句的单称关系代名词来结束，因而从它们可能被完备成语句的角度来看，它们与语法上的单称名词有相同的特性。因此，它们并不具有B表达式的特性，而且不能在语法上占据B表达式在句子中所能占据的位置。因此，给定了日常量化词组的语法结构，蒯因的学说可以直接从我们早先对A和B表达式所作的刻画中推论出来；但是，如果我们以这个语法的精神去理
157 解该学说，那么，它似乎没能对早先的那个刻画增加任何事情，而且事实上是奠基在其上。

或许有人会说，这个理解该学说的方式是错误的。我们主要该去思考的并非量化词词组的语法结构，而是它们所拥有的那种意义；并且应该根据这个想法而去解释这个学说：主词表达式可以，但谓词表达式不能进入句子中量化词所占据的位置。要采用这个建议并不容易，但让我们试试。我们可以假设有某种基本的陈述存在，这些陈述中的每一个都包含两个成员，各自属于两个不同类当中的一个类，一个A类和一个B类。对这些成员来说，我们能有这样的一系列陈述：其中的每个分子都包含了相同A成员但包含了不同的B成员；[①]而且我们能有这样的一系列陈述：其中的每个分子都包含了相同的B成员但包含了不同的A成员。[②]

① 比方说，“苏格拉底是男人”“苏格拉底是哲学家”“苏格拉底是希腊人”等。——译者

② 比方说，“苏格拉底是男人”“柏拉图是男人”“笛卡尔是男人”等。——译者

B成员和A成员间的差异如下。我们能够形成以下对这种陈述的观念：该陈述被具有相同的B成员和不同的A成员的陈述系列中的任何一个所蕴涵，但它不蕴涵后者，而且该陈述本身包含了相同的B成员但不包含A成员。[①]在这个条件下，我们可以说，该A成员表达式将其位置让给了那个被蕴涵的陈述中的存在量化词的变量。然而，我们却无法融贯地形成以下这样一个相对的陈述的观念：（将前一个观念中的“A”全部用“B”来取代，而且将“B”全部用“A”来取代）该陈述被具有有相同的A成员和不同的B成员的陈述系列中的任何一个所蕴涵。

在这样的思路下，我们可以作出或开始去作出一个严肃的尝试，以解释该推荐的精神下的学说。但这样的一个解释会立刻让介于A表达式和B表达式间的区分变得清楚吗？我确信不会。这样的一个学说或许会在我们解释终了时有它的地位，但不是在一开始就有。[②]我们无需忽略这样一个对蒯因观点解释的可能性。但目前，让我们满足于该表面语法上的解释，并且只注意到它与 158
我们到目前为止所了解的区分是互相协调的。

［5］起初我以一种明显是语法的方式去划分A表达式和B表达式间的区别时，我评论说对它们的语法区分的陈述绝对是不恰当的。举例来说，它要求一个A表达式必须是语法上的单称名词表达式；但这个描述却被“没有一个事物”这个词所满足。就某

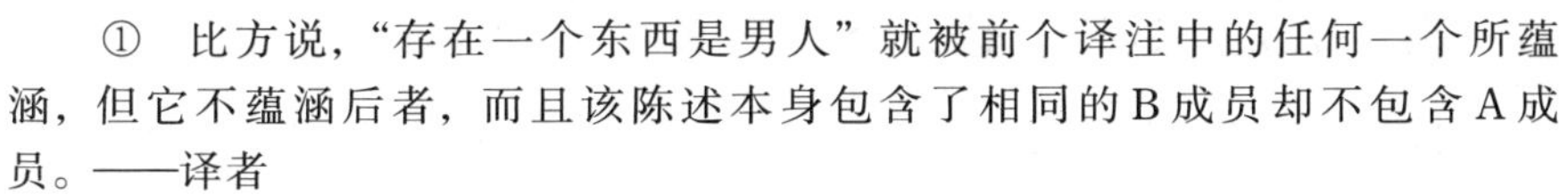
① 比方说，“存在一个东西是男人”就被前个译注中的任何一个所蕴涵，但它不蕴涵后者，而且该陈述本身包含了相同的B成员却不包含A成员。——译者

② 详见第八章，第［3］小节。

个程度来说，这个明显是语法上区分模式的缺点已经在暗中被解决了。它要求一个A表达式必须要引介一个项，正如同它对一个B表达式所要求的一样；但“没有一个事物”却不引介任何项。其他像“有一个事物”和”每一个事物”这些在语法上单称的名词性量化词呢？为了这个讨论，让我们说一个表达式并不引介一个项，除非它（在标准的使用上部分）的目标在于将那个项与其他项区分开来、在于确定地去辨识出它来。我想，这个要求无疑与我们讨论过其观点的作者们的意图是一致的：比方说，当蒯因面对两个分别以“彼得打了一个哲学家”和“彼得打了该哲学家”所作出的日常陈述时，他会将“该哲学家”这个表达式而非“一个哲学家”算作一个单称项；而弗雷格也会类似地应用及保留“专名”这个词。因此，我们将采取这个限制。显然，它不仅排除了像“一个哲学家”这种不确定的摹状词，也排除了刚才提到的名词性的量化词。“每一个事物”并不区分任何事物，而“有一个事物”并不确定地辨识出任何事物。

这个限制同时帮助我们去纠正对B表达式在语法刻画上的一些缺点。我们注意过，对一个B表达式的要求（亦即，它应该包括一个指示性语气动词的限定形式，而且该动词在B表达式的界限内并不形成一个引介完整合取句或子句的一部分）并不会确定地将“苏格拉底是”从B表达式的集合中排除出去。对A和B这
159 两种表达式的一个一般性要求是：当任何一类中的一个表达式与另一类中的某个适当表达式结合起来时，它们应该要能产生一个断言性的语句。当结合了前一段落中所加的限制时，这个要求会在所有的例子中都将“苏格拉底是”排除出去，除了那些它无论

如何都会被允许的情况之外。因此，虽然“苏格拉底是”能够被完备成像“苏格拉底是智慧的”或“苏格拉底是一个哲学家”这样的断言，但“智慧的”和“一个哲学家”都不是一个A表达式。“那个教导柏拉图的哲学家”这一词组的确是个A表达式，而“苏格拉底是”能够被完备成“苏格拉底是那个教导柏拉图的哲学家”这一断言。但此处，“是”有着“同一于”或“等同于”这样的力量，而或许没人会反对将这个意义下的“苏格拉底是”算作一个B表达式。[①]

该区分要求A或B类中的任何一个表达式都应整体引介一个项。在B表达式的条件中，该要求或许会引起一些反对的声浪。因为，像“是一个哲学家”或“是那个教导柏拉图的哲学家”这样的表达式，我们要说它们引介了什么项呢？当然，说它们引介了**是一个哲学家**或**是那个教导柏拉图的哲学家**这样的项会是十分勉强且不自然的。对于这个反对，我们有几个答复。首先，一个人可以简单否认在这些说法中有任何勉强或不自然的成分。是一个哲学家这件事，当然是一个人能够且实际上被谈论的事情；至于是那个教导柏拉图的哲学家这件事，则至少是苏格拉底可以被谈论的事情。这两个项都被我刚才使用的那两个名词表达式所确定地加以辨识，因而被相应的B表达式所辨识。其次，即使像“被B表达式所引介的项”这样的说法在某些情况下是勉强而不自然的，但我们并不能从这一点立刻推论说它是不合理的或无用的。它是否不合理的或无用这件事，只能借由对它实际用法

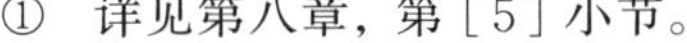

① 详见第八章，第［5］小节。

的检视来加以决定。最后，也许最后的结果会是：在以下的讨论中，我们无需将“项”这个术语应用在该反对所反对的任何不自然应用上。在使用我们所设计的手段时，如果我们能在一个基本
160 层次上建立起解释性的关联，那么，我们或许也会看出：借着什么样的类比和延伸，我们所关切的区分能够从简单涵盖到复杂的层次上，尽管在简单例子下的解释性设计或许会在该复杂的层次上穿上了不自然的外装。

［6］我们现有的这个区分鼓励了像拉姆齐这样的一种怀疑论。我们有个被模糊地表达的对比，一个介于以名词风格引介其项的A表达式和以断言风格引介其项的B表达式间的对比。这个对比衍生自且部分依赖于我们所熟悉的语法分类，尤其是“名词”这个类。除了说这个类是当我们只想**列出**项时会很自然去使用的形式之外，我们对它所说的事很少。我们现在可以跟拉姆齐一起问道：这样的一个区分如何能在逻辑和哲学上有根本的重要性呢？由于A表达式和B表达式两者都引介项，而它们之间的区别仅在于B表达式同时带着断言性的指示或命题性的连结，难道我们不能简单借着让命题性的连结成为语句中某个独立的部分，而非一个引介项的表达式的部分，而去破坏这整个区分吗？难道我们不能想象这样的简单语句：其中引介项的表达式只引介项，不以任何特别的形式引介项，而目前由引介项的风格变化所执行的语法工作则被分配给不是引介项的表达式吗？难道我们不会因而完全破坏了该主谓的区分吗？这样想时，我们呼应了拉姆齐的评论：为了要怀疑“如果一个命题包含了两个接合的项，那么，那两个项就一定会以不同的方式作用着，其一作为主词，

另一个则作为谓词”这个假设，一个人只需要去问它就可以了。而当我们进一步想到该区分的语法根源时，我们或许也会回想起拉姆齐的另一个评论：“让我们提醒自己，我们正在从事的工作并非只是英文语法的工作；我们不是那些将语句分析为主词、主词的延伸、补语等的学校学童。”[①]

待会儿我们将实验这个怀疑论。在我们实验之前，让我们想  161
一下另一边的一个想法。在否认主词和谓词间可以划出任何基本的区分后，拉姆齐接着采取一个无可否认是有效的步骤而达到了以下的结论：没有任何介于殊相与共相的基本区分可以**奠基**在主谓词的区分上——在他的想象中，这样的基础正是“殊相不像共相，只能够作为主词出现，绝不能作为谓词出现”这种传统学说所试图建立在其上的基础。但如果事实其实是另一种方式呢？[②]那么，试着去将殊相–共相的区分**建立**在主谓词的区分上将会是一个错误。同时，认为主谓词的区分能够独立于殊相–共相的区分而被解释也会是一个错误。正确思考这件事的方式或许是——比方说——沿着以下的思路。无疑，有些命题是这样的一类简单命题：其中，一个特殊的项和一个普遍的项分别被引介，并且被断言性地连结在一块；主谓词区分的基础就在于被引介到这类命题的项的类或范畴的差异上；而该区分以某种类推的方式被延伸到不属于这种简单类的情况，并且与语法上的形式和语法上的

① 同上，第116—117页。

② 斯特劳森的意思是：也许殊相–共相的区分并不奠基在主述词的区分上，而是——相反地——主述词的区分其实是奠基在殊相–共相的区分上。这个想法引导到了下一节中有关范畴标准的讨论。——译者

区分联系在一块，以至于掩盖了它的基础，让它看起来像是个琐碎且容易被破坏的事。如果任何一个像这样的思路是正确的，那么，整个我们到目前为止采取的途径就算不是错的，也至少是误导人的。因为，我们一直试着去——而这样作似乎是在追随着我们的权威——阐释列表II中的区分，却不诉诸项的类的差异。我们说过引介项的风格上的差异，但没有说到被引介的项的类上的差异。弗雷格介于不饱和的和饱和的组成要素间的对比，似乎只是介于引介风格区分的一个隐喻性说法。而蒯因对一个逻辑主词表达式的表面测试，亦即，可被量化词和变量取代的可取代性，似乎终究还是奠基在介于名词和动词间的区分之上。

162 尽管如此，蒯因似乎还是提供了一个更深刻解释的可能性；或许弗雷格的隐喻中也隐藏了比我们已经发现的还要多的事情。虽然我们到目前为止所遵循的途径似乎与这些权威相一致，但不清楚的事情是：一个不同的途径是否会和他们相冲突；而我们必须永远记在心里的是：解决我们问题的钥匙或许不在任何一个单一的事物，而在于多个事物间或简或繁的复杂互动。

［7］在考虑其他可能途径前，让我们简短发展一下由目前的途径所引起的怀疑论。让我们回到对主谓区分的界定上；该界定首先发现主词和谓词表达式间的相似处在于它们都引介项；其次它发现它们之间的主要区别在于以下事实：谓词表达式——但非主词表达式——携带着一个标记，该标记在主要的情况下将一个命题与只是项的列表两者区分开来。当我们回到这个界定时，我们也就回到了它所引起的、对该区分的基本重要性的怀疑。就算

我们承认有些断言可以被切割成两个引介项的部分，为什么哪个部分该带着断言标记这件事会是重要的呢？在每个情况下，带着断言标记的不能是另一个独立的部分吗？或者，为什么它应该是其中的任何一部分呢？为什么携带着指示命题的标记不能是被该语句中*任何*引介项的表达式*之外*的某个东西呢？因此，我们可以将我们所举例的断言“苏格拉底是智慧的”表征成：仅仅两个各引介一个项的表达式（比方说，“苏格拉底”和“智慧”这两个表达式）[1]，然后借着一个外在的命题指示标记——比方说，一个在这两个名词之外的括号——去将这个结果与一个简单的列表区分开来：

（苏格拉底 智慧）

到目前为止，这个想法至少没什么看起来不对之处；项的类使我们远离任何歧义。现在，从对这个建议有利的角度来看，我们似乎能将之看作一个替代的约定，用来取代在日常语法上我们让某 163
个引介项的表达式作为该命题连结的携带者的技术。日常的约定就仿佛是我们采取了以下这个规则一般：与其借着在*两个*引介项的表达式外再加上括号以表达我们有一个断言，而非一个列表或命令，我们应该借着将其中的一个，而非另一个引介项的表达式之外加上括号，以表征这个事实。我们能借着风格上的变化去允许自己在以下两者之间作选择，而任何一个选择都与这个规

① 当然，我在这里所使用的表达式事实上是名词；但在一个具有类似于此处所想象的语句的语言中，我们不能以我们所熟悉的方式*同样*去将其中的词在语法上分类为名词、动词、形容词等。

则是相容的：

（苏格拉底）智慧

和

苏格拉底（智慧）

而

苏格拉底智慧

则会简单只是一个列表，而

（苏格拉底）（智慧）

则不合语法。我们考虑过的许多学说都能被重新表达为非常明显的真理；比方以下这个学说：被括号括起来的表达式，当与适当选择的未加括号的表达式放在一块时，能产生一个断言；或者，以下这个学说：没有一个加上括号的表达式是未加括号的，反之亦然（亦即，没有一个主词表达式是谓词表达式，反之亦然。）

但没有一个殊相能够作为一个谓词出现的传统学说又怎么说呢？乍看之下，这个学说会看起来像在提议我们采取一个完全任意的约定。它会像是某个既使用长括号约定，又使用短括号约定的人会说的："当使用短括号的约定时，永远将

（苏格拉底智慧）

这个断言写成这样的形式：

苏格拉底（智慧）

而绝不要将它写成这样的形式：

（苏格拉底）智慧

并且，所有引介特殊项的表达式也都必须遵守一个类似的限制； 164

一般而言，断言的标记绝不可用在一个只是在引介某个殊相的表达式之上。”现在，当然，一个本身原来是任意的约定或许会因为长期被遵守的缘故而变得有权威性。它或许会逐渐看起来像是事情的次序，甚至像是表达了一个深刻的真理或必然性。所以，人们或许会逐渐觉得，写下“（苏格拉底）智慧”似乎是一件十分没有意义的事；因为，事情或许会看起来像是：一个引介某个殊相的表达式就是**不能**有断言性的括号围绕在它外面。

注意到这个怀疑论论证的限制是非常重要的事。该怀疑论最多显示：**如果**我们以某种方式去思考主谓区分，而且，**如果**我们将注意力限制在一类非常简单的断言上，**那么**——在这两个条件下——“殊相绝不能作为谓词出现”的学说就似乎缺乏基本的理由，并且只表达了一个独断的看法。该论证并没有显示：如果某个条件未被满足（举例来说，如果我们以其他方式去思考主谓词区分，或者，如果我们仍以相同的方式去思考它，但开始考虑一些较为复杂的断言），该学说仍然会看起来是这个样子。尽管如此，作出这个有限制的论证仍然是有价值的。因为，它至少显示说，我们必须在这些限制之外寻找该传统学说的基本理由（如果它有的话）。我们之前所考虑过的作者们对主谓区分所作的处

理，并不能让我们清楚看出我们应该如此作。

我现在应该提一个对我刚才遵循的程序的一个可能反对意见。该反对意见大致上是这样说的：当我们将类动词部分的断言性指示功能与引介项的功能分离开来，并因而试着去免掉一个在简单陈述中做出介于类名词的和类动词的部分间的区分时，我忽略了类动词部分的另一项重要功能，即亚里士多德特别注意到的、借着时态的变化而指示时间的功能。而我们对该反对的答
165 复是：再一次地，此处似乎没什么事情能强迫我们去把这个功能与某一特殊引介项的表达式关联在一块。我们刚看过，理论上我们能将该断言功能与某个在语法风格上是引介项的表达式分离开来，并将前者与一个独立的标记关联在一块；如果我们希望的话，当我们作出从把整个语句放在一对括号内的约定转移到短括号的约定时，我们还可以将之与该断言的某个部分（而非整体）重新关联在一块。对时间的指示类似于此。一个在整个语句之上指向左边的箭头可以用来指示一个过去的参考时间，一个指向右边的箭头可以用来指示一个未来的参考时间，而没有箭头则可以用来指示一个现在的参考时间。因而，对“苏格拉底过去是智慧的”，我们可以写成

$\overleftarrow{\text{(苏格拉底 智慧)}}$

跟之前一样，采取一个短箭头的约定将会给我以下的选择

$(\overleftarrow{\text{苏格拉底 智慧}})$ 和 $(\text{苏格拉底 }\overleftarrow{\text{智慧}})$

而我们甚至可以选择去利用这个标志上的弹性去作出某种差异，

而这个差异是在日常书写的语言中没有记号的（虽然，如果我们选择的话，我们可以在日常语言中以数种方式去标记这个差异）。因为，实际的情况是，在苏格拉底曾经是智慧的而不再是智慧的情况，以及在苏格拉底死了而非不再智慧的情况，我们都可能不分辨地说“苏格拉底曾经是智慧的”。我们或许会觉得

（苏格拉底 智慧）

比较适合前一种情况，而

（苏格拉底 智慧）

则比较适合后一种情况。[①] 我们得承认，如果我们以我刚才建议的方式去有系统地利用短箭头约定在符号上的弹性，那么，我们无疑应该较常把该短箭头附属给引介普遍项的表达式，而非附属 166
给引介特殊项的表达式；因为，一般而言，对特殊个人或事物参与其中的事件，或对于它们的短期状态或状况——而非对于它们的永久特性——我们有较多的事情可说。如果我们采取一个有着以下效果的规则：“表达式只是简单地引介殊相永”或“简单引介共相的表达式永远不该与时间的指示相联系”，那么，我刚才所提到的事实将会是一个将该限制性的规则应用到引介殊相表达式的理由。但显然，该事实一点也不是采取这样一个限制性规则的强迫性理由。

当然，以上的说法并非要对时态差异和它们的功能性研究作

① 值得注意的是，排除该断说括号并采取一个断说的线——亦即，将断说指示标志与时间指示标志结合起来——将会是一件多么自然简练的事！

出贡献。它们只是被用来指出一个回答对我的程序所作出的某个可能反对的方式。还有许多其他方式可以回答该反对。我们必须承认，列表II中被区分为B表达式的不但常是断言指示词，还常是时间指示词。但不管是分开来看还是合起来看，这些有关它们的事实似乎并没有给我们一个立即强迫性的理由去认为该区分是基本的，或对断言性的标志来说是必要的；因为，这两个功能似乎都能独立于任何介于引介项的表达式间的区分而被执行。结果是，这些事实对殊相–共相和主–述这两个区分间的传统联系似乎一点都没能提供一个坚固的基础。

现在是考虑一个对主谓区分的不同途径的时候了。在铺陈了一个对该区分来说不诉诸项的类或范畴差异的说法后，我们现在

167 要去开展一个直接奠基在项的类或范畴差异上的区分。

二　范畴标准

［8］任何的项——殊相或共相——都必须能与其他的项断言性地相联系以便产生一个有意义的结果或一个命题。一个项可以被想成收集其他项的一个原则。它或许能被说成刚好*收集了*这样的项：当它与它们当中的任何一个断言性地联系起来时，该结果不仅是一个有意义的命题，更是一个真的命题。现在，对不同种类的断言性联系给予不同的名称——部分根据项的类或范畴的差别，部分根据断言的目的或语境的差别——会是一件方便的事，而我们的确有这样的名称。因而，我们说某说话者将某事物*刻画*（characterizes）成如此这般，或他*例举了*（instances）某事物

作为如此这般的事物的一个例子，或他将某件事归属（attribute）给其他的事物。对应于这些不同种类的断言性联系的名称，我们也有名称给不同种类的被断言的联系。因而，我们使用像“……是……的一个例子”“……被刻画为……”“……对……有……的关系”这样的形式。我将使用这些表达式当中的一些作为对不同种类的被断言联系的名称，而它们之间的差异仅在于被联系的项在种类上的差异，与断言的语境或目的毫无关系。有件事是重要的：我们不该将这些二位或三位表达式本身当作某种项或关系的名称。一个类似于布拉德雷（Bradley）反对关系真实性的论证可以用来显示说，这种介于项之间的可断言性联系不可以被推测成日常的关系（而非用来显示说其不真实性）。让我们称它们为非关系性的联系（non-relational ties）。①

非关系性的联系可以结合殊相与共相、共相与共相，以及殊相与殊相。在那些应用到殊相或收集殊相的共相中，我将在两类间划出一个大致的区分，因而也在两类结合殊相与共相的
非关系性联系间划出区分。这是一个介于分类性（sortal）和刻 168
画性（characterizing）共相间的区分，因而是一个界于分类性的或例示性（instantial）的联系与刻画性的联系间的区分。一个分类性的共相对其所收集的个体殊相提供了一个区分它们和计数（counting）它们的原则。对它所收集的殊相来说，它并不预设任何之前对它们的个体化原则或方法。自另一方面来说，虽然刻画

① 请参见本书第 174 页之后。除了我刚才所暗示的之外，在非关系联系和真正的关系之间还有很多的差异存在。比方说，比起一般的关系，非关系的联系要求它们所结合的项之间要有更高程度的异质性。

性的共相对殊相也提供组合（grouping）甚至计数的原则，但它们只对之前已经根据某些原则或方法而被区别或能被区别的殊相提供这样的原则。大致说来（但带点保留地说），某些应用于殊相上的通名（common nouns）引介了分类性共相，而能够应用在殊相上的动词和形容词则引介了刻画性共相。现在，并非只有刻画性的共相才能对之前已经根据某些原则或方法而能够被区分的殊相提供组合原则。它们和殊相都有这个能力。因此，就好像在那些已经被区分为历史性的谈话或板球球赛中的接球这些殊相中，我们还可以进一步将那些智慧的谈话或困难的接球组合起来一样，同样地，在这样的殊相中，我们也可以进一步将那些苏格拉底的谈话或卡尔的抓捕组合在一块。苏格拉底，就像智慧一样，可以作为一个组合原则而去组合那些已经根据某些其他原则或方法而加以区别的殊相。因此我将假定我们有权利去说“介于殊相和殊相间的非关系性联系”；而为了去纪念库克·威尔森，我将把这类联系称为“归属性联系”（attributive tie）。（当然，由归属性联系所连结的殊相将会彼此属于不同的类。）一般而言，每当一个殊相是经由刻画性的联系而与一个共相结合在一块时，我们可以形成该殊相与另一个殊相经由归属性联系而联系在一块的观念；所以，对于介于苏格拉底和死亡这一共相间的刻画性联系来说，存在着一个相对应的介于苏格拉底和他的死亡这个殊相间的归属性联系。[①]

---

① 某些我们能够用此方式形成的殊相观念有较大的用处。一般而言，我们可能对如此形成的特殊事件的观念有着最多的用处，对于特殊的（转下页）

现在，让我们比较一下这三种项之间彼此收集的方式。 169

（1）同一个殊相可以被分类性地或例示地与数个不同的分类性共相联系：因而，菲多是一只狗、一个动物、一只猎犬。一般说来，被同一个殊相分类性地联系到的共相间将有某个刻画性的关系，该关系有时又被描述为从属（sub-ordination）或统御（super-ordination）关系。[①] 类似地，同一个分类性共相可以被例示性地联系到数个不同殊相：菲多、可可，和来福都是狗。这样的殊相彼此间会有一般性的或分类性上的相似性。我们可以说，虽然一个殊相可以借着例示的联系而收集数个共相，而一个共相也可以借着例示的联系而收集数个殊相，但在它们各自的收集原则是相当不同的。为了要标示这个差异，除了"x是被例示性地联系到y"（x is instantially tied to y）（其中x或y可以是殊相或共相，只要其中一个是殊相而另一个是共相就行）这个对称的形式外，我们还可以再加上"x是y的一个例子"（x is an instance of y）（其中x必须是殊相而y必须是共相）这个不对称的形式。

（2）同一个殊相可以借由刻画联系而联系到多个刻画性共相：因而，苏格拉底是智慧的、是可亲的、是冷酷的，他奋斗、说话、死亡。而同一个刻画性的共相也可以借由刻画联系而联系

（接上页）情况或状态的观念有较少的用处，而对于仅仅是特质或性质的例子的殊相观念则有最少的用处。但我们的确会说出像"他的愤怒很快就冷却了""他的感冒比她的感冒还严重""苏格拉底的智慧被柏拉图保存下来给我们"如此的话。有些哲学家无疑过度利用了特殊化特质的范畴，但我们不必因此就否认说我们的确承认它们。

① 猎犬从属于狗，而狗统御猎犬。——译者

到多个不同殊相：苏格拉底、柏拉图、亚里士多德都是智慧的、都死了。再一次地，同一个殊相透过刻画关系而在不同的时间收集到多个共相，而一个共相也在不同时间收集到多个殊相。但是，再一次地，它们各自的收集原则是不同的。一个殊相在不同时间收集不同刻画性共相的原则是由该殊相的持续同一性所提供的，其中最广泛和最一般性的——虽然不是普遍性的——可区
170 分因素是被模糊地指称为时空连续性的因素；一个刻画性的共相在同一或不同时间中收集不同殊相的原则则涉及了在那些时间中那些殊相间在某特征上的相似性。为了要标示这个差异，除了“x 和 y 是借着刻画性的连结而结合在一块”（x is joined by a characterizing tie to y）这个对称的形式之外，我们还可以再加上“x 被 y 所刻画”（x is characterized by y）（其中 x 必须是殊相，而 y 必须是共相）这个不对称的形式。

（3）当我们考虑归属性联系时，情况便有所不同。一个特定的殊相，比方说苏格拉底，可以借着刻画关系而收集多个刻画性共相；对应地，它也可以借着归属性的联系而收集多个殊相。因而，苏格拉底借着刻画关系而收集了，比方说，微笑和演说，而对应地，他借着归属性的联系而收集了一个特殊的微笑和一个特殊的演说。但是，当微笑和演说这些共相能借着刻画关系而收集到任意多个与苏格拉底属于同一类的殊相时，该特殊的微笑和该特殊的演说却不能借着归属性的联系而收集到任何其他与苏格拉底属于同一类的殊相。让我们借着这个联系中的依赖性成员（dependent member）与独立性成员（independent member）来表

达归属性联系的上述特征：一般而言，独立性成员①可以收集许多相似于依赖性成员的殊相，但依赖性成员则不能收集任何其他相似于该独立性成员的殊相。除了“x 被归属地联系到 y”（x is attributively tied to y）这个对称的形式外，我们还可以使用“y 被归属给 x”（y is attributed to x）（其中 y 必须是依赖性成员）这个不对称的形式。②

［9］对不同类的非关系性联系讨论的目的，在于铺陈另一 171
个建立主谓区分标准的基础。现在，在分类性和刻画性的共相分别收集其殊相的方式间有一个明显的类比存在。这个类比并不会延伸到殊相借着例示性或刻画性的连结而收集共相的方式上；也不会延伸到殊相借着归属性连结而收集其他殊相的方式上。现在，假设在这些类比和反比的基础下，我们采取了以下的规则：“y 被谓述到 x 上”（y is predicated of x）的主要意义是“x 被断言为以下述的方式非关系性地联系到 y：它或者是 y 的一个例子或者是被 y 所刻画”。有鉴于我们对“……是……的一个例

① 独立性成员指的是像苏格拉底这样的殊相，而依赖性成员指的则是像苏格拉底的微笑、苏格拉底的演说之类的殊相。——译者

② 有些殊相在它们所进入的所有归属性联系中都是其中的独立性成员。这些殊相可以被简单称为独立殊相。亚里士多德似乎认为，只有像马或人这种相当实体性的事物才是（在我们所熟悉的类中的）独立殊相。但我们似乎没有理由去否认：有些比这些事物来得较不实体的现象或发生的事件也可以被列为独立殊相。我们无疑有些边界性的例子，亦即，有些例子会让我们迟疑去说，究竟某个殊相是依赖性地被归属给另一个殊相，还是它是被真正地（举例来说，因果地）与另一个殊相关联在一块。但像亚里士多德所希望地去将该边界朝着该让人满意的实体殊相的方向上推得那么远，这似乎有些困难，除非我们将目前有关于独立殊相的观念，以那些在本书第一部分中被用来作为基本殊相地位测试的标准来进一步加以强化。

子”以及“……被……所刻画”已经赋予的意义，这等于是在规定说：共相能被谓述到殊相上，但殊相不能被谓述到共相上。下一个步骤乃是去延伸“y 被谓述到 x 上”的意义，同时保存该主要意义所奠基的类比。因而，为了要允许共相能被谓述在共相上，我们必须显示共相和共相间有非关系性的联系，而且该联系是类比于共相和殊相间的刻画性或分类性联系。去发现这样的类比当然是件容易的事。将不同的物种（species）想成是同一物属（genus）下的物种，与将不同的殊相想成是同一物种下的例子之间，难道没有相似性吗？再一次地，介于不同的音乐曲子（它们本身不是殊相，而是类）和它们的共同形式——比方说奏鸣曲或交响乐——间的联系，乃是类似于介于一个殊相和一个共相间的分类性联系。或者，再一次地，将颜色的不同色调想成是明亮的或灰暗的，将不同的人类特质想成是可亲的和不可亲的，这些都类似于将不同的殊相想成是以如此这般的方式来加以刻画的方式。在所有这些例子中，我们都将共相想成是在收集其他共相，而其收集的方式则类似于共相收集它们的例子或被它们刻画的殊相的方式。但我们一点也不能将殊相想成是以类似的方式去收集共相或殊相。我们还需进一步对“y 被谓述到 x 上”的
172 意义稍加扩充，以便于允许这个学说：殊相虽然不能简单用来谓述，但可以是我们所谓述的部分。而最容易确保这个学说的方式或许是去略微修正“……是……的一个例子”和“……被……所刻画”的规则。当我引介“……是……的一个例子”和“……被……所刻画”这些词组时，适合放入第二个“……”部分的，分别是一个分类性共相的名称和一个刻画性共相的名称。我们现在规定

说，只要适当的共项名称在第二个“……”之后出现，那么，它们所引介的组合原则就可以进一步地以任何的方式去修正，而不会伤及“……是……的一个例子”和“……被……所刻画”的恰当性。因而，一个殊相不仅可以是一个微笑的例子，还可以是苏格拉底的微笑的一个例子，而另一个殊相不仅可以被刻画为已经嫁人的，还可以被刻画为已经嫁给约翰这个人的。所以，苏格拉底和约翰可以是我们的谓述的部分，虽然它们本身不能拿来谓述。

借着将 y 被谓述到 x 上的情况——亦即，x（某殊相）被断言为是 y（某共相）的一个例子或被 y 所刻画——当作是基本的情况，然后透过类比或延伸而发展到其他的情况，我们就能建立起“去谓述”的某个意义：在该意义下，共相既能简单用来谓述，也能有其他事物对它们加以谓述（也就是成为主词），而殊相绝不能简单用来谓述，虽然能够有事物去谓述它们（也就是成为主词），而且能成为我们谓述的部分。

这个过程因而给了我们对主谓区分的第二个“范畴的”标准。在发展第一个“语法的”标准时，我没利用任何介于项的类之间的区分，而只专注于命题标记的出现与否，亦即，引介项的命题风格的出现与否。相对而言，在发展第二个范畴的标准时，我并没有提及断言标记的位置，我将第二个标准建立在项的类之间的某个区分上。因此，表面看起来，这两个标准是彼此独立的。我们现在必须探讨：实际上，在第一个标准下我们所谓述的和在第二个标准下我们所谓述的之间，究竟有多少的符应存在；然后试着去解释我们所发现到的符应程度。如果我们既能发现某

种符应关系，又能解释它，那么，我们就将会发现该传统学说背后的道理。

三　这些标准间的紧张和密切关系

[10] 够明显的事情是：一般而言，谓词的语法要求和范畴要求之间对应得相当不错。但更有指导性的想法是去考虑某些特殊情况：在其中，这些要求之间发生了紧张关系，但我们发现某个在语言上解消该紧张的不错方法。借着先检视一些没有这种紧张关系存在的例子，我们将间接趋向于这些例子。

语法上是谓述性表达式的典型语言形式包括以下这些：指示性的动词、前面有“是”这个动词的指示性形容词、前面有一个不定冠词而且该不定冠词之前有“是”这个动词的指示性名词。因而我们有“苏格拉底微笑”“苏格拉底是智慧的”“苏格拉底是一个哲学家”。每个例子中都有一个被谓述的共相是透过某个典型的语言形式所引介的。谓述的范畴测试和语法测试产生了相同的答案。只要这两个测试总是产生相同的答案，我们或许会期望说，殊相的专名将永远不会出现在任何这种简单的形式中。然而，实际上我们发现，殊相的名字被相当自由地允许采取前面接着“是”这个动词的形容词形式：比方说，“是英国的、是维多利亚时期的、是拿破仑式的、是美国的、是罗素式的、是基督教的、是亚里士多德式的”等；它们也被相当自由地允许在“是”动词和不定冠词之后作为名词使用：比方说，“是一个希特勒、是一个法西斯”等；它们甚至有时被允许采取动词的形式：比方，有

人可能会打趣地说某个哲学家“非常的柏拉图化”。不过，这些
例子对于希望去坚持介于谓词的范畴要求与语法要求的符应
性的人来说，并不会呈现任何困难。假设“N”是与某个殊相
的专名。那么，一般来说，我们似乎不会用“x是N的（N式
的）”“x是一个N”“x N化”这样的形式去断说一个介于x和
N之间的非关系性联系。在这样的例子中，语法上的谓词表达 174
式所引介和断言性地连结到x的，并非该殊相N，而是一些刻
画性或分类性的共相，而这些共相或者出于历史因素而被赋
予该专名（举例来说，是**拿破仑式的**），或者是由关系性共相和
殊相所组成的一个复合体，而延伸的范畴标准允许我们将之算作
可谓述的（比方说，在某些语境中，“是美国的”具有“在美国制
造”的意思，而“是大不列颠的”意指“隶属于大不列颠帝国的
主权之下”）。

此处的重点是，我们的语言只有在下述条件成立时才会自由地允许我们在语法上简单的谓述形式中使用殊相的专名：当这些形式的使用不会让我们倾向说我们是在谓述该殊相时，或事实上我们能够说由该语法上的谓述性表达式所引介的项是一个共相或一个共相加殊相时。如果任何人反对“共相”这个词在此处的用法，我们也可以这样说：在这些情况中，由（比方说）拿破仑所提供的收集原则与由共相所提供的收集原则都属于相似性原则，而非由殊相的持续同一性所提供的原则。由“该姿势是拿破仑式的”所断言的非关系性联系是一个刻画性的联系，而非归属性的联系：被断言所结合的事物并非该姿势与拿破仑，而是该姿势与由拿破仑所提供的相似性收集原则。一般而言，只

有当我们能将拿破仑看作是在提供一个至少类比于由共相所提供的收集原则时，我们才会准备去使用像“是拿破仑式的”这样的谓词形式。如此一来，我们将谓述的范畴概念建立在其上的类比便得以保存。

让我们现在比较一下我们准备去使用这些形式的例子和我们显然不准备去使用它们的例子。让我们首先看看拉姆齐的对句：

（1）苏格拉底是智慧的

（2）智慧是苏格拉底的一个特性

我们首先应该注意，如果我们以“智慧”这个名词作为句首去表
175 达（1）中所说的，那么，我们并**不会**接着说“是苏格拉底的”或“苏格拉底化”，而会接着说一些类似于（2）中所说的。现在，范畴的测试和语法的测试同样要求我们说：智慧在（1）中被谓述给苏格拉底，亦即该谓述的主词。范畴的测试似乎要求我们对（2）说一样的事。因为，这两个句子都断言了有个刻画性的联系结合了苏格拉底这个殊相和智慧这个共相。语法上的测试并不要求我们对（2）说一样的事情。但是，借着实际上引介一个假代的（dummy）共相[①]——亦即，**是……的一个特性**——在这个测试上，语言阻止了我们去说出**相反**的事情（亦即，苏格拉底被谓述在智慧上）。如果我们采取这个看法的字面意义，那么，在坚持

① 斯特劳森认为非关系性的联系并非真正的关系共相。由于说“X是a的一个特性”与说“a是X的”有一样的意思，因此，**是……的一个特性**并非一个真正的关系共相，它最多只是一个假代的共相。——译者

该语法测试的同时，我们还可以避免去说“被谓述在智慧上的是苏格拉底”；我们可以说：对智慧所谓述的乃是共相加殊相的复合体，亦即，**是苏格拉底的一个特性**。实际上，我们在这里所发现的，仿佛是“为了替范畴上可被谓述的事物保存其语法谓词地位”所产生的焦虑，即使其代价是去假装有共相，以便装装门面。因为，如果我们将（2）写成如“智慧是苏格拉底的（苏格拉底化）”这样的形式，类动词加上名词成分的一般性语法要求将会被满足；但由于它并没有加入任何的假代共相，因而语法标准将会要求我们说苏格拉底是用来谓述的，并因而会导致语法标准与范畴标准间的一个明显冲突。

为什么我要说**假装**有共相以避免明显的冲突呢？我在前一节中已经预告过这个问题的答案。如果我们问，为什么我们不类似地坚持说

苏格拉底被智慧所刻画

而要说

苏格拉底是智慧的

这个答案就会变得清楚了。对于任何这样的坚持，我们都能提出反对。任何一个项——殊相、共相，或殊相加共相——的必然特性之一是：它能与（某些）其他的项进入非关系性的联系，而且任何的主谓命题都断言项之间的一个非关系性联系。如果我们对某个项或某个项的一部分促成（promote）该连结，那么，我们就
得认为该命题是在断言介于这些新项——举例来说，**苏格拉底**和 176

被智慧所刻画——之间的非关系性联系。但如果我们在第一个阶段就坚持促成该连结，为什么我们不在第二个阶段也这么做呢？因而：苏格拉底是被智慧所刻画所刻画，等等。如果我们想要有个命题，我们一定得在某个点上停下来。所以，为什么一开始就要坚持呢这样说呢？

但同样的反对难道不能拿来反对把（2）当作“智慧苏格拉底化”的替代说法的坚持吗？如果我们不考虑该偏好的理由或动机，这个反对当然会同样适用。但我们不能不考虑其理由或动机：如何证成或解释我们会保持这些表象，这还是一个尚待解答的问题。此外，我们还有另一个语法标准所允许的替代方式去看待这件事。我们可以将“智慧是……的一个特性”推定为谓词表达式而将“苏格拉底”当作主词表达式，并且不将整个句子当作“智慧苏格拉底化”的另一说法，而当作“苏格拉底是智慧的”被允许的迂回说法。但如果我们作出这个选择，那么，我们必须清楚了解：语法标准所开放的另一个分析（亦即，主词：“智慧”；谓词：“是苏格拉底的一个特性”）就再也不是一个开放的选项了。换句话说，尽管合乎语法，我们仍然必须放弃去设计智慧在其中出现作为主词出现的命题的野心。

因而，面对（2）时，或者我们可以采取语法标准的字面意义而称“智慧”为一个主词表达式，但为了要与范畴标准保持一致，我们必须假装有是……的一个特性这个假代的共相；或者，我们可以不必假装任何事情，而仍然能够与范畴标准保持一致——但在后者的情况下，我们必须以范畴标准直接去强化语法标准，并且说：不论表面上看起来如何，任何将（2）中的“智

能”分析为主词表达式的做法，都是不能被允许的分析方式。

［11］让我们现在考虑另一组例子。这些例子在某些方面类似于之前的例子，但在其他方面则较复杂。有时候，当我们问“在我所区分的那几类非关系性联系中，哪一个才是实际上被一个命题所断言？”时，对该问题的自然答复是“归属性联系”。但 177
这似乎会产生一些困难。因为，归属性联系只结合殊相与殊相。因此，事情似乎是：在归属性联系的断言中，或者没有任何事物作为一个谓词出现，或者有某个殊相作为一个谓词而出现。但是，“没有任何事物作为一个谓词出现”的想法与语法上的要求相违背，而“有某个殊相出现作为谓词”的想法则与范畴的要求相违背。语言如何处理这个情况呢？必须记得我们关心的是这样的断言：其中某个殊相被断言是归属性地联系于另一个殊相；如同我们有时实际上会说的：某个殊相被归属给另一个殊相。

这类语句的例子有：

弄瞎约翰的一击是彼得打的。

对康普顿的抓捕[①]是卡尔抓的

第一个例子中被归属性联系起来的殊相是该殴打和彼得，第二个例子中的则是该抓捕和卡尔。而这个联系的表象，则是借着将该特殊行动和该行动者间的联系促成一个准关系共相（quasi-relational-universal）的方式而得以保存。这种句子的一般框架大致是：

① 有时，属格的（genitive）变化被用在这样的语句中：因而，“那一击是彼得的”“那次抓捕是卡尔的”。

> 该特殊行动——被实施/被执行/被作出——该特殊行动者。

我们很容易看出，实际上没有那个号称的关系共相这种东西，它并不是一个真正的项。比方说，我们不能结合该特殊行动与该准共相而形成另一个项。该行动者和他的行动是两个不同的殊相；但他的行动和他的行动作为并不是两个不同的殊相。就跟以前一样，如果为了其本身的缘故而坚持在某个阶段建立起项的联系，那么，为什么我们不在另一个阶段也这么作呢，亦即，为什么我们不坚持继续说“该行动作为——被实施——该行动者”等等呢？

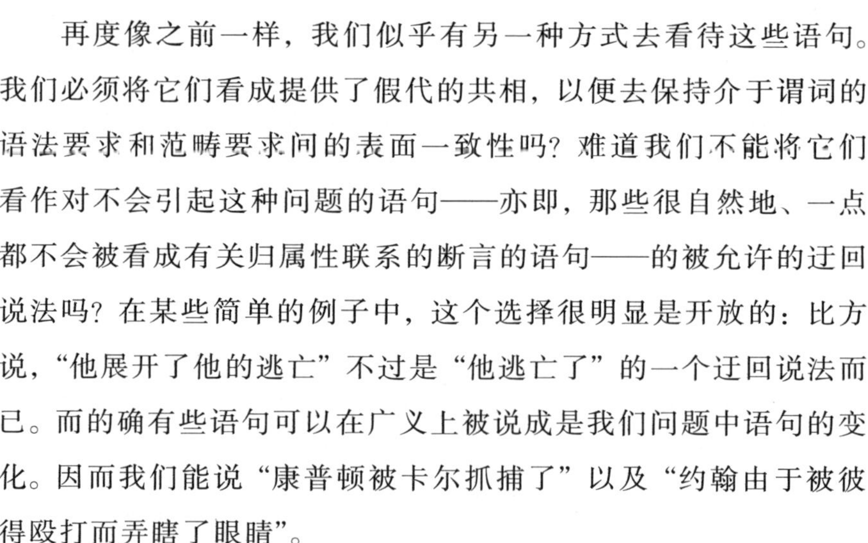

再度像之前一样，我们似乎有另一种方式去看待这些语句。我们必须将它们看成提供了假代的共相，以便去保持介于谓词的 178 语法要求和范畴要求间的表面一致性吗？难道我们不能将它们看作对不会引起这种问题的语句——亦即，那些很自然地、一点都不会被看成有关归属性联系的断言的语句——的被允许的迂回说法吗？在某些简单的例子中，这个选择很明显是开放的：比方说，“他展开了他的逃亡”不过是“他逃亡了”的一个迂回说法而已。而的确有些语句可以在广义上被说成是我们问题中语句的变化。因而我们能说“康普顿被卡尔抓捕了”以及“约翰由于被彼得殴打而弄瞎了眼睛”。

但这些语句真的和问题中的语句有相同的作用吗？我们能够**说出**它们，因此它们的确有相同的功能——但必须借着强调一个句子中的“卡尔”和另一个句子中的“彼得”。重点是：问题中的语句的语法结构适合那种其对应的断言中带着特定预设（presupposition）的句子，亦即有一次抓捕让康普顿暴露了，有一个殴打把约翰弄瞎了这样的预设。但那些变化的语句的结构并不同样适合这些情况，尽管预设的力量可以借着适度强调在变化语句中的成分而被保存下来。这意味以下的想法是有点勉强的：将问题中的语句设想为其他语句——亦即，“弄瞎约翰的一击”和“让康普顿暴露的抓捕”并不出现在主词表达式位置的语句——的可被允许的迂回说法。我们并不是因为突发奇想而让这些词组所引介的项去扮演谓述的主词角色。在这个事实中，我们可以发现另一个对于主谓词区分标准的根源，该标准或许最后会形成另外两个我们考虑过其真实或虚假对应的标准之间的一座桥梁。我将在下一章发展这个想法。

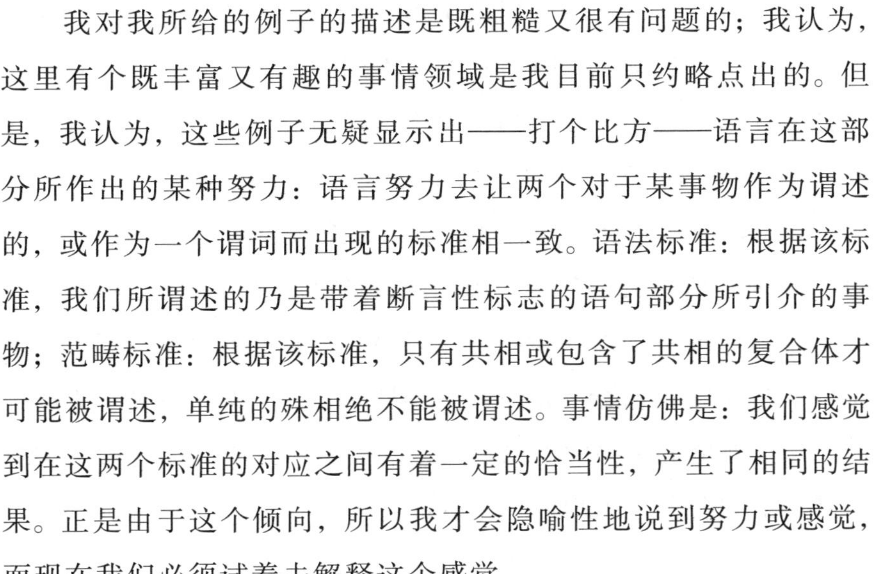

我对我所给的例子的描述是既粗糙又很有问题的；我认为，这里有个既丰富又有趣的事情领域是我目前只约略点出的。但是，我认为，这些例子无疑显示出——打个比方——语言在这部分所作出的某种努力：语言努力去让两个对于某事物作为谓述的，或作为一个谓词而出现的标准相一致。语法标准：根据该标准，我们所谓述的乃是带着断言性标志的语句部分所引介的事物；范畴标准：根据该标准，只有共相或包含了共相的复合体才可能被谓述，单纯的殊相绝不能被谓述。事情仿佛是：我们感觉到在这两个标准的对应之间有着一定的恰当性，产生了相同的结果。正是由于这个倾向，所以我才会隐喻性地说到努力或感觉，而现在我们必须试着去解释这个感觉。

第六章　主词与谓词（2）：逻辑主词与特殊事物

180 我认为，对于语法标准与范畴标准间似乎有的这个联合——或者说，这个密切关系——给出理论上完整的解释是可能的。我甚至认为该解释大体的思路也是清楚而无可争辩的。不过，对我而言，对它的详细说明似乎同时也是一件非常困难的事，其中容易产生错误，也很难保持清晰性。我所给出的整个解释将会在本章第一和第二部分中分别以两个理论的形式来提出和开展。这两个理论是彼此独立的，因为它们在不同的层次上运作，并且每一个都能在另一个不被接受的情况下被接受。第一个理论包含了我要提供的解释的要点；但这两个理论在以下的意义下是相关联的：如果两者都被接受了，那么，第二个理论可以被看作增强了第一个理论所给出的解释。第二个理论也有其独立的有趣之处，而这将会在接下来的一章中加以发展。在作完这些解释后，以下这件事将会变得清楚：如同有人会期盼的，主谓区分的“语法标准”只有理论上次要的重要性，它主要是一个用来标记另一类更为基本的完备性之出现或不出现的记号。

一　殊相之被引介到命题中

[1] 我们的问题的部分答案可以在以下这个对比中找到：介于引介殊相到命题中的条件以及引介共相到命题中的条件之间的对比。我从头到尾都在使用“项之引介”（term-introduction）这 181
个概念，该概念当然是中立于将一个项引介为谓述的主词，和将一个项引介为谓述者。但是，不论在哪个模式中，项之引介必然会涉及辨识的观念。引介项的表达式指出或被意图指出被它所引介的项是什么（哪一个殊相、哪一个共相）。当我们说“约翰抽烟”时，第一个表达式“约翰”指出哪个殊相是它所指称的殊相，而第二个表达式“抽烟”则指示出哪个特征被归属给他。

让我们先想想引介一个殊相到一个命题中的条件；为了熟悉的缘故，我在此再度使用“指称”这个并非中立的术语。我们要探究的问题是：为了要让一个说话者对某殊相作出辨识性指称，而且为了要让一个听话者正确理解它，有何条件必须被满足？显然，一个条件是：应该有个殊相是该说话者所指称的殊相；另一个条件是：应该要有个殊相是该听话者认为是前者所指称的殊相；第三个条件是：该说话者的殊相和该听话者的殊相应该是同一个。让我们注意第一个条件。它涉及了什么？什么是“说话者所指称的”这个词组所隐藏的？好吧，它至少涉及这个要求：如果说话者在标准的情况下——我们无需考虑其他情况——使用一个摹状词，那么，就应该有一个殊相符合他所使用的摹状词。但如果他使用一个专名呢？除非说话者知道自己用该专名所指称的

是谁或什么，否则的话，他就不能有意义地使用一个专名去指称某个人或某事物。换言之，一个人必须准备去使用一个摹状词去取代该专名。所以，专名使用的条件只需对我们所说的条件略作修正即可。必须有个殊相符合该说话者所使用的摹状词，或者，如果他使用一个专名的话，必须有个殊相符合他准备用来取代该专名的摹状词。但这个条件并不足够。他只指称一个殊相。如果我们将给定的说话情境中的定冠词力量抽离出来，或许会有多个殊相符合该说话者所使用的摹状词，或符合他准备用来取代他所
182 使用的专名的摹状词。当然，说话者非常依赖说话的语境，而这样的依赖是正确的。他不会说不必要说的话。但是，我们现在所考虑的并非只是他所说的，而且还是他借着他所说的话去做的事情的条件。为了要让他只指称一个殊相，至少有个殊相符合他的摹状词是不够的。还必须**最多**只有一个这样的殊相**在他的心目中**。但他不能借着该殊相是他心目中的殊相这个事实去为自己区别出那个在他心目中的殊相来。所以，一定还有某个他能给出，虽然不必定是实际上他所给出的摹状词是这样的：它唯一地适用于他心目中的殊相，并且不包括“我心目中的那个殊相”这个词组。[①] 有些人可能会坚持说，这个说法需要在“唯一地”之

① 当然，如此的一个摹状词——让我们称之为“辨识性摹状词”——或许会包括指示性的成分，亦即，它并不需要以纯一般性的语词来加以表达。的确，一般而言，它无法如此被表达；一般而言，我们不可能让所有对殊相的识别都不依赖指称情境中可被指示性地加以指出的特性。甚者，我们应该补充说，虽然该辨识性摹状词一定不能包括一个说话者自己对问题中的殊相所作的指称，但它可以包括一个其他人对该殊相所作的指称。如果某个想象中的辨识性指称是属于后面这一种，那么，的确，它是否是一个纯正（转下页）

前加上像“就他所知”这样的词来加以限制；而这样限制的根据是：该说话者后来的知识中或许会包括第二个可区别的殊相是这样的：它同样符合任何他在该想象中的原始指称时刻所能给出的任何辨识性描述。但这个论证是错误的。如果上述描述的情况果真出现（它会相当稀罕，但并非不可能），那么，我们将可以推论说，该说话者在该想象中的原始指称时刻并非真正知道他所谈及的殊相是哪一个，他并不真正满足作出一个纯正辨识性指称的 183
条件，虽然他认为他满足了该条件；因为，现在我们将无法回答“哪个殊相是他当时所指称的殊相”这个问题。自另一方面来说，如果他现在能够回答这个问题，那么，他一定能在那时补充一些细节，而这些细节会将他所指称的殊相与他之后的知识所包括的那个殊相区分开来，换言之，以上描述的情况将不会真正出现。

我们可以这样简述这里所说的事情：为了要对某个殊相作出辨识性指称，一定要有某个被说话者“知道”——在该词某个不

（接上页）的辨识性摹状词这个问题，得看后者的指称本身是否是一个纯正的辨识性指称而定。所以，一个指称或许会从另一个纯正的辨识性指称那里借来它的纯正指称证书，而后者又从另一个那里借来，等等。但这个后退并非无限的后退。

或许我们应该小心地彰显出一些其他的限制。比方说，如同在其他的地方，我在此是以一种延伸的，虽然是在哲学上熟悉的意义下去使用“摹状词”一词。一个对事物的“摹状词”并不需要告诉一个人该事物像什么样子；“我去年待的那个都市”也可以是对芝加哥的一个辨识性摹状词。

再一次地，当我说“准备使用一个摹状词去取代一个专名”时，该要求一定不能太从字面上来看待。它并没有要求人们能非常迅速地说明他们所知道的事物。

当然，本质上，此处所展开的要求和在第一章第［3］小节第23页中所展开的“听话者的识别”的要求是一样的。

太精确的意义下——的经验性真命题具有以下的特性：刚好有一个殊相符合某个特定的摹状词。略加修正后我们也可以说：为了要有让某个殊相实际上是听话者认为是说话者所指称的殊相，听话者也一定要满足一个类似的条件，（我所列的那些条件中的第三个并不真正要求说话者和该听话者的摹状词应该是相同的，而是要求每个人的摹状词都应该唯一地适用在同一个殊相上。）

我到目前为止使用“辨识性指称”这个术语，这是因为它的熟悉性和方便性。我们可以用“项之引介”这个中立的术语去取代它，而不在任何方面改变我所说的实质内容。

让我们现在探索：为了要让一个共相（如殊相能借以被刻画或是其例子的一个共相）成功引介到一个命题中，什么样的类似条件——如果有的话——必须要被满足。我们发现，**没有平行于这样的条件是我们可以一般性地去强烈要求的**。假设有个形容词表达式“ϕ”是问题中的共相的表达式。我们要去寻找某种这样经验性命题（如果有的话）：为了要让那个在假设上能被“ϕ”所引介的共相真正被引介，该命题一定得为真的命题。共相可被引介的一个充分条件是：说话者知道**这个或那个事物是ϕ**这个一般性经验命题为真。但是，我们不能一般性地强烈要求它作为一个必要条件。因为，另一个同样充分的条件——事实上被某些共相
184 所满足的条件——将会是**没有事物是ϕ**这个经验命题为真。如果我们形成这两个充分条件的选取句，我们或许可以真的被说成获得了一个必要条件：**或者有些事物是ϕ，或者没有事物是ϕ**为真。但现在我们再也没有一个经验性的命题、一个关于这一个世界的事实了。我们有的只是一个重言式。

有的反对者或许会说，我们能借着“ϕ”这个表达式去发现成功引介共相的经验性条件，也就是这个条件：“有些事物是ϕ”这些字所表达的命题——不管它是真还是假——是个有意义的经验命题，并且是被说话者和听话者无歧义地共同理解的命题。但现在，这个条件在任何的意义上都和我们所发现的引介一个殊相的必要条件，不在平行的或同一个层次上。在所要求的意义上，这个被要求的事实并非一个关于这个世界的事实，而是一个关于语言的事实。平行于此的事实，也就是关于所使用字词的意义与理解，也可以在引介殊相的条件中被提到；但是，在引介共相的条件中，我们没能一般性地发现一个平行于引介殊相条件的额外经验性要求。

再一次，有人可能会反对说：实际上，除非具有“有些东西是ϕ”这种形式的经验性命题绝大部分为真，否则的话，它们并不会获得它们的意义。他们或许会论证说，因此，引介殊相的条件和引介共相的条件间的对比并不像我所宣称的那样。真正的条件是：对一个殊相的引介普遍性地预设了某些经验性命题为真，但对一个共相的引介则只是一般性地预设了某些经验性命题为真。对于这个反对看法，除了对该论证结构吹毛求疵的挑剔之外，我们还有两个回应，而其中的第二个至少是决定性的。

第一个回应强调被预设的经验性命题在种类上的差异。引介一个殊相普遍需要的那类真命题，乃是陈述了这个世界中某个相当确定的事实的命题，陈述了某个事实上或许属于历史的那类命 185
题。但是，为了要让引介一个共相成为可能，一般——虽然并非普遍——所需要的那类真命题乃是一种相当不确定的类型命题，它们所陈述的事实是相当不确定种类的事实。某个事物、某个地方、某个时间，或曾经是红的、圆的，或智慧的等等，都不是一个能够属于历史的事实。

第二个回应则会完全扫除该反对的效果。为了要实际上引介一个殊相，不但某个属于十分确定类型的经验性命题为真这件事是普遍上必要的，那个类型中的某个命题被知道为真这件事也是必要的。因为，唯有如此，对殊相的唯一辨识性指称的条件才会被满足；唯有如此，在说话者或听话者部分的辨识条件才会被满足。现在，想想这对于共相的引介来说是多么不同。用来引介共相的字词，或许只有在它们当中的大多数所引介的共相实际上被例示时才能够获得它们的意义，但一旦那些字获得了它们的意义——不管它们是如何获得的——以下这件事就再也不是必要的了：为了要让辨识出由它们所引介的共相，使用这些字词的人应该要知道或相信一些具有“问题中的共相事实上被例化”的效果的经验性命题。一般而言，使用者会知道这些事或如此认为。但他们应该知道这件事并不是让问题中的表达式去执行其辨识性功能的一个必要条件。必要的只是：那些使用者应该知道那些表达式意指什么，而非知道它们是由于某些经验性命题为真而获得它们的意义。

因此，那个主要的对比可以被简短陈述如下。无论是对殊相或共相的辨识性引介，都蕴涵说话者知道该引介的表达式所意指或意图去引介的殊相或共相为何。知道所意指的殊相为何，蕴涵
186 了从所使用的引介性表达式而知道某个经验性的事实（除了它是目前所引介的殊相这个事实之外），或有时——在听话者的情况

下——学会该事实，而且该事实足以辨识出那个殊相。但是，知道所意指的共相为何，则不以同样的方式蕴涵知道任何经验性的事实：它只蕴涵知道该语言。（这是一个非常简要的陈述；它不该被当作它所摘要讨论的一个取代物。）

但现在我们一定得再加上一个限制。我说过，应该存在一个被知道的、某种非常确定类型的经验性真命题这件事，对于任何引介殊相的讨论来说都是一个普遍的必要条件；而应该存在一个被知道的、任何平行种类的经验性真命题这件事，对于引介共相的讨论来说则非一个必要条件。该限制关切的是共相被引介的方式。因为，如果一个共相并非借着某个基于其意义而辨识出该共相的表达式所引介，而是借着某个对该共相加以描述的摹状词所引介，那么，的确，为了要让该引介成功执行，或许必须要有某个经验性的命题为真。因此，智慧这个共相或许会被类似于“在哲学的例子中最常被归属给苏格拉底的特性”这样的摹状词来加以引介，而非借着“智慧的”这个形容词或“智慧”这个名词来加以引介。或者，再一次地，某种疾病可能被引介为“让约翰上周不能工作的疾病”，而非被引介为，比方说，“流行性感冒”。为了要让这个引介方法成功，就必须实际上有种而且只有一种疾病让约翰上周不能工作。这个限制的重要性很快将会出现。显然它并不抵触那个主要的论点，而该论点在共相的条件中有着一个普遍命题的否定的形式。

［2］让我们暂时停止提到殊相和共相，让我们代之以介于以下两种表达式间的区分：（1）一个人如果不知道（或无法从它们的使用中学会）关于它们所引介的事物的某个区别性经验事实

（distinguishing empirical fact）时，就无法知道它们所引介的事物的表达式；以及（2）一个人可以在不知道关于它们所引介的事物的任何区别性经验事实时，仍然可以知道它们所引介的事物的表
187 达式。这两种表达式在某个特定的意义下都是不完整的。因为，引介一个项并非是在作一个陈述；它只是作一个陈述的**部分**而已。但是，第一类表达式显然有种第二类表达式缺乏的完备性或某种自我充分性（self-sufficiency）。一个人或许会这样说第一个集合中的表达式：虽然它们并不明白陈述事实，但正因为它们呈现（present）或表征（represent）事实，正因为它们预设（presuppose）或体现（embody）或暗中携带（covertly carry）它们并不明白陈述的命题，所以它们才执行它们的角色。它们在引介它们的项时必然携带一定分量的事实。但第二个集合中的表达式在引介它们的项时却不携带任何分量的事实。它们只能**帮忙**携带一个事实；而即便在这一点上，它们也只能借着与其他种类的某个表达式接合成一个**明晰的**断言时才能办到——除非它们形成第一个集合中的表达式的一部分。

现在，让我们回忆一下谓词表达式的语法标准。谓词表达式以接合的或命题的风格，以明显不完整的风格去引介它的项，而该风格要求被完备为一个断言。现在，该引介的断言性风格所呈现的明显不完备性——要求被完备为一个断言的特性——当然精确符应了我刚刚区别的第二类表达式的不完备性；它精确符应了这类表达式不能靠其本身去呈现一个事实这件事。我们有了一个介于在任何意义下都不能靠其自身去呈现一个事实，但可以成为一个事实陈述的部分的事物，以及一个在某意义下本身已经呈现

了一个事实，而且也能成为一个事实陈述的部分的事物之间的对比。在由这两者的结合而形成的明晰断言中，应该由前者携带命题标记或要求被完备为一个断言的标记这件事，是相当恰当的。

在实际的效果上，我们在此所提议的乃是一个新的、主谓区分上的居间性（mediating）标准。主词表达式本身在某个意义上呈现出一个事实，并因此是一个完整的表达式。谓词表达式本身在任何意义下都不呈现一个事实，并因此是一个不完整的表 188

达式。我们发现，这个新的标准非常完美地与语法标准相协调一致。在这个新标准下，一个谓词表达式是一个只能借着明白与其他表达式接合在一块才能够完整的表达式。在语法标准下，一个谓词表达式正是一个带着要求被完备成一个明晰断言标记的表达式。我们强调这两个标准间的协调一致性和亲密性；而借着将两者融合在一块，我们回到了并且丰富了介于语句的“完整”成分及“不完整”成分间的对比，而这个对比是我们在阐释主谓区分的“语法”意义时所讨论的。我们在弗雷格有关饱和与不饱和的组成要素的隐喻中发现了一个额外的深度。

这个新标准不仅完美地与语法的区分协调一致；如同前面一整个小节所显示，它也与范畴标准协调一致。首先，因为该小节的整个重点是：在这个新标准的意义下，引介殊相的表达式永远不可能是不完整的，**因而在该标准下永远不可能是谓词表达式**。这是范畴标准部分要求的。其次，我们在该小节中显示，在这个新标准的意义下，许多引介共相的表达式是不完整的，因而在该标准下有资格作为谓词表达式；但是，有些引介共相的表达式，举例来说，那些借着摹状词来辨识它们所引介的共相的表达式，

在这个新标准的意义下则是完整的，因而在该标准下有资格成为主词表达式。这两个结果都与范畴标准相一致。

对我来说，这些考虑似乎部分解释了主词和谓词的语法标准与范畴标准间的亲密性。它们解释了或有助于解释在哲学中那个传统的殊相–共相区分与主谓（指称–谓述）区分间的持续联系。一旦那个联系稳固地建立起来，而且在一个根本的层次上获得解释，那么，我们就能在更复杂层次的分类上允许一定的弹
189 性。因此，在“慷慨是比谨慎更令人可亲近的德行”这个陈述中，难道我们不想说：慷慨和谨慎是作为主词出现，而**……是比……更令人可亲近的德行**这个刻画共相的共相（universal-characterizing universal）则是作为谓词出现的吗？但“慷慨”和“谨慎”这两个表达式并不拥有我们居间性标准对主词表达式所要求的那种完备性；它们并不暗中呈现任何事实。对这个问题的解决之道是：一旦该根本的联系被建立起来，我之前提过的那些类比[①]就能负担起对问题中的区分作出更进一步的延伸和修正的责任。我所说的那些类比，是指那些介于以下这两者间的类比：一边是结合殊相与共相的非关系性或刻画性联系，另一边则是结合共相与共相的非关系性联系。

这不过是个例子，而且是个简单的例子。其他的例子需要不同的处理，但我不会现在讨论它们。不过，还有个进一步的解释是我们必须得给的。传统理论中另一个持续成分是这个学说：那些我称为“共相加殊相”的引介复杂项的表达式（比方说，“嫁

① 详见第五章，第 171 页。

给约翰”)可以被分类为谓词表达式。但是，这样的表达式难道不会因为包含了一个引介了殊相的部分的缘故，因而拥有完备性吗?在作出所有被允许的弹性之后，我难道不该在假设上坚持把它算作对谓词的一个限制吗?对这个问题的答复是:这样的表达式整体来说并不拥有完备性，虽然每个这样的表达式都包含了一个拥有这个完备性的部分。**整体来说**，“嫁给约翰”这个表达式并不呈现任何的事实;因为，不论有没有人嫁给约翰，它都一样成功执行它对于项的辨识性功能。在使用时，“约翰”这个表达式携带它自己对事实的预设;但“嫁给约翰”这个表达式并不携带任何**它自己**对事实的进一步预设。所有**它**所预设的事情只是:**或者有人嫁给约翰或者没人嫁给约翰**这个重言式。所以，整体来看，所有这样的复杂表达式都具有使它们有资格作为谓词的不完备性。

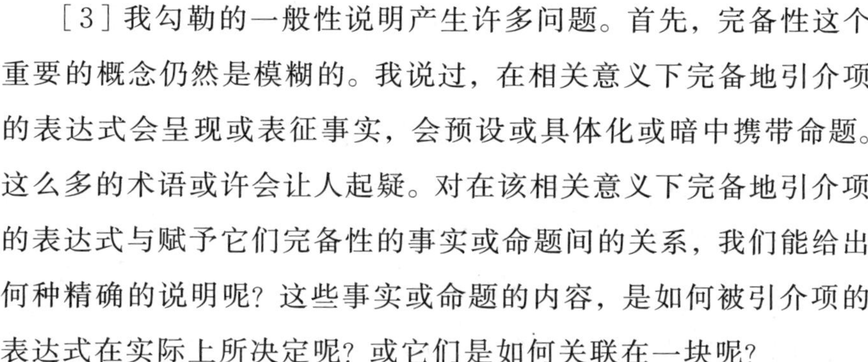

[3]我勾勒的一般性说明产生许多问题。首先，完备性这个 190
重要的概念仍然是模糊的。我说过，在相关意义下完备地引介项的表达式会呈现或表征事实，会预设或具体化或暗中携带命题。这么多的术语或许会让人起疑。对在该相关意义下完备地引介项的表达式与赋予它们完备性的事实或命题间的关系，我们能给出何种精确的说明呢?这些事实或命题的内容，是如何被引介项的表达式在实际上所决定呢?或它们是如何关联在一块呢?

各种例子所呈现的大量多样性使我们无法对这个问题给出一个单一的答复。在某些简单的例子中，答案是很清楚的了。假如我指着某个人说:“在那边的那个人能够指引你”。“在那边的那个人”这个表达式引介或辨识了一个殊相。该引介项的表达式所依靠的事实为何，以及该事实与那些使用的字词间的关系为何这两件事都是很清楚的。那个区分出项的事实是：刚好有个人在那儿；如果没有一个人是我能被认为是在指出的，那么，假设中引介项的那个表达式就会没有指称，而且我的陈述将会没有真假。因此，在这样的例子中，我们很清楚预设的意义，也很清楚什么事情是被引介项的表达式所预设的。但是，现在让我们考虑一个较为复杂的例子。如果我们引介项的表达式是某个殊相的（平常所谓的）专名呢？为了要借这样的方法去引介项，显然，刚好有个物体或人具有该专名这件事并非必要。我们也不能满足于下面这样的答复：那个被预设的事实是“刚好有个物体或人具有该专名，而且他现在正被该专名所指称”。因为——让我们只考虑该说话者的情况——之前的论证要求说，该“被预设的”事实必须是说话者知道的某个经验性真命题，而且他要能引用它以便于指示出**哪个**殊相才是他心目中的殊相；而且，这不能只是“刚好有个事物在他心目中”这个事实。但如果我们现在发现一个符合这个要求的事实，亦即，一个可以用来区分出他心目中的那个事物的
191 事实，那么，就再也没有任何的事情可以保证说，我们所发现的那个事实能被说成是包含了该引介项的表达式的陈述所预设的事实，此处“预设”两字具有我们刚看过的、以“在那边的那个人”开始的陈述的例子中所阐明的最简单的意义。举例来说，或许刚好有个小孩是我昨天早餐前见过的，而且这个小孩或许就是我目前称为“约翰”的人。但这个存在的事实当然不是被我当下关于约翰的陈述所预设——在所阐明的意义下——的事实。

但是，如果我们结论说，专名情况中的预设概念与我们的问

题无关，这会是一个错误的结论。试考虑一个用专名指称苏格拉底的情境。根据前一小节中的论证，如果说话者和听话者在这个情境中都知道某个或某些有关于苏格拉底的区别性事实（不必然是相同的事实），知道一些他们准备去引用以便指出他现在借“苏格拉底”所意指的人为何的事实，那么，两者就都满足成功引介一个项的条件。但这些事实和这个专名的关系为何？或者，以另一个实际上是同一问题的方式去提问：当我使用（use）——而非提指（mention）——“苏格拉底”这个专名时，被我正确描述为“关于苏格拉底的事实”的条件为何？正是在这个问题的关连上，预设的概念是再次相关的。假设我们认为某些说话者正在使用或他们认为他们正在使用“苏格拉底”这个专名去指称同一个事物。假设我们接着要求那些人当中的每一个都写下他认为是关于苏格拉底的最显著事实，然后从这些事实的列表去形成一个包含最经常被提到的事实的复合描述。现在，下面的说法会是太过分了：“该群体借着该专名去成功引介项这件事，要求应该刚好存在着一个人是这样的：所有在该复合描述中的命题对他而言都得为真。”但下面这个说法却不会太过分：“它要求应该刚好有个人是这样的：这些命题中的某个合理部分对他来说为真。”举例来说，如果我们发现刚好有个人是这样的：一半的命题对他来说为真；而且刚好有另一个不同的人是这样的：另一半的命题 192
对他来说为真；那么，除非我们指出哪个苏格拉底才是所意指的，不然的话，去给出一个直接的答案给以下这个问题就会变得不可能：是否有任何特殊“关于苏格拉底的命题”会是真或假？它或许会对苏格拉底一号为真，而对苏格拉底二号为假。但它既

非简单地真于苏格拉底，亦非简单地假于苏格拉底；因为，事实上没有这样的人。

我们不需要因此放弃预设的观念，但应该去改善它。为了要给我刚例举说明的改善一个名称，我们可以称之为命题的预设集（a presupposition-set of propositions）。组成苏格拉底复合描述的那些命题会形成这样的一个集合。一般而言，这个集合的界线为何，以及哪些其中的成员构成了一个合理的或充分的部分，等等，对任何在假设上是引介项的专名来说都不会是精确固定的。但这不是预设集这个概念的一项缺点；它是专名效能的一个部分。

显然，我所选择的那两个例子——一个是简单的指示词加上摹状词的例子，另一个则是涉及诸如“苏格拉底”这样一个专名的例子——绝不会穷尽所有实际的例子。我们甚至不能说，我所给的使用专名的例子是所有使用专名例子当中相当典型的一个；我们也不能宣称说，我们所给的说明能够相当简单地延伸到其他使用专名的例子。据此，对“完整的”引介项的表达式和那一些（必须被知道才能够让项之引介借着它们的使用而被执行的）区别项的事实间的关系给出一个简单的一般性说明是没希望的。但是，我的主张当中并没有任何一个部分说这样的一个说明是可能的。

尽管如此，为了要给出一个专名，我们还是可以保险地称这些区别项的事实或命题为被那些引介项的表达式所“预设的”事实或命题；并在结论时转而考虑另一个重点。我说过，对于任何在假设上是引介项的表达式来说，它在引介一个殊相上是否成功这件事，依赖于说话者对某个区别项的事实的知识。通常，如果我们写下这样的事实，这个写下的陈述本身将包含引介殊相的表 193
达式。但我们无需因此有无限后退的恐惧。因为我们总是可以仰赖在最后时达到某个存在命题：该命题或许会包含指示性的成员，但不会包含任何引介或确定辨识某殊相的**部分**，尽管该命题**整体而言**可以被说成**呈现**了一个殊相。（这样一个命题的最简单形式是：“刚好有一个如此这般的事物在那儿。”）但是，虽然“大部分引介殊相的表达式的直接预设本身仍然包含了引介殊相的表达式”这个事实并非我们对之需要有无限后退恐惧感的事实，但它或许是让我们对之得戒慎小心的事实。它应该引起我们担心的乃是以下这个想法：由于采取了我所给的解释，我们最终得去考虑那些其中不包含任何引介殊相表达式的被预设命题，并将它们当作对我们的理论来说**唯一**相关的被预设命题。但实情并非如此。该理论所要求的只是：引介殊相的表达式（不同于引介共相的表达式）应该**总在**某个特定的意义下是完整的；而当我们显示这些表达式总是得携带着一个经验性的预设时，那个意义就被解释了。无论是在被预设的命题中仍然包含了引介殊相的表达式的情况，还是在它们不包含的情况，“它们应该总是携带这样一个预设”的条件都同样完全满足。知道“如果我们透过连续的预设去开展我们的旅程，我们确定可以达到一个终点”这件事无疑令人欣慰，但我们不要假设这样的一个终点必须或能够一步到位。

或许有人仍然会认为，理论上而言，我们所达到的观点是在以下的意义上仍不让人满意。我说过我要考察借着某个确定的

辨识性表达式而将某个殊相引介到一个命题中的条件。我断言说这种项之引介的可能性奠基在我们对区别项的某些事实的知识之上。如果我们写下表达这种知识的命题，我们将会发现它们
194 或许还包含了引介其他殊相的表达式，或至少涉及了对殊相的量限；但我们能可信地论证说，对殊相作出量限的语句（举例来说，“刚好有个如此这般的事物在那儿”）在语言中并不能有任何的地位，除非对某个殊相的确定辨识性的表达式（例如“那个如此这般”）已经在语言中有个地位。但如果事实的确如此，我怎能宣称说我已经陈述了一个引介项的表达式在引介殊相时所必须满足的条件呢？因为，如果我不暗中假设语言已经包含了引介殊相的表达式，那么，我就根本不能写下我对这些条件的陈述。所以，这个说明有着循环性的问题。

这个反对是失败的。它之所以失败，是因为它未区分（1）对于在语言中使用引介殊相的表达式的一般性条件的说明，以及（2）对于在任何特定时机使用引介殊相的表达式的条件的学说。换个说法，该反对所忽略的区别可以被描述为介于（1）对于引介殊相到**讨论**中的一般性条件的说明，以及（2）对于辨识性地引介一个殊相到**某个**特定讨论中的说明。当然，我所主张的是这当中的第二个，而非第一个。从第一个方式来看，我的说明真的会是循环的；从第二个方式来看，它并非如此。然而，有人可能会觉得，一个属于第二类的学说应该被补充以某个关于第一类的说明；我试图在本章的第二部分给出这样的一个说明。

［4］不过，在我们转向这个进一步的问题前，值得先去考虑某个在目前关联下有着非常大吸引力的哲学提议。虽然它之所以

被提出的动机与触发眼前研究的动机不同，但它似乎提供了一个诱人的方法去简化前三节的结论。我不认为该提议是可被接受的；但重要的是，我们得看出为什么如此。

该提议可以被呈现为这样的一个形式：它是对包含了引介殊相表达式的命题的分析；或者它可以被呈现为对某个理想语言的  195
描述，其中指称殊相的表达式并不出现，它们的位置被存在量化词的拘束变量所取代。这样的一个语言——用蒯因的话来说——会是一个所有单称词都被排除的语言。[①] 单称词出现在其中的语句都被带着唯一性条件的存在量化语句所取代。根据本章前一小节中的理论，如果我们选择去追求该后退到其尽头，我们应该会发现这样的语句出现在那些预设的尽头。自另一方面来说，根据蒯因的提议，这样的语句是容纳了理想语句的语言中的一部分，用来取代平常包含单称词的语句。

我认为，在目前的关联中，我们得承认这个想法很有力，也很吸引人。不像前一小节中模糊而又有限制性的讨论，它让我们对引介殊相的表达式所必然拥有的“完备”与“不完备”的混合想法给出了一个绝对精确的意义。这样的表达式之所以是完备的，在于它们携带了对事实的预设；它们之所以是不完备的，在于它们单独本身并非断言，而只是断言的部分。当我们在理想的

① 见其《逻辑的方法》，第 220—224 页，亦见其《从一个逻辑的观点》（*From a Logical Point of View*），第 7 页注 13、第 146 页和第 166 页。蒯因的计划是罗素摹状词理论的延伸，我们可以说，该计划旨在将这个理论推到极致，同时舍弃真正的主词表达式或逻辑专名这个概念。我希望，在之前的讨论中我已经保存了该理论为真的部分，但避免了它最终自我摧毁、过度简化事情的部分。

语言中检视它们的副本时，我们首先会发现由一个具有以下形式的明晰断言所代表的完备性：

有一个事物是这样的，它唯一地F

然后会发现有一个附加的、进一步的关系代名词所代表的不完备性：

有一个事物是这样的，它唯一地F**并且是这样的**……

第二个关系代名词后面接着的是完备了整个断言的谓词表达式，
196 而且该谓词在日常负载着单称词的语言中是跟在单称词之后。日常语言中的一个指称表达式或一个逻辑主词表达式，乃是一个在理想语言中会被如此分解成一个量化断言加上一个关系代名词的东西。一个谓词表达式则是不会被如此分解的东西，并因而具有绝对的不完备性，亦即，不能简单以去掉一个关系代名词的方式去移除的不完备性。现在，所有引介殊相的表达式都以这样描述的方式分解了，因而只能是逻辑上的主词表达式。有些引介共相的表达式或许会以此种方式分解，但许多不会。所以，共相可以出现为主词或谓词。①

尽管这个分析有其吸引人的简单性及其与前一小节的精神互相融贯的特性，但我认为它的呈现形式使其无法被接受；而如果我们驳斥了该分析的形式，那么，我们也就拒绝了该分

① 蒯因所关注的事情是去确保——当可能的时候——共相只作为谓词出现。他称此想法为“唯名论”。详见第八章。

析整体作为一个特殊的和可理解的说明。因为，使得该理论有别于——比方说——前一小节中的说明之处，正在于以下这个宣称：严格说来，所有的主词表达式都是多余的，因为它们可以被量化词、量化变元和谓词取代。但是，如果我们以这样的方式去理解它们，那么，该分析中所允许的词项反而默认了主词表达式或语言中单称词的存在。日常的言谈中有各种形式去不确定地指称殊相，也有各种方式去为殊相作出一个接着关系代名词的存在宣称。对殊相的存在量化的设计应该被理解为大致符应于日常言谈中的这些形式。这些形式在一个语言中有一定的地位、一个角色，但该角色要对照语言中单称词所拥有的地位或角色才能被显现出来或被阐明。以下这个想法毫无意义可言：即使没有这样的地位[①]，它们[②]也能够有它们所拥有的地位。但这正是当我们被邀请去将所有的主词表达式都看作分解成这样的形式，或能被这样的形式所取代时，我们被邀请去接受的想法。我们被邀请去将这个分解看 197
作是解释了主词表达式在语言中所具有的地位！或者，再一次地，思考一下我们被邀请去将在量化语句中取代“F”和“G”的表达式看作是日常谓词的表达式这件事。这个邀请本身是完全适当的；因为日常的谓词表达式当然能与那些出现在日常语言中不同的、不确定指称的形式，以及后面接着一个关系代名词的量化宣称相接合。但是，再一次地，这些形式之所以在日常语言中有

① 斯特劳森在这里指的是单称词或主词表达式所拥有的地位。——译者

② 这里的“它们”指的是量限语句。斯特劳森的意思是：如果没有单称语句的话，量限语句在语言中将没有地位可言。——译者

其地位，那是单称词或主词表达式拥有*它们*所拥有的地位的缘故。所以，我们不能*既*接受该邀请，去将那些取代量化语句中的“F”“G”的表达式看作日常的谓词表达式，并同时默许将主词表达式完全地分解到量化语句的形式中。简单地说，该学说正好暴露了我在辩护前几小节中的理论时所面对的循环性指控。因为，正因为它想将语言中谈论殊相的单称词完全排除出去，它必然将自己当作在说明使用这些表达式的一般性条件，而非仅仅在说明在某个特定时机下使用这样一个表达式的条件；但它依赖于本身预设了使用这些表达式的形式。

对于这些反对，或许会有人答复说：聚焦于以被邀请去解读量化语句的方式而去说明我们实际上使用这些表达式的方式，这样的关切太过狭隘。即便是去如此解读它们的邀请本身都不应该看得太严肃。该分析其实必须被看作是一个企图，企图让我们看到什么是关于引介殊相的表达式的最基本条件，而该企图经常由于难以摆脱日常言谈的形式而有所拘绊。我们对它的解释一定得更自由且更富想象力。对于这样的论点，一个人可能深感同情。但事情如果真是如此，他也有义务去问说：一个字面上不可被接受的看法所要传达的究竟*是*什么？我们将在下一章中考虑一些这
198 样的可能性：如果我们的确非常自由且具有想象力，那么它们或许会指出对此处问题的看法的一些可能解释，或至少会具有该看法的精神。但我们现在无需去探索这件事。因为，的确，任何这样的解释都和该看法的明显意义相去甚远，并且对于我们在前几小节中所企图回答的问题来说，它们也与那些问题的某个可能的答案选项相去甚远。

二　殊相之被引介到言谈中

［5］如果一个人对某个命题中的某殊相作出了一个辨识性的指称，那么，他便“引介了该殊相”到该命题中。在本章第一部分中，我讨论了引介殊相到命题中的条件。简要地说，该讨论的结果是以下面这个看法：每个对殊相的引介都携带了一个对经验性事实的预设。如此被预设的事实性命题能够被想成是：本身不循环但后退地涉及了对殊相的引介（辨识性指称）以及对殊相的量化；而最终预设的事实性命题则能够被想成是：不循环且不后退地涉及了对殊相的量化，尽管不涉及对殊相的引介（辨识性指称）。

现在，“对殊相的引介”这个词也许还能合理地拥有一个非常不同的意思。在这第二个意义下，对殊相的引介会是去引介在第一个意义下引介殊相的**惯例**（custom）。个体的殊相是在第一个意义下被引介的。而殊相的**类**或一般性的殊相才是在第二个意义下被引介的。必要时，我们可以借着下标去注明这个意义上的差别。个体的殊相被引介$_{1}$到命题中，殊相的类则被引介$_{2}$到言谈中。

在本章第［3］小节结束时，我评论说：我们可能会觉得，一个有关引介$_{1}$殊相的条件的理论，应该要被补充以一个引介$_{2}$殊相的条件的理论。除了该理论本身的重要性之外，第二个理论难
道不会增强第［1］至第［3］小节中的“完备性”理论，或使它 199
更圆满吗？我们用以辩护该理论以反驳循环性指控的基础，正是

在于它不是一个关于引介$_2$殊相的理论；而这个辩护指出了一个引介$_2$殊相的理论必须满足的一些要求。比方说，如果该理论把对于某个特定殊相集的引介$_2$表征为预设了或奠基在某个特定的事实集之上，那么，这些事实必须是这样的：对它们的陈述既不引介$_1$殊相，亦不量化该集合中的殊相。在这些思路下，如果一个一般性的、关于引介$_2$殊相的理论要被提出，那么，那些最终被预设的事实至少必须是这样的：对它们的陈述既不引介$_1$任何殊相，也不量化任何殊相。

必要时，让我们也借着下标去区分两种对“预设”的用法，这个区分平行于我们对“引介”的两种用法的区分。某个被预设$_1$的命题为真，乃是成功引介$_1$某个特定殊相的条件之一，因而是预设它的陈述有真假的条件之一。存在一些被预设$_2$的事实，乃是引介$_2$某类特定殊项的条件之一，亦即，是那类殊相被引介$_1$到任何命题的条件之一。

现在，有人可能会问，姑且不论一个关于预设$_2$的理论有何独立的重要性，它如何能增强或补充一个关于预设$_1$的理论呢？因为，对于被预设$_2$的事实来说，以下这一点是必要的：对它们的陈述不涉及引介$_1$或量限它们作为基础的那些殊相。但该要求的一个直接结果是：对这些事实的陈述不能涉及引介任何那些殊相是其例子的分类性共相。因此，只要被预设$_2$的事实提供了一个基础去引介$_2$某类殊相，那么，这些事实就同样提供了一个基础去引介$_2$某类共相。此处，介于殊相和共相间的不对称性——而这个不对称性是预设$_1$理论的特征——在哪里呢？

我们可以首先在此回答说，该反对说得过分了，因为，存在

着一些引介$_{2}$某类殊相所预设$_{2}$的事实这件事，并没有因而被显 200
现为引介$_{2}$具有这些殊相为其例的分类性共相的一个必要条件。这样想会是对人类想象力作出太多限制。但是，这个回答并没有作出任何的事情去显示说，一个关于预设$_{2}$的理论如何能在事实上增强或补充一个预设$_{1}$的理论。

当我们考虑某些特殊类型的例子时，我们或许就会开始看出一个理论如何深化或增强另一个理论。将一个依赖性的殊相——透过诸如“苏格拉底的死亡”“彼得对约翰所做的殴打”“让康普顿暴露的抓捕”这样的词组——引介为归属性地联系到某个相对独立的殊相便是一例。如果这种词组中的任何一个引介了一个殊相，那么，就有一个真命题是这样的：其中并没有任何相关类型的殊相被引介或被量限，但它却作为引介该殊相的基础。因此，**苏格拉底死了、彼得殴打了约翰、康普顿被抓捕了**。此处，被预设的命题并不包含特殊的死亡、抓捕和殴打等是其例子的分类性共相；但它们的确包含了**死了**、**殴打**、**被抓捕**这些刻画性共相，它们所刻画的殊相是与那些它们作为基础去引介的殊相不同类型的殊相。因此，这些命题所陈述的事实不仅被引介$_{1}$了该特殊死亡、殴打或抓捕的命题所预设$_{1}$，它们还属于引介$_{2}$这类殊相所预设$_{2}$的那类事实。这些例子显示说，至少在某些时候，一个关于预设$_{1}$理论的要求和一个关于预设$_{2}$理论的要求或许能够同时被满足。它们显示说，在某些情况中，被某个引介殊相的表达式所预设$_{1}$的命题，如何能够不预设问题中那类被引介$_{1}$的殊相所进入的其他命题。

这类例子提供了一个介于这两种理论间的非典型桥梁。我

们当然不能总是期望一个被预设$_1$的命题（或某个被预设$_1$的命
201 题集当中的一个）属于被预设$_2$的命题的恰当集合。**这两个理论间的关联的一般性本质是：如果我们接受了该预设$_1$理论，那么，说某一特定引介殊相的表达式集合的存在默认$_2$了某一特定事实集合的存在这件事，涉及了以下宣称：我们能将某些对该相关集合中某个殊相的引介$_1$想成是预设$_1$了一个属于被默认$_2$集合中的事实**。我们无需去假设我们必须或能够借此去看待**每一个**对某殊相的引介$_1$。我们刚才所考虑的例子之所以如此容易而又非典型，那是因为我们能以这样的方式去看待每个这样的引介$_1$。我们能如此作的部分理由是：从被预设的命题所包含的刻画性共相转换到那些特殊的死亡、殴打等是其例子的分类性共相，其实是一个非常容易的概念上转换。

因而，如果预设$_2$的理论能够一般性地成功作出，那么，它与预设$_1$理论间的关联就能自行处理了。但是，它能成功作出来吗？当然，许多类型的殊相并不会引起太大困难。我所想的是以下这样的一些类型：它们在一个相对复杂的思想阶段中被引介进来，诸如科学理论中的特殊事物或特殊社会制度。哲学家们对它们正确放弃了下面这个想法：将引介或量限这些事物的命题“还原”为它们在其中并不出现的命题。但我们没有理由说，他们也应该放弃以下这个较为适度的渴望：在只包含较初基种类的殊相出现但却提供了一个引介的基础给这些较为复杂的事物的陈述中，去发现所需的事实集合。举例来说，关于国家的命题并不能被还原为关于个人的命题；但关于个人的命题却被关于国家的命题所预设$_2$。这个渴望是如此明显合理，以至于不需要一般性

的论证去支持它；而我也不会提供一个这样的论证。

当我们趋近于预设$_2$的后退的尽头时，亦即，当我们开始寻找那些对殊相之引介提供了一个基础——它们是对于所有其他殊相之引介的直接或间接基础——的事实集合时，我们的困难才真正开始。我刚对以下这个要求作过评论：对引介$_2$某类殊相提供 202
基础的事实性命题本身不能包含那些殊相是其例子的共相。这个负面的要求在所有预设$_2$的后退阶段都成立。在最后的阶段中，它意味着：被预设$_2$的命题中所包含的共相绝不能有分类性的或刻画性的共相的功能。这似乎是一个真正严格的要求。我们去哪里找那些既具有这个特性，又适合对基本类殊相之引介提供一个基础的命题呢？

［6］我们最好从探讨这个问题开始：是否有我们所熟悉的**任何**共相类型，或**任何**引介这种共相的陈述类型至少展现了被要求的特性，即便它们本身并不在该要求的标准上对引介殊相提供了一个适当基础？当然有这样的一类共相和这样的一类陈述。我心目中所想的这类命题和陈述，我将分别称为**特征共相**（feature-universals）或**特征概念**（feature-concepts），以及**特征定位的陈述**（feature-placing statements）。以下的陈述是这类陈述的例子：

现在下雨了

下雪了

此处有煤炭

此处有黄金

此处有水

在上述命题中，被引介到这些命题里的共相并非刻画性共相。举例来说，虽然由雪做成的、由黄金做成的是殊相的特征，但雪、水、煤炭、黄金都是一般的物质类，而非殊相的属性或特征。被引介到这些命题中的共相亦非分类性共相。它们当中没有任何一个提供了区别、计数或再辨识某类殊相的原则。但它们当中的每一个都非常容易被修正，以便于产生数个这样的原则：我们能够区别、计算和再辨识煤炭的矿脉（veins）、煤炭粒（grains）、煤炭块（lumps）或煤炭堆（dumps），以及雪的雪片（flakes）、降雪
203 （*falls*）、雪堆（drifts）或积雪区域（expanses）。“煤炭块”或“降雪”这样的词引介了分类性共相，但单纯的“煤炭”和“雪”则否。因而，这些陈述既不包含任何引介了殊相的部分，也不包含任何这样的表达式：其使用预设了对引介殊相的表达式的使用。当然，当这些语句被使用时，使用它们的语境以及它们所包含的动词时态和指示性副词——如果有的话——的结合，将会产生一个指示了它们所引介的普遍特征发生了的陈述。因为，对任何单称经验性的陈述能在其中被说出的语言来说，对一般性概念的引介以及对它们发生了的指示都是必要的。但是，我们能借着既不将殊相带到我们的言谈中，又不预设其他能将殊相带到言谈的陈述而这样做，这是一件重要的事实。

在像这样的语言模型下，我们所想象的语言有时被称为“属性–位置”（property-location）的语言。但这是个不幸的名字：在我的例子中出现的共相并非属性；的确，属性的概念属于一个我们试着在它底下挖掘的逻辑上较复杂层次。这就是我选择使用“特征”这个在哲学上较不预设立场的词，以及我选择去说“特

征定位”语句的原因。

虽然特征定位的语句并不用来引介殊相，但它们却提供了
该引介的一个基础。在被要求的意义下，对某类殊相的引介预设
了它们所陈述的事实。应该存在一些能借着像“此处有水”“下
雪了”这样的语句所陈述的事实，乃是存在一些能借着像“这一
池水”“这次的降雪”这样的表达式而引介$_{1}$殊相的命题的一个条
件。一般言之，从被预设的那一类事实过渡到它们作为基础的殊
相之引介之间，涉及了某种概念上的复杂性：它涉及了对区别标
准的采取、对——如果能应用的话——问题中那类殊相的再辨识
标准的采取，以及对能被联系到某个那类殊相的刻画性共相的使
用。区别标准的**基础**或许已经存在于特征定位的层次。因为，在 204
我们能说“此处有雪”或“此处有黄金”的场合中，我们或许也
能说“**此处**——**此处**——和**此处**有雪（黄金）”。当我们引介殊相
时，决定定位多重性的因素或许会变成区别这个殊相与那个殊相
的标准。稍后，我将说更多关于再辨识标准的事情。

现在，我们也许可以合理地说，以下这件事对于预设的一般性理论来说绝对不充分：只去发现被预设的、足以作为该后退的最终阶段的某个事实集，且这个集合没有任何的殊相被引介。因为，如果该理论要有一般性的应用的话，那么，任何穿过该后退的途径——而非仅仅只是某些特别被选出来的途径——都应该在最终被引导到这个事实集合上。我们可以合理宣称：刚才所例示的事实集提供了引介某些类殊相的一个基础；但以下这个宣称则会是高度不可信的：这些类的殊相和附属给它们的共相合共同提供了一个基础给所有其他类型的殊相之引介。我们在本书第一章

中论证说，从辨识的观点来看，某些类型的殊相是我们概念框架中的基本殊相。大致来说，那些是直接可定位的殊相，是物质性物体或拥有物质性物体的殊相。对于在这个殊相集合中的一些合理选择来说，如果我们能在那些殊相没被引介的陈述中发现被预设的事实，那么，我们或许能认为该一般性的理论是被证实了。因为，涉及基本殊相的事实可以被假设为直接或间接提供基础给大多数非基本殊相类的引介。明显的例外是那些非基本类型的殊相，诸如闪光和响声这种公共听觉或视觉现象；它们是直接可定位的，但它们并非被我们设想为（举例来说）必然会发生在其他类型殊相上的事件，或其他类型殊相上的状态。但如果这些事物引起任何问题的话，它们所引起的问题非常可能只是一个次要的问题。

但是，基本殊相本身似乎引起一个严重的问题。因为，虽然
205 像水池、金块这样的殊相的确属于基本殊相，但它们却几乎不会被说成是该集合中一个相当不错或合理的选择。以它们作为例子的分类性共相（水池、金块）在以下这一点上是相似的：它们的专名容纳了物质类的专名（水、黄金）作为一部分，而这些物质似乎非常，甚至唯一适合被引介到特征定位语句中作为共相。那就是在日常语言中如此容易发现这些可信例子的缘故：在这些例子中，我们所运作的并非——比方说——黄金或雪的特殊例子的概念，而是该普遍特征本身和定位的观念。但是，基本殊相典型上是这样的：它们所例示的分类性共相（比方说：人、山岳、苹果、猫、树）就不是可以如此恰当地分成：一边指示某个特殊化的区分，诸如池或块，而另一边则是一般性的特征，诸如水或黄

金。要看出这个差异的基础是很容易的。因为，诸如雪堆这样的殊相能在物理上被堆在一块以产生某个特殊的大雪堆；但我们却不能将猫殊相堆在一块以产生某个巨大的猫。因此，去设想一个以下这样的情况一定会是比较困难的：在其中，我们并不运作猫或苹果这些分类性共相概念，因而不操作特殊的猫或特殊的苹果概念，而是去操作某个相关特征和其定位的概念。（比方说）在猫的例子中，日常的语言似乎并不提供我们一个名字给能被看作是该被要求的特征的共相。现在，以下会不会是介于（举例来说）猫和雪之间的主要区别呢：不能有一个如该理论所要求的“猫特征”的概念；任何一般性的猫观念都必须是某个猫的观念，亦即，必须已然涉及了对作为殊相的猫的区别性和再辨识性的标准？

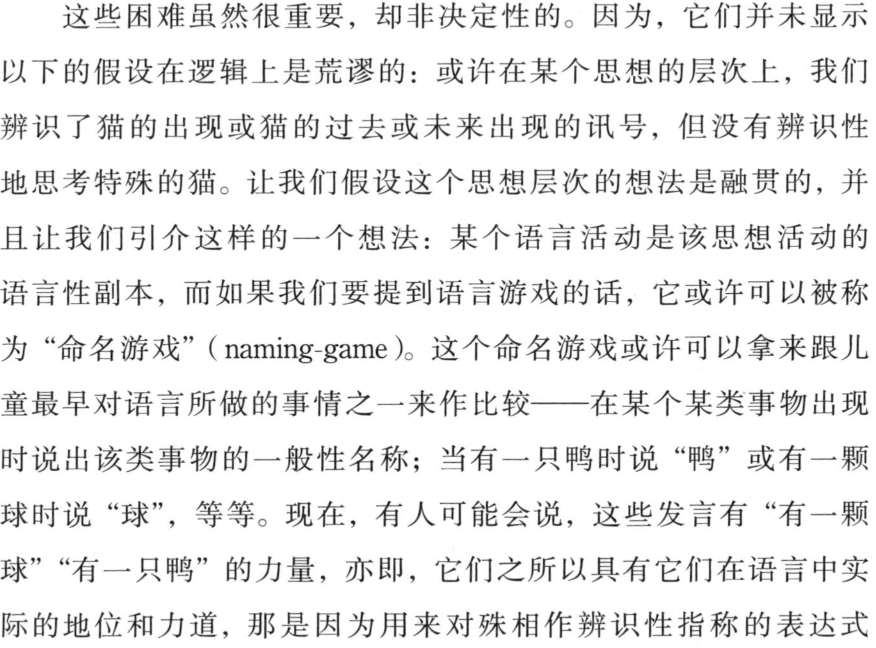

这些困难虽然很重要，却非决定性的。因为，它们并未显示以下的假设在逻辑上是荒谬的：或许在某个思想的层次上，我们辨识了猫的出现或猫的过去或未来出现的讯号，但没有辨识性地思考特殊的猫。让我们假设这个思想层次的想法是融贯的，并且让我们引介这样的一个想法：某个语言活动是该思想活动的语言性副本，而如果我们要提到语言游戏的话，它或许可以被称 206
为“命名游戏”（naming-game）。这个命名游戏或许可以拿来跟儿童最早对语言所做的事情之一来作比较——在某个某类事物出现时说出该类事物的一般性名称；当有一只鸭时说“鸭”或有一颗球时说“球”，等等。现在，有人可能会说，这些发言有“有一颗球”“有一只鸭”的力量，亦即，它们之所以具有它们在语言中实际的地位和力道，那是因为用来对殊相作辨识性指称的表达式

具有**它们**在语言中的地位。但是，对于任何认为这些发言具有这个力道的人来说，他都不是在玩命名的游戏。这个评论的确剥夺了我诉诸“该命名游戏被玩了”这个声称的事实的权利。但这样的要求是不必要的。所有必要的事情只是去承认命名游戏这个概念是融贯的；去承认对像球和鸭子这样的事物作出辨识性指称的能力，包括认识相关特征的能力，而一个人逻辑上有可能认识出该特征，但不具备对相关殊相作出辨识性指称的概念性资源。承认了这一点，命名游戏的发言或一般性的特征定位发言是否普遍或平常就不重要了。我们可以欣然同意说，对殊相的引介是一个如此基本的概念步骤，以至于让原始的、先于殊相层次的思想最多不过是语言上的遗迹罢了。

但命名游戏的想法是不是一个融贯的和不同的想法呢——亦即，不同于将某个殊相归到某个分类性共相之下的想法？为了要回答这个问题，我们得对区分标准和涉及殊相的概念活动中的再辨识标准说得多一点。我刚提到过一个具有这样效果的可能论证：虽然**雪**这个一般性的特征既不同于**小雪块**或**降雪**这些分类性共相又对后者提供一个基础，但不可能有一个猫特征的概念是既不同于**猫**这个分类性共相又对后者提供基础；因为，在猫的情况下，没有任何一般性的特征可以被想成以不同的方式被划分，并
207 用以产生不同的分类共相，然而雪的一般性特征却可以被想成以不同的方式被划分，并用以产生不同的分类共相。然而，这个论证所显示的，并非我们所需要的猫的一般性概念是不可能的，而是说该概念本身必须已经包含了我们在应用到特殊猫时的**区别性**标准的**基础**。大致说来，猫特性的概念不像雪的概念，前者必

须包括某个特有的形状概念、一个占据空间的特有型态。

但再辨识的标准现在又如何呢？猫特性的概念是否包含了该标准的一个基础呢？如果是，“该标准的一个基础”这组词的实质内容为何？它难道不是只是企图去说服我们说，介于猫特征的概念和猫这个分类性共相间有个差异存在，尽管实际上没有？这是个非常重要的问题。我认为它的答案如下。猫特征的概念的确对特殊猫的再辨识概念提供了一个基础。因为，该概念包括了一个特有的形状概念、一个占据空间特有的型态（pattern）概念；而这个概念自然地引导到由特有型态穿越时空时所留下的连续轨迹概念；而后者则提供了对基本殊相的辨识概念的核心。但这并不是说，拥有猫特征的概念蕴涵了拥有这个概念。借着对可再被辨识的、特殊猫的概念之运作，我们区分了某个特殊的猫出现、离开、再出现的情况，和某个特殊的猫出现、离开，另一只不同的猫出现的情况。但一个人可以在不作出这个区别的情况下玩该命名游戏。某个玩该命名游戏的人可以在这两种情况下都正确地说出“真多猫”“又是猫”；但对于操作特殊的猫的概念的人来说，如果他在第一种情况中说“另一只猫”而在第二种情况中说“又是同一只猫”，他会是错误的。当“真多猫”或“又是猫”的情况被划分为“另一只猫”的情况和“又是同一只猫”的情况时，对猫殊相的决定性概念步骤就被采取了。

有人可能会反对说，即使猫特征的概念并不等同于猫的分类性共相概念，但是，前者与另一个分类性共相概念却是等同的， 208
亦即一只猫的某个时间切片的概念；当一个人玩命名游戏说出“猫！”时，他至少是说出了类似于“此处有个猫的切片”这样的

事。这个反对必须小心加以考虑，因为实体性事物的时间切片这个概念是个特别的哲学概念，很少被适当地解释。我们必须问说：一个猫切片的时间界线为何？什么时候我们才能说我们仍然有**同一个**猫切片呢？当我们平常所谓猫的**姿态**改变时，我们应该说我们有个不同的猫切片吗？或者，当它的**位置**改变呢？或者，当两者都改变了呢？或者我们应该说，猫切片的界线是由该猫特征的连续观察期间的时间界线所决定的吗？猫特征的概念看起来不像决定了对这些问题的答复。如果它不是，那么，对猫特征概念的拥有，并不蕴涵拥有这些特殊的哲学殊相的概念。甚者，我们可以注意，以上最后一个建议的答复会对所产生的殊相剥夺了其客观殊相的地位，它们因而最好被称其为“猫视相”（cat-sights）而非“猫切片”。我们已经看够了像这样的殊相在我们概念框架中所占据的从属位置。

但是，我必须承认我们的理论在普遍性上有一些限制。比方说，当我们寻求其基础的殊相是清楚定义的短期事件时——如我们在第一章中所提到的闪光和响声——那么，我们就很难去坚持一个类似于拥有特征概念和拥有分类性共相概念间的区别。谈论特殊响声或闪光和谈论——比方说——响声的次数或闪光的次数间仍有一个**形式上的**区别。但在对于响声所采取的等同标准下，对于特殊响声的引介$_2$似乎不会涉及在其他的例子中所讨论的那种概念上的新颖性。该特征概念将不会只提供一个**基础**给那些标准；它会完全决定它们。但是，我们能够平静地接受我们的理论
209 在普遍性上的限制性；因为，作为一般可被辨识的殊相来说，像闪光和响声这种短暂的事物在我们的概念框架中所占据的位置

乃是——如同我在本书第一章中所显示的——依赖于基本殊相的一般可辨识性之上。只要这个理论对基本殊相来说是成立的，那就够了。在它们的引介$_2$中涉及了多大和多简化的一个概念上的步骤，乃是下一章中我试着去弄清楚的问题。

因此，我建议，在特征定位的命题中、在指示性地指出某个不是或还不是分类性共相的一般性特征命题中，我们可以发现我们一直寻找的最终命题层次。我们并不需要另外去让以下这个想法看起来可信：特征定位的命题对应于我们所提到的每个特定的基本殊相类。我们能对非常广泛的基本殊相范畴中的一些类型这样做就够了。同一个广大范畴中的其他分类性共相的概念，则能被想成是框架在这些被选出的类型的模型之上。

我一直在谈概念的引介、概念的步骤和概念的过渡，仿佛我在谈论的是时间中某个发展的、具有时间顺序的步骤似的。在个别的个人的概念发展史中或许确实有这样的阶段存在，或许没有。我不知道，但它并不重要。重要的问题不是时间发展的顺序，而是解释的顺序；在作出论证之后，最后显示给我们这些概念框架使用者的似乎是一个既融贯又能让人理解，这个解释中的成员的顺序。当然，论证必须最终结束在某一点上，而在该点上的要求不过是我们了解了我们所做的事。但是，对于一个关于我们概念框架结构的看法来说，没有什么是比以下这个事实来得更好的一类证据了：我们最终发现如此这般的论证是很让人信服的。从这个标准来看，我必须承认，本小节中的理论有个推测的和不确定的特性，而我认为这是本章第一部分中“完备性”理论所没有的。幸运的是，对于后者的可接受性并不依赖于前者的可

靠性（soundness）之上。

210　[7] 预设$_1$的和预设$_2$的理论是彼此独立的。不过，如果它们都被接受，它们就可以合起来产生一定的逻辑–形而上学图像。以下，我将借着摘述本章所说的去勾绘这个图像的大要。

我要发展的这个看法是：在某种意义下，对于一个殊相的思想是一个完备的思想，而对于一个共相的思想则不是或不需要是；我想显示殊相有种逻辑上的复杂性、某种思想上的完备性，而这是共相所没有或不需要有的。我们或许会试图说以下的事情来表达这个想法："殊相是从事实而来的建构物，而共相则是从事实抽象出来的事物。"但这样的说法毕竟太含糊。所以，我们试图借着解析它而达到殊相的复杂性。但是，试着解析它的方式却有很多种。[①]

我从展现以下这件事开始：每个在命题中对某个殊相的引介$_1$都奠基在某个关于这个世界的确定事实上，而该事实不是该殊像被引介进入的命题所陈述的事实；但在命题中对某个共相的引介$_1$则不需要奠基在这样之前的确定事实上。此处，对那个确定被辨识的殊相的思想被剖析成对某个命题的思想，而该命题的整体个体化了该殊相，尽管其各子部分都不引介该殊相。这样的命题个体化了该殊相，并借着将该殊像描述为以下两者之一而为其引介提供了基础：(a) 将它描述为唯一与某个其他确定被辨识的

① 其中一个方式是非常错误的：企图去将对殊相的思想解析成一边是对该殊相本身的思考，而另一边则是对它所例示的分类性共相的思想。我描述过这个方式，以使得它的错误或它的自我矛盾性变得相当明显。它是导致不可知基质（substratum）的方式。

殊相相关的事物，或（b）将它描述为唯一展现出某个共相与指示性成员的复合体的事物。但这样的命题本身至少涉及了对殊相的量化，因而或许也涉及了对殊相的引介$_1$。但这并非该方法的逻辑缺点，因为它是一个关于殊相之引介$_1$的理论，而非引介$_2$的理论。但它留给我们某种意义下的不完备性。

因此，我们到处寻找某种我们能应用在某一点上——我们不需要在每一点上都应用——的方法，以便于对第一种解析殊相的 211
复杂方法作出补充。此处，在认识到存在许多不同类型的殊相时，特别是在认识到介于依赖性殊相与独立性殊相之间的区分时，我们有了一个线索。因为，这给了我们以下这样的想法：其中，被解析的殊相所例示的任何分类性共相都不出现在这个解析中，尽管某个以某种方式对应于分类性共相的共相或许会出现。我们要去发现的是某一类事实，这类事实能被看作构成了该殊相的基础，但该殊相所例示的任何分类性共相都非其中的一个组成要素。在依赖性殊相的例子中，要看出如何找到该类事实是相对容易的。每一个依赖性殊相一定会有一个相对独立的殊相构成其思考基础。但如果我们要将这个方法推到极致，似乎我们得在最终发现一些对某些殊相来说提供了某个基础的事实，而这些事实却不包含任何种类殊相，或任何种类殊相所例示的分类性共相作为其组成要素。对我们的目的来说，我们能发现相当广泛范围的这类事实，或能让该想法对我们自己来说听起来是可理解的。这些事实是那些对它们的陈述涉及了对非分类性共相的普遍特征作出指示性定位的事实；对于这类特征定位的事实，我们能将它们看作是我们对于基本殊相言谈的最终基础。

所以，我所提供的根本图像或譬喻，就是殊相奠基在某个事实或开展为某个事实的图像。就是在这个意义下，我们对于特定殊相的思想是不完备的，尽管在另一个意义下是完备的。因为，当我们作出了从对该殊相所开展的事实的思考到对该殊相本身的思考之间的转移时，我们便是在将它想成是某个进一步事实的组成要素。正如殊相奠基于或开展为某个事实一样，非一般性的事实或许会被包装成一个殊相或提供基础给一个殊相——只要我们已经有对那集殊相的等同标准以及它们的一序列刻画性共相，亦即，它们作为其中组成要素的一序列可能事实。

212 以这个图像来说，如果有任何事实值得被称为最终的或原子的事实，它会是被那些指出了某个一般性特征发生了的命题所陈述的事实。这些最终事实并不包含殊相作为组成要素，但它们提供了概念上的基础给殊相。陈述它们的命题并非主谓命题，但它们提供了进入主谓命题的步骤的基础。为什么我们应该采取这个步骤呢？我将在稍后考虑这个问题。

因此，让我作个总结。我们的目标是以某种基本的、介于“完备性”与“不完备性”之间的对立去对主谓区分发现一个基础。这个对立要能解释传统将主谓区分连结到殊相–共相区分的做法。借着实际上对殊相观念赋予压力直到它让位给一个事实的观念，我们发现了这个对立。在这个压力的极限上，我们发现了殊相不在其中作为组成要素，但共相在其中作为组成要素的特征定位性事实。因而，对于思想来说，共相在这个极限上仍然作为一个不完备的事物出现，并且仍然是某个事实的组成要素，但殊相则完全不出现；而且，在这个极限上，我们说主谓的对立消失

了。所以，我们建立起了对引介一个殊相——亦即，一个对于思想来说是既完备（因为它开展成一个事实）又不完备的（因为在如此引介之下，它被想成是某个进一步事实的组成要素）事物的引介——的表达式的用法，将之当作指称的一个典范，当作引介某个主词的典范；而且对于谓词的引介来说，我们也建立起了引介一个共相——亦即，某个与殊相有同类的不完备性但缺乏后者的完备性的事物的引介——的表达式的用法，将之当作描述的一个典范。那两个被引介的项是这样的：对它们之间的非关系性联系的断言再次构成了一个完整的事物、一个完整的思想；而我们看过，这个断言与共相（而非殊相）间的连结标记最终不过是去注记共相所缺乏，但殊相所具有的完备性罢了。

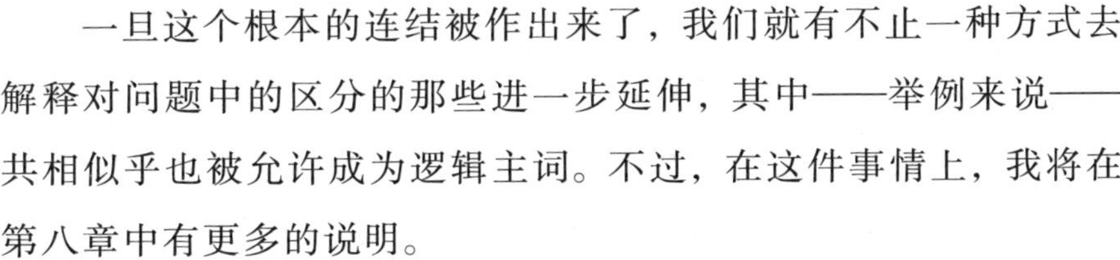

一旦这个根本的连结被作出来了，我们就有不止一种方式去解释对问题中的区分的那些进一步延伸，其中——举例来说——共相似乎也被允许成为逻辑主词。不过，在这件事情上，我将在第八章中有更多的说明。 213

第七章　没有殊相的语言

214　[1]我在前一章末的讨论中提了一些问题。我们可以借着回答它们而对殊相和逻辑主词的概念得到更紧密的掌握。首先，我们可以问，从特征定位语句到对殊相的引介$_2$步骤中所涉及的究竟为何？我曾经说，对殊相的引介涉及了准备去对被引介事物的区别性与再辨识性之标准进行操作。但这究竟是什么意思？如果前一章末的理论是正确的，那么，对那个根本类的日常言谈——在其中，我们作出了经验性事实的单称陈述——就包含了**某种**不涉及对殊相引介$_1$或量化的形式。我们或许会好奇：理论上，不指称殊相的经验性讨论能被维持到什么地步？理论上，我们能设计方法去说我们想说的事情——特别是有关基本殊相的讨论的层次——但实际上不引介**基本**殊相到什么地步？借着考虑我们企图省略殊相时应该使用什么样的手段这件事，我们将更能理解对它们的引介的概念效果。有件事至少是明显的：为了要尽可能贯彻这个从言谈中排除殊相的计划，我们必须把所有对殊相的谓词、所有刻画性和分类性的共相都排除出去，而只使用相对应的特征概念。但是，显然我们还需要做更多的事情。

另一个可能被提出的问题是下面这个。我们有什么权利去规定说，特征定位的语句不是主谓句呢？这样的规定对于前一章的

“完备性”理论来说，难道不是犯了丐题的谬误吗？当然，这样的规定有一些来自日常语法的支持。比方说，“下雪了”这个语句并无语法上的主词；问说“什么东西在下雪？”会是没有意义的。但是，除了日常语法并非一个可靠的支持之外——因为，比方说，我们也能说“雪在下”——我们还可以说这个要求是很肤浅的。当“下雪了”在一个适当的语境中被说出时，它有着“此时此地下雪了”这样的力道。有什么事情可以阻止我们去将“此时”和“此地”当作指称一个时间和一个地点的主词表达式，并将该语句中的其他部分当作归属一个特性给这一对主词的谓词表达式呢？如果我们记得我们之前考虑过的蒯因对于逻辑主词表达式的描述，那么，这个问题就变得更急迫了。因为，副词指示词在这些语句中所占据的地方，难道不也是量化词的变量可以占据的地方吗？至少以下这一点是真的：在我们能借着指示词去定位一个特征而说出“此时”或“此地”的地方，我们通常也能说“有些地方”“没有地方”“每个地方”以及“有些时候”“从来不”“总是”“每当”。“只要下雨，总是下着大雨”难道不是一个涉及了量化的语句吗？我们能将它写成“不论何时何地下雨，该时该地总是下着大雨”，或者，使用“p”和“t”分别作为地点和时间变量，而将之写成“对于每个p和t，如果p在t时下雨，那么，p在t时下着大雨”。同样地，我们能将“不论昨天何地下雨，该地今天也下雨”写成“对于每个p，如果有个t是这样的：t在昨天当中，而且p在t时下着雨，那么，就有一个t是这样的：t在今天当中，而且p在t时下着雨”。因此，如果我们要去接受那个或许可被称作“量化测试”的标准作为最终的测试方法，那 215

么，似乎至少有种情况可以让我们说：对于地点和时间的指示性副词是主词表达式，而相对的，像“下雨了”这样的词组则是谓词表达式。那么，前一章中的理论会变成什么样子呢？

但我们在此必须作出一个区分。我自始至终都认为一个表达式要作为单称逻辑主词表达式的一个条件是：它应该要引介一个
216 项，亦即，应该要确定辨识出一个项。主谓区分的语法标准奠基在不同的引介项的模式，而范畴标准则奠基在不同的被引介的项的类。现在，一开始就排除地点和时间作为逻辑主词位置候选者的做法的确不行。因为，在语言中确定地去辨识时间和地点是可能的；它们能被专名或确定摹状词所指称。但是，虽然时间和地点能被当作项而引介到命题中，但它们却不是被问题中的指示性副词这样引介。这些指示词完全不引介任何项。它们实际上的作用在于指出：被一个特征定位语句的其他部分所引介的一般性特征的出现，但我们无法坚持说“此时”和“此地”独立地辨识了一个时间和地点。“此时”和“此地”本身完全不设下任何界线；它们的功能也不在引介无延展性的点或无持久性的瞬间。它们只是在指出一定范围内的时空，而它们本身对这些时空并不设下界线。因此，它们可以通过该“量化测试”这个事实并不能当作决定性的理由。由于它们并不引介项，它们并非逻辑上的主词表达式。

有些人可能仍然会说，这并没解决“特征定位陈述是否要被算作主谓陈述？”这个问题。指示性的副词并不够格作为主词表达式，因为它们不引介项。但是，引介被定位的普遍特征的表达式又如何呢？它引介了一个项。为什么我们不该把它算作主词表

达式，而要把该指示性的指示加上该命题性的标记当作谓词表达式呢？语法上调整一下使用一个名词指称该特征，并排除无人称的动词是件相当容易的事。一般而言，我们可以说“ϕ 在这里”，而不说“这里 ϕ “或“有 ϕ 在这里”。

我们对这个建议的回应必须依赖于——这么说吧——它背后的精神。独断地解释的话，它相当于在提议我们完全忽略前两章所有的讨论，忽略所有我们在那里对主谓区分概念的说法。但它 217
能被解释为不这么挑衅。我们能将它看作以下这个建议的伪装说法：建议将主谓区分从典型的例子向下延伸到特征定位语句的特殊例子。在典型例子中，我们有两个表达式都引介项，但其中的一个——带着一个对事实预设的那个——具有另一个所缺乏的完备性。前者是主词表达式的典范，后者是谓词表达式的典范。在特征定位语句中，并没有这种介于完备性与不完备性的对立；但其中有两个可以区别的成员共同产生了一个命题，而如果我们选择去将该区分延伸到这个情况，那么，类比的力量将会站在目前这个建议这一边。毕竟，特征共相能在一个不同类型的命题中出现作为主词，这些命题是我们先前借着某个从典型例子所作的的类比延伸而已经承认为主谓命题的命题（亦即，像“雪是白的”这样的命题）；但是，我们却没有任何已经承认的例子的类型是这样的：其中指示性的副词具有主词表达式的角色。

当如此诠释时，我们或许可以承认该提议；但是，当如此承认时，它并不抵触以下这个断言：如果我们将自己*限制*在特征定位层次的陈述，主谓的区分并无任何地位。

[2] 让我们现在转来短暂地考虑，在设计一个没有殊相——

或至少没有类似于日常分类性共相的例子的殊相——的语言时，我们将会面对的一些问题。在这样的一个语言中设计语句——这些语句会在力道上多少对应于我们正常希望能对基本殊相说的事——不但会要求对引介特征概念的表达式的集合作出巨大扩充，它似乎还很可能会迫使我们去使用一些极端迂回的建构。日常殊相所例示的分类性共相的本质里存在着一些用来区别某个
218 殊相和其他殊相的原则，以及用来再辨识某个殊相为再度是同一个殊相的原则。殊相存在于我们概念框架中的一个条件是存在着这样的原则。现在，如果我们要在我们的新语言中设计出与对殊相的陈述有着大约相同力道的陈述，我们就必须在我们被允许的概念材料中，去发现这些特征性的替代品给那些我们不被允许的概念材料。我们必须以某种方式将区分和再辨识殊相的基础弄得明晰，而这些基础都是隐含在对殊相所例示的分类性共相的使用当中。我们没有理由认为这不可能，但我们也没有理由认为它会很容易。我们或许会期望，在试图完成这个任务时，我们会发现去对时间和地点的范围作出限制、去引介和量限时空的项是件很方便的事。然而，显然我们对以下这些赤裸的问题并没有答案：某个空间区域的界线为何？什么时刻是某段时间的结束，并且是另一段时间的开始？如果我们想要不依赖日常的殊相而去区分这样的区域和空间与其他的区域和空间，那么，我们就得依赖于占据或出现在时空中的特征，以便给出我们所要的界线和持续性。当然，存在着一些空间或时间的量的共相，诸如一尺立方或一小时；而我们也可能发现这些共相的用处。但是，如果我们想要去辨识这样的共相的特殊例子，那么，我们似乎得再度依赖占据这

样形状空间区域的特征，以及占据这样时间段的特征。

在某个早期阶段，我们会面临的问题之一是去决定**某个特征于某时在某地**这种陈述的精确力量。这个问题不存在于特征定位语句本身的层次上；因为，如同我们评论过的，该指示性的副词并不引介空间或时间的项。但是，一旦我们承认我们必须去指称和量限作为空间和时间项的地点和时间时，我们就会面临这个问题。一个初步的建议或许是去说：一个特征于某时在某地，如果该地点的每个部分都被该特征在那个时间所占据。但很快我们就会看出，至少对于包括某个刻画形状的特性概念来说、对于包 219
括某个占据特征型态空间的特征概念来说，该建议是歧义的。当我们说某个地点在某个特定瞬间或某段时间中是“被某个特征所占据”时，这是什么意思？假设“ϕ”和“ψ”是对于日常分类性共相的表达式，而“ϕ了”和“ψ了”是引介相对应的特征概念的表达式。那么，刚提到的那个歧义的建议的可能意思（之一）是：“在t时p地ϕ了”对于这样的地点p（任何一点、区域或容积）和时间t（任何一瞬间或时间段）成立：在整个t时间中，p的空间界线与某一集借着ϕ特征而追踪到的空间界线有着相同的展延。或者，该建议可能的意思（之二）是：“在t时p地ϕ了”对于这样的地点p和时间t成立：在整个t时间中，p的空间界线**或者**与某一集借着ϕ特征而追踪到的空间界线有着相同的展延，**或者**处于后者当中。（比方说，假设“ϕ”是“猫”而“ϕ了”引介了相对应的猫特征。假设有一只猫在t时从头到尾都没移动过。那么，根据第一个解释，“在t时p地ϕ了”只对在t时被那只猫所占据的整个空间区域来说成立；根据第二个解释，它还对于那个空间

区域的任何部分都成立。）当然，这些可能性并未穷尽我们对**某个特征于某时在某地**所可能给出的说法；但是，我们很难再想出其他能提供解决我们问题的可能手段的解释。对这两个解释来说，一般而言，前者似乎比较可能让我们的困难变得最小，不论它会对我们想去发现所有我们平常能说的事的能力上带来什么样的限制。因为，它至少允许我们从我们引介的特征概念去借用其**区别性**标准给地点；并因而鼓励我们去希望：只要我们所关切的是去区别那些在某个瞬间，或某段时间其位置的界线不变动的殊相，那么，我们会发现自己在说到地点和特征时并不比说到殊相本身来得糟糕。这件事能透过一个例子而变得清楚。假设我们
220 想在无殊相的语言中表达一个命题，而该命题对应于我们平常时会借着“现在在这个ψ中刚好存在着三个ϕ”而说出的命题——这是一个既引介$_1$某个殊相又量限殊相的陈述。在第一个建议的约定下，我们至少可以到达某个接近于我们想要的结果的说法：“有一个在这里的地点是这样的：那个地点现在ψ了，并且在那个地点中有三个地方现在ϕ了，而且如果有处于那个ψ地点中的任何地点ϕ了的话，这个ϕ地点一定是处于这三个地点当中的一个，并且这三个ϕ了的地点中没有任何两个处于任何现在ϕ了的地点当中。”

我刚才说这些表述会将我们带到某个接近于我们想要的结果的说法，但它们终究不是十分接近。说“某个地点有三个ϕ”比说“某个地点中的三个地点ϕ了”要蕴涵更多的事；因为，ϕ特征的概念完全缺乏分类性共相ϕ所容纳的事情，亦即，对展现ϕ的殊相的再辨识标准。对于那个我们选择的例子来说，其中并

没有呈现任何有关于在时间中展现ϕ的殊相的同一性问题，而我们可能会成功地暂时忽略这个事实。但当我们转到这个例子之外的一些例子时，这样的问题就会很快出现，而且它们还会带来以下这样的问题：利用我们所有的材料去对它们所作出的解决会比我现在想做的还要复杂太多。但是，虽然对这些问题的详细解决会花费一个人太多的聪明才智，而且不会带来太大的收获，但它们的一般特性却是够清楚的了。我们刚看过，只要我们所关切的是去区别那些在某瞬间或某时段其位置和界线都不改变的殊相，那么，我们就可以这样简化我们的问题：从对应于那些殊相是其例子的分类性共相的特征概念本身，去借用**区别性**的标准给位置。但是，我们却没有类似的资源可以去传达在时间中的殊相的同一性观念。如果我们有的话，那只能是因为这整个以特征、时间和位置而不以日常殊相来谈论的计划是一个骗局。如果该计划并不是个骗局，那么，我们将会发现自己有必要以我们所有的材料，去清楚说明所有这些有关于时空连续性和不连续性的考虑，而这些都是隐含在日常分类性共相的表达式的意义当中，并且逻辑上与落于它们的殊相在时间的同一性上相关。我将把这个计划留给这样的一个人：他对于纯粹练习其才智的胃口比我的胃口还要大。

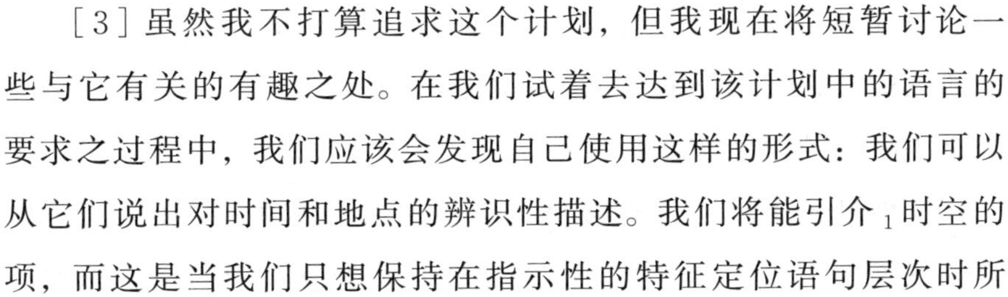

[3] 虽然我不打算追求这个计划，但我现在将短暂讨论一些与它有关的有趣之处。在我们试着去达到该计划中的语言的要求之过程中，我们应该会发现自己使用这样的形式：我们可以从它们说出对时间和地点的辨识性描述。我们将能引介$_{1}$时空的项，而这是当我们只想保持在指示性的特征定位语句层次时所

不会做的事；因为指示词只是作为指示器而已；尽管是无法避免不用的指示器，但它们只是被用来指出正确的时空方向。**假设我们采取前一小节中所区别的第一个约定**，那么，这种对于某地点的描述的例子之最简单的可能形式将会是：“那个在这里现在ϕ了的地点”（The place here at which it ϕs now）。这样的一个描述将会应用在某个大致上被指示性地指出的区域或容积上，而其界线会与以下这些界线是相同的：被某个特殊的ϕ——在大致被指示性地指出的时间中不变动其位置或界线的ϕ——所占据的界线。显然，我们还能设计出对于地点的辨识性描述来说更复杂的形式；我们只提到它们被占据的**现在**模式。我们没有任何理由去否认如此辨识出位置或时间的表达式具有逻辑上主词表达式的地位。所以，这个语言将会是一个主谓的语言。我们可以承认

222 这一点却无需有任何对主谓区分的“完备性”理论成见。因为，对于某个空间或时间项的辨识，总是奠基在某个关于某特征或一些特征占据时空的事实之上。被引介的时空项本身甚至可以被说成是殊相。但它们显然会是某种非常特殊的殊相。除了一些像日和夜这种时间殊相的可能例外之外，它们将不会是分类性共相的例子。同一个地点能在不同的时间被非常不同的特征占据着；没有一个特征能以某个曾经是其例子的地点来命名；某个地点在某个时间被某个特征占据这个事实，将会是一个有关于该地点的一个偶然事实；在同样的意义下，苏格拉底是个人这件事却不是一个有关于他的偶然事实。

其他理论上的可能性或许也值得考虑。我说过，在我们所想象的语言中，被摹状词引介的确定被辨识的空间项不是分类性共

相的例子。这个说法必须加上限制。它们当然不是对应于该语言特征共相的分类性共相的例子，但它们可不可能是那些可被称为“形状–加–大小”的共相的例子呢？因此，一个确定被辨识的位置或许会被当作一立方尺的一个标准例子。如果我们打算在理论上承认这类共相当中的任何一个，那么，我们就没有理由不承认其他这类的共相，也没有理由不承认一个数学的点或一个无广袤的点的想法。难道我们不能将这个世界一般性地想成是：当我们有其一部分的地图展现在我们面前时，我们实际上思考该部分的方式吗？当有个地图展现在我们面前时，我们有时会将这个世界的某部分想成是由有一定数量、具有标准形状和单位面积的延展的地方（这些是由地图上的方块所代表）以及由一些不确定数量的无延展性的点（每个点在原则上都可以借着地图的参考坐标来加以辨识）所组成。所以，借着这个理论上可能的框架，难道我们不能将这个世界一般性地想成是：一个由可被辨识的点和可辨识的标准形状和大小的区域及容积所组成的系统，而一般性的特征可以被归属给它们，但日常意义下的殊相则完全不出现在我们的框架中吗？加上对瞬间和单位时间引介的可能性之后，我们 223
也就有了一个哲学家并不总认为是完全不严肃的框架的想法了。一旦这个框架被建立起来，它会大大简化前一小节中所考虑的改写问题。

我是为了完备性的缘故才去提到这样一个框架的可能性。我们当然能够，也实际上的确在一个较大的、包含了日常殊相的框架中去运作这样一个时空个体的框架。但是，如果我们要将这个框架想成在没有这个日常背景下运作，那么，我们至少得将它想

成预设了以下这个框架：在其中，我们设计了对区域或容积的辨识性描述，而它们的界线是由普遍性的特征来加以追踪的。我们必须将它想成只是以下这样一个框架的**延伸和精致化**：在其中，地点和时间取代了日常殊相作为可被辨识的个体；而非将之想成这个框架的全部或其中的根本部分。

现在，借着朝向一个不同的可能性作出调整，让我们考虑一下任何一个以下这种框架的一个奇怪事实：在其中，地点和时间取代了日常可被辨识的殊相。假设有块花岗石持续在它的位置上，而且它的界线没有改变。假设某个辨识性的、该花岗岩特征所占据的对应位置的描述在我们所设想的语言中被设计出来了。只要这个情况保持稳定，殊相语言和地点语言间的差别就仍然会是——这么说吧——不运作的（inoperative）。地点和它的占据者之间并没有差别。在这个情况下，地点的同一性标准和殊相的同一性标准并不产生不同的结果。我们可以借着以下的说法去表达这一点：如果我们不允许运动的现象和形状及大小变化的现象，那么，这两个概念框架将会崩塌成同一个。而如果我们的确必须去允许这些事情，那么，殊相的语言会是比较简单的语言。

现在，假设有人建议我们采取地-时作为我们的个体，而非以时间和地点作为个体。地-时在时空上都是有限制的。它们的
224 界线同样可以用不同的方式来设定。它们的界线或许是它们被某个特征连续地占据的界线。因而，假设我们的花岗岩块移动了或被劈掉了一小块。那么，它一直占据的个体位置会继续存在着，尽管是被不同的方式占据着；该个体石块会继续存在，尽管会拥有一个不同的形状；但该一直被占据的地-时个体则会停止存在。

如此限制的个体或许会比我们在这一章中所考虑过的其他个体更紧密对应于日常的殊相——尽管这个对应关系仍然不是非常紧密。如同我先前所暗示的，它们或许可以被等同于哲学家有时说的日常殊相的“时空切片”。但再一次地，我们能够将时空想成是以不同的方式而受到限制，比方说，将它们想成是在某个标准时间单位下标准形状和大小的区域或容积——比方说，一立方米小时。这样受到限制的个体会（如果有的话）只是偶然等同于日常殊相的时空切片。然而，如同标准的地点个体的例子，除非我们将这种标准地-时单位的框架想成是另一个框架在理论上的可能延伸和精致化——亦即，其中的空间-个体受限于一般特征的时空分布的框架——否则的话，我们根本不可能去思考这样的一个框架。

本章考虑的事项并没有产生任何足以修正前一章结论的理 253
由。有两件事明显浮现。如果除了一般性的特征之外，我们还在特征定位的语言中引介确定可被辨识的项目或项，但仍避免对殊相的引介，那么，引介这些项目的表达式将会展现出前一章主题中的“完备性”。对于这样一个项的辨识乃是奠基在某个经验性的事实之上。有鉴于以下这个语言的可能性，这个评论似乎应该受到限制：在其中，空间的，或时间的，或时-空的个体是可以被系统性地加以排序的形状-大小单位，或时间持续性单位，或形状-大小-持续性单位，这些似乎是无需诉诸经验预设而可能
对它们作出辨识性指称的项目。但再一次地，除非我们将这种语 225
言想成是另一个之前评论中的语言的延伸，否则的话，似乎我们根本不可能去想象这样的一个语言。因此，一般说来，即使是在

一个日常殊相不出现的语言当中，介于确定可被辨识的非一般性（non-general）项目的观念这一方面，和引介这类项目的表达式之“完备性”的观念这一方面间的连结，仍然是被维持着。我们同时应该注意，我们所关切的非一般性项目虽然不是日常的殊相，但它们或许可以被算作某类的殊相。的确，在某些情况下——比我们所实际发现的还要遥远的情况——介于它们和日常殊相间的区别仍然是不运作的。

第二件浮现的事显然是以下这个。给定我们实际的处境，而且给定我们希望去说那些大致具有我们实际上所说的事情的力道，那么，对日常具体殊相的引介的附加价值是非常大的，而其在简单性上的收获则是压倒性的。但这几乎不会让人感到惊讶。

第八章　逻辑主词与存在

［1］到目前为止，所有的讨论都聚焦在殊相和它们作为逻辑主词的典范地位，或作为根本的被指称项的地位。但我们并非只有典型的例子而已；我们也已经看过主谓的区分允许类比性的延伸。我们已经注意过[①]，该延伸的一个基础乃是介于被非关系性联系的项目可能彼此收集的方式之间的类比。殊相的谓词收集殊相的方式，相反于殊相收集其谓词的方式。当某个非殊相的收集原则系以一个殊相的谓词收集某个殊相的方式收集了另一个非殊相时，那么，我们或许可以说：相对于另一个非殊相而言，它运作的方式像是一个收集相似事物的原则。如果这两个非殊相被辨识性地引介到一个命题中，并且被断言是非关系性地联系在一块，那么，第一个非殊相是作为谓词出现，而第二个则是作为主词出现。因此，每当你有一些能被辨识性地引介到一个命题中的事物，而且能被带到收集相似事物的原则下时，那么，你就有了那个事物作为一个个体或一个逻辑主词出现的可能性。[②]现 226

---

① 详见第五章，第 171—172 页。

② 这些条件或许可以真的被描述为关于某个事物作为个体出现的可能性之最起码的类比条件。但我们应该注意，这样说并不等于说：任何一个某事物实际上在其中出现作为个体的命题都会是一个将该事物带到（转下页）

在，我假设没有任何事物会满足第一个条件，亦即它能被辨识性地引介到一个命题中，却不同时满足第二个条件，亦即它能被带
227 到某个收集相似事物的一般性原则之下。所以，不论是什么事物都可能出现作出一个逻辑主词或一个个体。如果我们将“作为一个个体”定义为“能够作为一个个体而出现”，那么，不论是什么事物都是一个个体。所以，除了殊相之外，我们有无止境的个体范畴——诸如这些词所指出的范畴：“特质”“属性”“特性”“关系”“集合”“类”“分类”“物种”“数目”“命题”“事实”“类型”等。而有些殊相范畴的专名同时也是非殊相范畴的专名，诸如“过程”“事件”“状态”“情况”等。

在一个命题中，作为个体或逻辑主词出现的一个标志，乃使用某个单称确定名词表达式，诸如一个专名、一个像“智慧”这样的共相的名称或一个摹状词。但它不是一个不可错的标志。即使是在看起来像是在指称殊相的例子中，它也不是一个不可错的标志。我们一定不要假设说，在被“那个月球人不存在”或“那个在月球上的人存在”[①]所表达的命题中，那个在月球的人出现作为一个个体。我们似乎也不能假设说，在被“那个在月球上的人住在奶酪上”所表达的命题中，那个在月球上的人出现作为一个个体。因为，事实上并没有这样的个体可以出现。

（接上页）某个收集相似事物原则之下的命题。后一个说法将会是对我们或许希望或需要的指称和谓述概念作出过多的限制——正如我们将在本章的讨论过程中会看到的。

① 本书出版于1959年，而人类第一次登陆是在1969年。如果斯特劳森能预料到美国航天员会在十年后登陆月球，他或许会换一个像“现在的法国国王”这样的例子。——译者

然而，这两类例子所呈现的问题是十分不同的。在第一类例子中，我们有一个对存在的明白的肯定或否定，接连在一个似乎指称某殊相的表达式之后。在第二类例子中，我们有一个日常的谓词表达式，接连在一个似乎指称某殊相的表达式之后。但**事实上**并没有这样的一个殊相。在第一类例子中，我们不能融贯地去推测该名词表达式是一个指称表达式；因为，这样做乃是去推测说它正好预设了该命题整体所断言或否认的内容。因此，在这个情况下，我们需要发现一个不同的方式去推测该命题。我们所熟悉的可用方法有几种。我们可以将之推测为不指称任何事物（在这个例子中，除了月亮之外），并推测它说的只是：刚好有，或不是刚好有一个在月球上的人存在着；或者，将之推测为指称某个概念并对之肯定地或否定地说它被例示了；或甚至，我们可以追 228
随罗素而将之推测为指称一个命题函项，而且说它“有时为真”或“绝不为真”。[1]

第二类例子虽然类似是殊相似乎（但实际上不是）被引介到一个命题中的例子，但它们却不需要我们在**分析**或逻辑的归类上，区分这类语句和形式上与之相似但却对某个存在殊相作出指称的语句。我们所关切的这类语句的形式绝对没误导人。看起来似乎是指称性的表达式的确如此。它的角色是去引介一个殊相，而它在指称上的失败是一个事实上的失败，是因为它所携带的预设事实上为假。由于这个预设为假，我们在某些情况下否认整

① 详见《逻辑原子论的哲学》（*The Philosophy of Logical Atomism*）之第五部分以及其他地方。

个命题有真值。[①]或者，再一次地，在其他情况下，我们有另一种方式去看待这件事，这种方式再一次地不涉及对该命题采取一种不同的分析形式。我们可以将之简单看作是在一个不同的言谈领域内操作，在神话、小说或想象，而非在事实领域内操作。在这些领域内，我们能以不同的方式提出并强加限制去预设我们所说的事物是存在的，并且选择去归属真假值给这些语句。

因此，第一类例子（而非第二类例子）是典型的明白地断言了存在的命题的例子，它包含了一个似乎是指称性的词组；而只要我们所关心的是殊相，那么，对于在命题中标志某事物作为一个个体出现的一般方式来说，这类例子提供了*有趣的*例外。对这类命题所建议的推测解读又如何呢？第一个建议的解读并不会引起问题。语法上的表象很容易让位给量化词；而日常的谈话中也有近似于此处逻辑建构的类比项。但我们可能会对我所给的另一个解读的描述感到犹豫，对之我用概念或命题函项去扮演主词项的角色，而没提到指称或谓述。我们是否要说：*有例子*或“*有时*

229 *为真*”是收集类似概念或收集类似命题函项的原则呢？难道这不会将搜集相似事物的原则的想法延伸到几乎不可被容忍的地步吗？这个问题能以两种形式上不同的方式来回答。首先，我们可能试着去论证说该延伸能够被证成。比方说，我们或许会容易认为*有三个例子*是一个收集相似概念的原则；因而会准备去将该概念延伸到零个例子及否定零个例子的概念。[②]或者，我们可以简

① 对这些问题一个较广泛的处理，详见“论指称”（On Referring）（《心灵》，1950）以及在《哲学评论》（1954）中的讨论。

② 请参照弗雷格的《算术基础》（*Foundations of Arithmetic*）一书。

单诉诸收集相似概念的原则的确**存在**（are）；**存在一些**主谓句将概念带到这样的原则之下；而将这些语句的主谓词分类延伸到具有类似语法形式的语句上（其中，概念仅仅是被断言或被否认具有例子），这并没有不融贯或放弃原则之处。因为，我们在此以及一直关切的，并非是对指称和谓述给出一个严格条件的单一陈述。我们所关切的，乃是从这些概念的核心例子去作出可能或实际上延伸应用的方式，并给出一个既融贯又有解释力的说明。我们或许准备去承认说，这个特别的对谓词概念的延伸，已经使之远离典范的例子而到了容忍的极限。尤其是，我们或许会注意到，虽然当“被例示”这个表达式被应用在概念上时，并不具有那种在典型的例子中会让它失去被列为谓词表达式资格的完备性，但它同样不具有那种我们在典型例子中谓词表达式所具有的不完备性。如果我们试着宣称它具有这种不完备性，我们应该很快就会发现自己陷于某个熟悉的吊诡领域。因此，在支持对这个概念的延伸时，我们不能乞求于典型例子中谓词的任何一个典型标志；而在某个方向上如此逼近于容忍的极限时，我们或许会对以下这些哲学家感到同情：当他们说存在命题是以实在界整体作为逻辑主词的主谓命题时，他们或许在另一个方向上跨过了这些界限。

无论是在殊相还是非殊相的情况，确定单称名词表达式的 230
出现都不是将其所引介的事物作为个体出现的一个不可错的指引。在某些例子中（虽然并非在所有的例子中），我们可以说明该论点对非殊相来说也成立，而且这些例子平行于那些我们用来说明该论点对殊相成立的例子。但是，我们也可以回想一下一

个在前一章中讨论过的例子，[①]而该例子在殊相的情况中不可能有平行的例子：“苏格拉底被智慧所刻画”或“智慧是苏格拉底的一个特性”。此处，我们有两个确定的单称名词表达式，亦即，“苏格拉底”和“智慧”；我们别无选择，只能将“苏格拉底”算作一个主词表达式；我们不**需要**将“智慧”也算作一个主词表达式，因为我们还有另一种对该语句的描述可用。尽管如此，坚持说此处的智慧是作为一个逻辑主词而出现，乃是大致去宣称说**是智慧的**是一回事，而被**智慧**所刻画又是另一回事。它会是去宣称说有两个收集殊相的原则，尽管实际上只有一个。

因此，在一个命题中作为一个个体出现，或作为逻辑主词的语法指引并非是不可错的。但它是一个好的指引。只要我们以我刚指出的、容易被理解的限制继续去作推论，它还是能被接受的指引。

[2]然而，止是基于这个说明，我们必须承认，这样的推论容易受到来自注重经验论或唯名论的哲学家的抵抗。他们不愿意承认非殊相是个体、是逻辑主词。为何一般而言这件事应该成立呢？这是我将在本章第[3]和第[4]中考虑的问题。但有另一个问题是我们可以先考虑的。那些经验到我所提到的抵抗的人会倾向于去感觉说，如果他们能将一个非殊相在其中被指称的语句改写为另一个非殊相在其中（如果出现的话）只以某个语法谓词的型态出现的语句，那么，他们就证明了他们的论点。典型
231 上，这个还原主义的计划所瞄准的，乃是使用涉及量限殊相的

① 详见之前第174—176页。

语句去取代涉及指称非殊相的语句。但是，该还原主义在这个方向上的压力和成功程度，并非对所有类型的非殊相来说都是一样的。在某些例子中，某个被建议的还原似乎非常自然，在解释上也让人满意；在其他的一些例子中则较不自然，也较不让人满意；在另外一些例子中则显得勉强、不自然，甚至荒谬；而在有些其他例子中，这样的还原似乎遥不可及。因此，将“愤怒会损坏判断”改写为“一般而言，当人们在愤怒时，他们较不能达到他们在不愤怒时所能达到的健全判断”似乎自然而又让人满意。但是，比方说，提议将关于字词或语句的语句改写为关于“铭文”的语句，则除了是真正狂热的唯名论者，否则这个提议只会引人作呕而已。简要地说，某些非殊相类似乎比其他非殊相类更根深蒂固地是个体。特质（比方说：勇敢）、关系（比方说：亲子关系）、状态（比方说：愤怒）、过程或活动（比方说：游泳），甚至物种（比方说：人类）似乎相对来说是较不根深蒂固的。语句类和字词的类型似乎是较根深蒂固的；而数目也是如此。其他各式各样以下这类的事物，对它们而言，“类型”这个经常（虽然不是那么坚固地）被限制在字词和语句上的一般性头衔可以很恰当地延伸在它们之上。我心里所想的是诸如乐曲和文学作品这样的艺术作品，甚至在某个意义下包含了绘画和雕塑作品；[①]事物

① 提到绘画和雕塑作品或许看起来荒谬。它们难道不是殊相吗？但这是一个肤浅的看法。交易商所买卖的是殊相。但我们之所以将它们辨识为艺术作品，只是因为我们经验过的复制技术上的缺憾。如果不是因为这些缺憾，某个画作的原作就只会有属于某首诗的手稿的重要性。不同的人能在同一个时间的不同地方注视着完全相同的绘画，就好像不同的人能在不同的时间但同一个地点倾听完全相同的一首四重奏一样。

的制造——比方说，汽车的制造，如1957年的凯迪拉克——便有许多特殊的例子，但它本身是非殊相；以及，更一般性地，其例子是根据某种设计所制作出来的，或（有些）与我们有强烈倾向去称为专名的东西有所关联的事物，比方说，联合王国[1]（Union
232 Jack）的旗帜。在我视为相当根深蒂固是个体的非殊相中还包括一个非常不同的类，亦即命题。但我不想给出或宣称去给出一个在任何方式上是有系统的，或完整的有关于根深蒂固的非殊相的列表。

我想要提出的问题是：为什么有些非殊相比其他非殊相来得更根深蒂固地是个体呢？首先，我们可以注意，有两种不同的（虽然不互相排斥）方式是一个非殊相可以是根深蒂固的个体的方式。它之所以是根深蒂固的，或许是因为对它作出还原主义式的改写相对非常困难；或许是因为对它作出还原主义式改写的热情相对非常小。我们可以分别称它们为逻辑的和心理的根深蒂固。它们当然并非总是一起出现。我们可以借着考虑在名词性从句之后加上“这件事”的有趣例子来举例说明这个论点。有时候我们认为而且可能说它们所引介的是事实，但在其他时候，我们则不这样认为。为了要寻找一个一般性的字眼给可以如此被引介的事物，寻找一个不会让我们以“事实”这个字眼去承认事物的字眼，哲学家使用了“命题”这个表达式。当然，事实和命题都一样可以被其他的方式所引介，而非只能被一个“这件事”子句中所指定的方式。我们没有理由去假设说，事实比命题在逻辑上

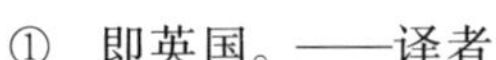

① 即英国。——译者

更根深蒂固。但是，我们却有各种的理由去假设说，事实比命题在心理上更根深蒂固。一个人只要对这个世纪的哲学著作有点熟悉度，他就会移除任何对这个论点的怀疑。

关于事实的例子只是一个相当特殊的例子，而我暂时不会停留在这个问题上。当我们考虑对非殊相的还原主义的压力的理由这个一般性问题时，我们会再次回到这个问题。现在，让我们考虑一下其他在心理上较为根深蒂固的非殊相的例子，亦即，那些我延伸了“类”的称号的例子。从前几章的理论的角度来看，如果我们所关注的事物不仅仅满足对殊相类比的起码条件，那会是让人满意的。在诸如音乐作曲、汽车款式、旗帜等例子中，该类比事实上特别丰富。的确，一个人可能会说，对这些非殊相类的一个适当模型乃是一个**模范殊相**（model particular）的模型——某种原型（prototype）或理想的例子本身是一个殊相，但却作为其他例子在制造上的一个规则或标准。一般而言，非殊相的柏拉图式模型——一个理想的形式，其例子都是大致精确或不完美的复制品——在这些情况下是一个适当的模型；虽然，如果我们将它一般性地去涵盖所有的非殊相，它就会变得十分不恰当。此处，问题中的非殊相类都是其例子是人工制品的非殊相类，但是，它们并非属于广义功能性的概念，就像那些属于桌子或床这种人工制品的概念。相反地，为了去制造出一个这些类的例子，一个人必须多少符合大致精确的规格。去完整描述一个属于这类的非殊相，也就是去以高度精确性和内部详细性去**详细说明**一个殊相。

当然，并非所有根深蒂固的非殊相都展现出这种与殊相间

的关系。数目就没有。命题也没有。但是，除了让自己实际上是殊相的模范之外，还有其他的方式可以让事物展现出它们与殊相的类似性。殊相在时空系统中拥有它们的位置，或者，如果它们在其中没有自己的位置的话，它们可以借着指称其他有这样一个位置的殊相而被辨识。但同样地，非殊相也可以彼此关联着，并在它们之间排序以形成一个系统；而这样一个系统的结构或许会获得某种自主性，以至于其他成员可以借着它们在系统中的位置而被辨识。借着我们描述它们时所使用的词汇，我们可以充分地证实说，这些非经验性的关系通常被想成类似于空间或时间的关系。除了作为一个讯号之外，这个类似的细节相对来说是不重要的。重要的是这种关系系统的可能性。我们越利用这些可能性，我们所关注的非殊相在逻辑上就变得越根深蒂固，我们将它们带到实在界的个体领域的做法在逻辑上也就更稳固。

那些在哲学上最常被称为“类型”的非殊相事物，亦即，字词、语句等，在我所提到的两个方式上都是根深蒂固的。作为类
234 型的字词能一方面被想成是它自己的物理个例（殊相）的一个**模范**，另一方面则被想成是意义的单位、某个语言系统中被规则支配的一员。

［3］我曾经在稍早的一章中论证殊相是逻辑主词的典范，一个指称或企图指称某殊相的表达式是逻辑主词的典范。如果事实真是如此，那么，该事实本身似乎便足以说明唯名论对改写表面上指称非殊相语句的还原主义式热情。对殊相在逻辑主词中以及对基本殊相在殊相中卓越地位的不充分反省或许会产生这样的一个想法：殊相，甚至是基本殊相才是真正的逻辑主词。它或许

会引导我们去认为：如果我们毫不保留地允许非殊相可以具有逻辑主词的地位，我们就会因而给它们一个它们实际上不拥有的特性，而且是用神话在欺骗我们自己。无疑，有些哲学家是用神话在欺骗自己，它们给非殊相一个它们实际上不拥有的特性；除了唯名论的热情之外，同样也有柏拉图主义的热情。但哪一种的热情并不是问题。如果我们充分了解我们语言底层的类比，那么，不论在哪一种方式上，我们都不会成为热情的傻货。

然而，我们需要解释这个辩证情境的进一步特征。在我刚才提到的这一类论证中，有个居间性的观念是**存在**这个观念。“我们是否应该默许非殊相享有逻辑主词地位？”与“我们是否应该承认它们的**存在**、承认有这样的事物？”被看作是相同的问题。一个人可能会怀疑这里的关联是什么；而借着盲目遵循当代的逻辑，一个人可能会得到某个答复。就当代逻辑来说，每当某个具有“Fx”这个形式的语句被断言时，其相关的、具有明晰存在量化形式的陈述“(∃x)(Fx)”就可以被推论出来。主词表达式能够 235
被存在量化词的变量所取代，而谓词表达式则不能。由于“(∃x)(Fx)”被读成“存在某个事物是F”，因而我们可以推论说，一个能被某个逻辑主词表达式所指称的事物乃是一个我们能说它存在的事物；反之亦然。

这个回答或许看起来非常奇怪和武断，至少初步看起来如此。它招来了两个在某种程度上彼此交战的问题：(1)为什么能让位给量化符号设计的总应该是主词表达式，而不能是谓词表达式呢？(2)假定我们同意(1)能够获得满意的答案，为什么我们应该将所产生的量化语句以被推荐的方式去理解呢？亦即，为

什么我们应该将它推断为是在对某个主谓句中被指称的事物作出存在宣称，而不是在其中对谓述的事情作出存在宣称呢？这些问题或许能以下述方式来补充。（1）我们被邀请去将某个存在命题设想为被某个命题范围内的任意一个成员所蕴涵，而这些成员有不同的主词和一个相同的谓词，而且这个存在命题本身也包含了相同的谓词。但是，我们也可以轻易形成下面这种命题范围的观念：其中的成员有着不同的谓词和一个相同的主词。难道我们不能同样形成下面这样的观念吗：某个命题是被**这个**范围内的任意一个成员所蕴涵，而且该命题本身包含了相同的主词？逻辑学家脑海中的片面性的理由何在？（2）就算第一个问题能被满意地回答，另一个问题还是会产生。我们将“(∃x)(Fx)”读成“存在着某个事物是F”。但什么事逼得我们非得这样读不可呢？为什么我们不能借着语法上必要的修正而将之读成“F′存在”，其中，“F′”是一个指称在原命题中被谓述的属性的单称名词表达式呢？

让我们借着回忆主谓陈述的典范去着手处理第一个问题。在简单的例子中，一个主谓陈述是其中某个殊相和某个共相都被辨识性引介的命题，前者作为主词出现，后者作为谓词出现。如果我们考虑量化陈述和这种简单例子间的关系，我们就很容易了
236 解逻辑学家脑海中的片面性。让“苏格拉底”是我们的主词表达式，而“是智慧的”是我们的谓词表达式，按照罗素对存在量化陈述的处理模式，我们可以将我们的第一个问题陈述如下：为什么在“苏格拉底是智慧的”的基础上，我们有

(1)“(……是智慧的)有时为真”

但却没有

(2)“(苏格拉底……)有时为真”呢?

现在,我们简单陈述中的主词和谓词同样辨识了它们引介的项,但是,如同在第六章中所显示,它们这样做的条件是不同的。在引介它的项时,“是智慧的”这个表达式并不携带任何经验性预设;不论我们是否知道或认为任何一个人是否明智,它都为我们辨识了它的项。因而(1)表征了该陈述整体所传达的经验性讯息的一个真正部分。“有一个人是智慧的”是一个可以从“苏格拉底是智慧的”这个陈述中推论出来的真正经验性陈述。但是,指称性表达式——亦即“苏格拉底”——执行其角色的一个条件是:使用它的人或听话者应该要知道一件或一些被预设的经验性事实。其结果是,我们无法将(2)推想为允许“苏格拉底”具有一个指称表达式的角色。我们可以将(2)推想为在效果上是在说陈述苏格拉底存在,“苏格拉底”的某个指称性的使用预设被满足了;但在这个情况下,我们却不能同时认为“苏格拉底”在(2)中有这样的指称。自另一方面来说,如果我们试着将“苏格拉底”推想为在(2)中已经有这样的用法,那么,就不会有任何陈述是我们可以认为是由(2)所作出的陈述;它所试着去说的都已经被“苏格拉底”的指称性使用所预设了。因此,至少对我们正在考虑的主谓陈述的范围来说,事情一定是:在罗素式模式的延伸中,括号内的空白部分总是只能由指称性表达式填入,绝

不能由一个谓词表达式填入。在从罗素式模式到明晰的存在（量化）形式的转移中，这些空白被存在量化词的变量所取代。

237 我们因此有了对第一个问题的回答。逻辑学家想法中的片面性是可理解的。如果我们跟罗素一样使用某个主谓陈述有时为真的想法去解释存在陈述，而且，如果我们将其中某个共相被用来谓述某个殊相的陈述当作主谓陈述的模型，那么，很显然地，必须是指称性的表达式——而非谓词表达式——才能被存在宣称的设计所取代。这个设计不能既与能出现在主谓陈述中的指称表达式结合在一块而又让人理解。这个规则也不限于主谓陈述的基本类。一旦我们同意主谓区分的分类标准，**并且承认该标准的所有类比延伸**，该规则就会在所有产生的主谓陈述的范围内成立。粗略地说，这个论点是这样的。一个不论何种种类的已经被辨识的项拥有**某个**（未指定的）属性这件事，亦即，它落于**某个**（未指定的）收集相似事物原则之下这件事，绝非新闻；但以下这件事则总是新闻：某个未指定的事物拥有一个已经被辨识的属性，亦即，它落于某个已经被辨识的收集事物的原则之下。前者永远不能被认为以下这样的一个命题所断言的部分：其中某个被辨识的事物和某个被辨识的收集相似事物的原则被断言性地连结在一块；但后者却总是这样的一个命题所断言的部分。①

但第一个问题的答复只会让第二个问题变得更急迫而已。因

① 因此，我们在此有了对第二部分第五章第156—157页中所考虑但暂时搁置的主张的解释与证成。但现在我们看到，该证成依赖主述区分的根本特性以及其类比性的延伸。该主张不能用来解释这一个区分的本质，但可以被这一个区分的本质所解释。

为，为什么我们应该认为“存在着某人是智慧的”（而非“智慧存在”）提供了之前的（1），亦即

“（……是智慧的）有时为真”

一个较好的说明呢？或者，换个不同方式问，为什么当我说苏格拉底是智慧的时，我要被当作在观点上承认了有智慧的人这样的事物，而非去承认有像智慧这样的事物呢？不容否认，当我们说苏格拉底是智慧的之后，我再也不能一致地继续说：没有智慧的 238
人或不存在智慧的人；但我同样不能一致地继续说：没有像智慧这样的东西或它并不存在。

因此，那类出现为逻辑主词的事物和那类其存在被宣称的事物间的关联——或该关联的独有性——仍然没有被解释清楚。我们得考虑是否能发现坚持该关联的独有性的进一步理由。此处，再度地，我们必须转向主谓命题的根本形式，并且对照其指称成员和其谓述成员引介项的条件。我们发现一个有点奇怪的结果。只要我们将注意力限制在那些可以合理地说成从这样一个命题以存在宣称被推论出来的方式去推论出的命题，那么，我们似乎没有理由去特别喜欢该谓述项的某个例子存在这一经验性宣称，而不喜欢该谓述项存在这个经验性宣称。因为，这些不过是同一个宣称的不同表述罢了。但是，如果我们从“该陈述整体所蕴涵者为何？”这个问题转到“其引介项的部分所预设者为何？”这个问题，情况就会不一样了。引介一个殊相的主词表达式携带了某个确定的经验性事实预设；引介一个共相的谓词表达式则不然。此处是一个关于被预设者存在宣称的不对称性，而这

个不对称性或许是偏好某个**被蕴涵的**存在陈述模式，而不偏好另一个模式的基础。但是，这个不对称性如何能是这个偏好的一个**好的**基础呢？该陈述中该部分的预设与该陈述整体所蕴涵的表达式的模式间有什么关系呢？现在，我们之所以认为它是一个好的基础，或许只是因为我们已经决定去将该存在概念与经验性的事实——那个我们最终得处理的东西——撮合在一块，并因而决定将前者与那些其专名必然呈现或默认经验性事实的事物——亦即殊相——撮合在一块。我没说这个决定是不自然的，我只是说我们必须注意它。一旦我们注意到这一点，它便解释了存在与逻辑主词间的联合——因为，殊相难道不是逻辑主词的典范吗？——

239 而且同时解释了去将非殊相从逻辑主词的范围排除出去的驱力。然而，屈服在这些驱力之下的哲学家对这个立场并不感到十分舒服。他们没说出的座右铭是洛克的“所有存在的事物都只是殊相”这句话。由于这个理由，只要他所想的仍是主谓命题的基本类，他就会觉得他能够断言：那类被说成是存在的事物不过是那类在主谓命题中出现作为逻辑主词的事物而已。但一旦这个结合被作出，这个结合就会反抗作出它的动机。因为，从来没有任何企图排除所有非殊相主词的驱力曾经接近过成功。

［4］但有另一个看待逻辑学家们借量化词去重建存在概念的较不形而上学的方式，以及看待存在和逻辑主词间关联的方式。重点在于以下这个要求：明白宣称存在的设计在语句中所要占据的位置，和逻辑主词表达式能够一致占据的位置是相同的。这个要求能被看作是以下这个值得去高度尊重的愿望：希望和一个**形式的**且**不歧义的**存在概念一起工作。此处，我们最好再度从**殊相**

的例子开始。如同我们见过的，[①]当某个看起来似乎可以用来对某个殊相（或对一些殊相）作出辨识性指称的表达式后面跟着“存在”一词时，我们不能融贯地将第一个表达式的作用看作是在指称殊相，亦即，将之当作对某个殊相（或某些殊相）作出一个辨识性的指称。企图这样作将会让该语句变得无法理解。我们必须将之当作在断言该表达式以某个指称殊相的方式使用时会有的存在预设。幸运的是，有许多可用的词组允许我们去避免该形式的误导性；而这些是在逻辑中借着存在量化的设计所重建的词组。那个看起来似乎可以用某种指称殊相的方式而加以使用的表达式被某个在意义上符应它的谓词表达式所取代，而“存在”一 240
词则仅仅作为量化工具的部分而出现。因此，我们允许殊相能被说成是存在，却不必因而接受将存在设想为殊相的谓词的不融贯想法。

现在，这个想法使得“存在”这两个字只能出现成为某个表达式的一部分，而整个该表达式则可以被一个逻辑上的主词表达式所取代。此处，通则化的可能性开始出现了。不可否认，在刚刚提到的情况中，逻辑主词表达式会是某个殊相的专名。但是，该语句的一般性结构则可以不受到任何这样的限制而加以刻画。在这个结构中，我们拥有一个完全一般性的、形式的，和不歧义的存在概念的成分。每一个主谓陈述都蕴涵以下这样的一个陈述：其中的主词表达式被宣称存在的设计所取代，亦即，被“存在着某个事物是这样的……”所取代。反过来说，对于每个后者

① 第227—228页。

这一类的真陈述来说，都至少有个真陈述能够在原则上被框架出来，而其中某个辨识项的主词表达式取代了存在宣称的设计。这个概念有很多优点。它可以借着逻辑主词和谓词的观念而相当形式化地加以阐释。它对于哪些范畴的事物可以被说成是存在这件事绝对没有限制；因为，如同我在本章一开始所说，没有一个我们能谈论的事物不能作为一个逻辑主词而出现。基于相同的理由，这个概念相当不错地符应于日常对“有某个（某些）事物是这样的……”“存在着一个（一些）如此这般的事物是这样的……”这样的表达式的使用。因为，这些表达式是我们对于每一类或范畴的项目都准备去使用，或实际上使用的表达式。但是，当然，在采取这个存在概念时，只要我们拥有这些动机并看出这些好处，[①]我们将不会有任何倾向去加入还原主义者的驱力，并且去窄化逻辑主词的范围。无疑，这个概念的根源，仍然要在其中逻辑主词是一个殊相的那类基本谓主命题的特性中去
241 寻找。但它的花朵是一个纯粹形式的观念，与我们愿意承认的范畴或偏好无关，而且是在形式逻辑本身中被架构。

一旦这个概念被建立起来，我们就能在对其单义性不带任何成见的情况下，承认另一种表述这类存在量化陈述的可能性，并连带承认“存在”这个词的另一种用法的可能性，而该用法在它整个应用的范围中同样是不歧义的。换言之，我们能将每个这样的量化命题重新设想成是以下这样的一个主谓命题：在其中，主

① 我并不是说它没有其他优点。形式逻辑学家将会发现许多其他的优点。

词是一个属性或概念，而谓词则宣称或否认它被例化了。（这同样适用于其中某个唯一的殊相被宣称为存在或被否认为存在的量化命题，如同适用于其他命题一般；因为，这样的一个命题能被设想成一个断言或否认了某个复杂属性或概念被唯一例化的命题。）这样的推测在日常言谈中也有其平行项，比方说，当某人说圣洁**存在**，或当他说**有诸如**圣洁**这样的一个事物**时，而他借此所意味的与我们说“存在（或有）圣洁的人”时所意味的是一样的。由于这两类的推测都被发现了，同时由于“存在”这个词和“有”这个字都可能出现在它们两者中，因而有混淆的可能。但是，如果我们清楚了解这些表达式的双重用法的话，它们实际上就不会产生任何困难，而且也没有道理会在理论上困扰我们。一个人甚至可以一口气同时用这些用法当中的一个去肯定存在，并以另一个用法去否认存在，却不会让事情变得非常晦涩：举例来说，如果一个人想谈到圣洁而说出“**有个状态**是我们当中最好的人也从来不曾达到过的，它是一个**并不真正存在**的状态”。这些用法能合理地被区分为非谓述的和谓述的用法。当然，在量化的逻辑设计中被重新推测的乃是前者。非谓述性的用法对于任何类的事物来说都应用得上，谓述的用法则只对概念或属性才应用得上。但每个用法在它的应用范围内仍然是从头到尾不歧义的。

我在最后这两小节的目的并非是去补充有关于存在这个主 242
题的理论，我也不想进入任何细节；我只想在某个特殊的、解释性的目的之下去重新整理一下已经熟知的想法。对于这个主题的完整处理会比我所说过的还需要加上更多限制，特别是对谓述性地使用“存在”这个想法的进一步延伸。

[5] 我将不会详细去处理一些附带的事情，但我希望在总结前能提到它们。

(1) 同一性陈述。这个集合中的命题看起来似乎会在我的原则下引起分类上的困难。在这样的陈述中，我们有两个确定辨识性的表达式，其中一个所指称的事物被断言为等同于被另一个所指称的事物。如果我们要将这样的陈述当作主谓陈述，那么，似乎每个指称表达式都有权利算作一个主词表达式。到目前为止，这个情况平行于日常关系陈述的情况。但是，在一个日常关系性的陈述中，将引介共相的表达式与其中一个指称表达式联合在一块所形成的词组，在正常情况下有让它合格成为一个谓词表达式的那种不完备性，或至少会类似于这类的词组。[①] 在这一点上，该平行被打破了。我们不能说一个具有"N等同于"或"等同于N"这种形式的词组拥有这种不完备性。不可能"N"既有一个指称却又没有事物等同于N。所以，"等同于N"和"N"具有同一种完备性。所以，该语句没有一个部分符合资格成为一个谓词表达式。

当然，我们或许会说，同一性陈述是一种不同类的陈述，不能被理解为主谓陈述。但是，我们有时可能会发现，将"等同于N"归类为一个谓词表达式——就如同语法标准所邀请我们去作

① 并非所有在日常关系性陈述中的谓词都会有问题中的那种不完备性。"N"指称一个人但却没有人生下N，这件事或许是不可能的。所以"生下N"和"N"拥有同一种的完备性。但是，生下是一个纯正的共相，它在一个相似性的原则上收集成对的项。因此，"生下N"在这个程度上类似于，比方说，"打N"。

的——是件方便的事。我们不难看出这样作的一个证成理由为 243
何，亦即，我们不难点出作出该转移的简单步骤。首先，我们可以注意，如果“ϕ”是一个标准的谓词表达式，那么，将“唯一地ϕ”或“单独地ϕ”算作一个谓词表达式是一个容易的延伸；因为，虽然我们因而放弃了收集相似事物的原则的想法，我们却没有因此放弃不完备性的想法；因为，或许没有任何事物唯一地ϕ。我多次强调过，引介殊相的表达式携带了一个关于经验性事实的预设，该表达式的使用者知道该预设的命题并且可以辨识出问题中的殊相。有时，介于该经验性预设和该引介表达式间的关系或许会格外亲密。让我们假设，某个具有“那一个是ϕ的人”这种型式的表达式，是当着一个之前只知道一个相关的个体化事实（亦即，刚好有一个人是ϕ）的听话者面前说出的，而且据说话者所知，该听话者并没有任何基础去断言任何关于如此被辨识的殊相的其他命题。让我们现在假设说该听话者被告知了“N等同于那个是ϕ的人”，其中“N”是该听话者熟悉的某个殊相的专名。那么，这个命题的力道对于该听话者来说将会完全无异于“N唯一地ϕ”这个无疑是主谓陈述的力道。使得那些被选用的文字形式、某个等同陈述的形式成为恰当的事情，不过就是说话者知道听话者知道**某个人**唯一地ϕ而已。去坚持一个严格的区分，去将像这样的一个同一性陈述排除在主谓陈述之外，似乎是件很不自然的事。但是，一旦这个情况被允许了，要看出不该将该分类延伸去涵盖其他关于殊相同一性陈述的情况的理由，就不是那么容易了；因为，这个例子和其他例子间的差别只是程度上的差别。一旦对殊相的同一性陈述允许了这一点，那么，类比就能将我们

带去对有关非殊相的陈述作出同样的允许，尽管殊相和非殊相间有着差别。我们应该注意，在如此延伸一个分类时，我们绝非在模糊或否认一个区分：我们仍然能区分有关同一性的陈述和不是有关同一性的陈述。

244 （2）**复数的主词表达式**。从头到尾，我都以单称主词表达式提出我的论证。这样做的部分理由是为了要顺从目前最广为人知的形式逻辑系统，这些系统对单称以外的表达式并未提供任何工具。然而，在可以成为主词表达式的那些单称名词表达式以及某些复数的名词表达式之间有着有力的逻辑类似性存在这件事，却是一个我们都熟知的事实。这些类似性当然适合去证成我们将某些关注的概念延伸到语法上复数语句的领域的做法；的确，在传统上，这些复数语句是最紧密地与单称语句连结在一块的。但这是一个我在别的地方已经处理过的问题，[①]因而我将不会在此去论证它。

（3）**指称、谓述与命题**。有人可能认为，以下这个会是我在第五章处理上的一个缺点：谓述的概念被完全限制在命题之上，被限制在或真或假的事物之上。指称无疑也发生在非命题的语言建构中，诸如命令和允诺，而这些当然既非真亦非假。难道我们不能说：在某个意义下，某个命令的整体**内容**或许会和某个命题的整体内容是一样的吗？这些重点至少暗示说：一个一般性的谓述概念——其中命题性的谓述只是一个子类——的空间是存在的。如果我们承认这个一般性的谓述概念，那么，我在我的说明

---

① 详见《逻辑理论导论》（*Introduction to Logical Theory*），第六章。

中选择以“只是以命题的动词形态出现”作为一个谓词表达式的标准这个做法，似乎是个弱点，或至少是个偏狭的做法。这样的说明可能会被认为至少缺乏一般性，而且是冒着完全错置问题的危险。这个反对将我们带到许多非常有趣但我将不会讨论的问题的起点。不过，作为一个反对来说，它是很容易回答的。让我们承认这个较一般性的谓述观念。举例来说，让我们承认说，一个命令和一个命题可以有相同的内容，而当它们的确有相同的内容时，在这个一般性的意义下，相同的指称和谓述成员出现在两者当中。我们应该给此处这个指称和谓述的结果、所产生的 245
这个统一的事物什么名称呢？让我们称之为一个思想（thought）吧。我们或许不能说思想有某个真值，因为，只有命题才有真值，而思想则或许是一个命题、一个命令，和一个允诺所拥有的相同部分。但是，就好像一个命题是出于其本质而为真或假一样，一个命令也是出于其本质而被遵从或不遵从，而一个允诺则是出于其本质而被信守或不信守。所以，我们或许可以说，思想有一个实现值：如果它被具体呈现的那个命题（或命令、或允诺）是真的（或被遵从、或被信守），则该思想有个正的实现值，而如果该命题（或命令、或允诺）为假（或未被遵从、或未被信守），则该思想有个负的实现值。现在，我们得先评论，我当作谓词表达式标记的命题指示，由于它们指出了该思想的各项之间的**命题性**连结，因而必然也是一个更一般性事物的标志。它们指出了我们透过某种表达模式呈现了一个统一的事物；因而它们指出了我们被呈现以一个统一的事物、某个思想，而不只是一个列表。由于它标示了某种特定的接合模式，该命题标记因而也以

某个特定的模式标示了一般性的接合。其次，我们必须要问，我们到底要怎样理解这个我们暂时承认的、在一般性的意义下介于指称和谓述之间的区别呢？如果该区分只以第五章中的范畴标准来理解，而该标准又是以第六章中的完备性与不完备性的对立来加以解释和支撑，那么，该谓述概念的一般性对我们的说明来说并不会造成重要的差别。除非我们将之当作介绍该主题的一个可能方式，否则，它最多不过使得第五章中的第一部分变得有点多余罢了。自另一方面来说，如果有任何进一步介于指称和通则化的谓述之间的标记或标准的话，那么，我们就必须探询这个进一步的标准为何；而除了在该接合标记位置上的差别之外，亦即，那个展现我们被呈现的乃是一个统一的思想，而非列表的标记之外，我们很难看出它还能是什么其他的事物。但是，如果这就是
246 答案，那么，由于我们并没有单一的、普遍的、对一般性思想的结合标记，[①] 因而不该有人反对我们以哲学上来说最重要和普遍的命题模式中的接合标记来进行讨论。这个谓述的模式或许是一般性谓述的代表，但也是其中最重要的例子。如果这是窄化，那么，我并不介意如此窄化。

① 在一大堆呈现了某个思想的语句、从句，或词组中，不管是什么东西指示了我们，我们被呈现的是一个思想而非一个名单，它至少同样给了我们该思想呈现模式（祈使的、命题的）的指示。然而，事情并非总是如此，而我们或许能想象某个完全不是如此的语言。哲学家有时使用后面接着一个分词词组的表达式（举例来说，“约翰之准备要去结婚”），以企图给出这个可能的形式。其他的设计也有可能：举例来说，事实上是一个命题从句的一般性形式，（举例来说，“约翰要去结婚这件事”）可能被简单地认为是呈现了一个思想的一般形式，它的前面应该接一个操作词以指示其被呈现的模式。

结　论

现在，让我们将所有事情摘要放在一块。我在本书一开始所关注的，是去说明物质性物体在殊相中的核心地位。从辨识的角度看，它们是作为基本殊相而出现。稍后我对基本殊相增加了个人这个范畴，当他们是在一个不同但相关的方式上为基本的。允许这个范畴作为初基和非导出性的范畴，似乎是我们作为非独我世界成员的一个必要条件。因此，给定我们对事物的框架中包括了一个共同的、殊相的时空世界的框架，那么，事情似乎是：我们必须给物质性物体和个人一个核心地位。这些必须是主要的殊相。在本书的后一部分，我试图去解释以下这个较为一般性的说法：殊相在最广泛的逻辑意义下在这个世界的个体中占据了一个核心位置。我发现，殊相之所以在逻辑主词中占有一个核心地位，那是因为殊相是一个逻辑主词的典范。将这两个结果放在一块，我们或许得到了一个物质性物体和个人在个体中——亦即，在一般性的事物中——的核心地位的理性说明。我也注意到，并 247
且部分解释了介于逻辑意义下的个体观念和存在观念（或什么事物存在）间的关联；所以，我甚至可以被说成是发现了一些理由给个人和物质性物体是主要存在者这个想法。这些我试着去给予理性说明的事情，似乎无疑是在某个意义下的信念，而且是许多

人在初步反省的层次下会坚持的信念，也是一些哲学家在较精致的反省层次下会接受的信念；虽然是许多其他的哲学家在或许是更精致的层次下所拒绝的或似乎去拒绝的信念。除了展现它们与我们所操作的概念框架间的一致性之外，展现它们是如何反映了那个框架的结构之外，我们很难看出如何去论证这样的信念。所以，如果形而上学是为我们在本能上相信的事情去发现好的、坏的，或中立的理由，那么，这里所说的就是形而上学。

索　　引

（索引中的数字为原书页码，即本书边码）

图书在版编目(CIP)数据

个体:论描述的形而上学/(英)P. F. 斯特劳森著;王文方译. —北京:商务印书馆,2024
(汉译世界学术名著丛书:120年纪念版:珍藏本:增订本)
ISBN 978-7-100-23706-2

Ⅰ.①个… Ⅱ.①P…②王… Ⅲ.①形而上学—研究
Ⅳ.①B081.1

中国国家版本馆 CIP 数据核字(2024)第 076163 号

汉译世界学术名著丛书
(120 年纪念版·珍藏本·增订本)
个体
论描述的形而上学
〔英〕P. F. 斯特劳森 著
王文方 译

商 务 印 书 馆 出 版
(北京王府井大街 36 号 邮政编码 100710)
商 务 印 书 馆 发 行
北 京 通 州 皇 家 印 刷 厂 印 刷
ISBN 978-7-100-23706-2

2024 年 5 月第 1 版 开本 710×1000 1/16
2024 年 5 月北京第 1 次印刷 印张 19
定价:105.00 元